本书为国家自然科学基金资助项目（项目编号为72201100）和上海市浦江人才计划项目（项目编号为22PJC036）的最终研究成果。本成果受到上海市软科学研究项目（项目编号为23692121300）的资助。本成果亦受到中央高校基本科研业务费项目华东师范大学引进人才启动费项目（项目编号为2022ECNU—HLYT001）的资助。

大数据时代的高管特质与企业并购

王琦萍　著

上海交通大学出版社
SHANGHAI JIAO TONG UNIVERSITY PRESS

内容提要

本书深入探讨了大数据和社交媒体时代企业并购的变革和影响。在对首席执行官与首席财务官的人格特质进行研究后,本书揭示出其与企业并购活动强度之间的紧密关系以及高管在社交媒体上的活动也对并购策略产生的显著影响。本书引入了一种基于深度学习和情感词典的新型情感分析模型 DeepEmotionNet,它能准确地识别海量文本数据中的情感,为预测企业绩效提供强有力的工具。在实际应用方面,使用 DeepEmotionNet 模型从高管的 Twitter 推文中提取出的多元情感特征,能有效提升企业绩效预测的精度。最后,本书利用深度学习模型从社交媒体上公众对并购事件的文本和图像反馈中提取多元情感,从而发现多模态情感特征能够显著提高并购后绩效的预测能力。本书揭示了在大数据和社交媒体时代,高管的人格特质、情感特质、社交媒体活动和公众情感表达对企业并购和绩效预测的深远影响,同时,也显示了深度学习和机器学习在这些分析中的关键作用。

本书可供经济管理专业研究人员以及企业管理者参考阅读。

图书在版编目(CIP)数据

大数据时代的高管特质与企业并购 / 王琦萍著. —
上海:上海交通大学出版社,2023.12
ISBN 978 - 7 - 313 - 29958 - 1

Ⅰ.①大… Ⅱ.①王… Ⅲ.①企业领导—研究—中国
②企业兼并—研究—中国 Ⅳ.①F279.23②F279.21

中国国家版本馆 CIP 数据核字(2023)第 243759 号

大数据时代的高管特质与企业并购
DASHUJU SHIDAI DE GAOGUAN TEZHI YU QIYE BINGGOU

· ·

著　　者:王琦萍
出版发行:上海交通大学出版社　　　地　　址:上海市番禺路 951 号
邮政编码:200030　　　　　　　　　 电　　话:021 - 64071208
印　　刷:苏州市古得堡数码印刷有限公司　经　　销:全国新华书店
开　　本:710mm×1000mm　1/16　　印　　张:16.5
字　　数:305 千字
版　　次:2023 年 12 月第 1 版　　　　印　　次:2023 年 12 月第 1 次印刷
书　　号:ISBN 978 - 7 - 313 - 29958 - 1
定　　价:78.00 元

前　言

在 21 世纪,我们生活在一个数据泛滥的时代,每一刻都有无数信息流动,改变着我们的生活方式、工作方式和思维方式。如何从这些海量的数据中获取有价值的信息,已经成为许多行业和领域面临的一大挑战。特别是在企业并购的环境中,随着全球化的发展和资本市场的日趋成熟,企业并购活动已经成为一种重要的经济活动。在这个过程中,如何充分利用大数据和社交媒体的力量,进行更加精准和高效的决策,是企业和决策者亟须解决的问题。

近年来,大数据和社交媒体已经成为企业并购中不可或缺的重要元素。大数据的分析方法和工具可以帮助企业获取更全面和深入的信息,进行更准确的预测和决策。而社交媒体作为一个信息交流的平台,可以使企业更好地了解公众的情绪和反馈,及时调整并购策略。

然而,尽管对大数据和社交媒体在企业并购中的应用有许多有价值的理论和实证研究,但对于如何系统地将其结合起来,进行更加全面和深入的研究,仍有待进一步探索。

正是基于这样的背景,本书试图通过综合运用多种研究方法和工具,从一个全新的视角对企业并购活动进行分析和解读。本书的主要目的是理解并探讨大数据和社交媒体背景下的高管特质在企业并购活动中的作用。我们将从研究首席执行官和首席财务官的人格特质对并购强度的影响,高管使用社交媒体对并购结果的影响,文本情感分析在并购中的作用,机器学习和高管情感特征对企业绩效预测的影响,以及社交媒体上公众发布的对并购事件的多模态数据中的情感对并购后绩效的预测能力等几个方面进行深入研究。这些研究内容涵盖了企业并购的全过程,旨在为理论研究者和企业决策者提供一套全面的研究框架和工具。

在研究方法上,本书采用理论和实证相结合的方式。首先,对相关理论进行深入探讨和分析,提出相关假设。然后,选取了标准普尔 1500 指数上市公司及其高管为研究对象,利用大数据分析和深度学习等技术,获取相关数据,进行实证研究。在实证研究的过程中,应用最新的深度学习模型和机器学习方法,以增强研究的科学性和准确性。

本书共分为八章。第 1 章是绪论,介绍了研究的背景和问题,以及研究的意义和主题。第 2 章进行了文献综述,对现有研究成果进行了深入理解和分析。第 3 章至第 7 章每章均包含理论和实证研究,从不同角度分析了大数据和社交媒体背景下的高管特质在企业并购中的应用。第 8 章是研究结论与展望,总结了本研究的主要发现,同时提出了未来可能的研究方向。总的来说,本书希望为大数据和社交媒体在企业并购中的应用提供一种新的视角,为相关领域的研究者和实践者提供理论支持和实践参考。

本书的相关研究工作受到了国家自然科学基金资助项目(项目编号为 72201100)、上海市浦江人才计划项目(项目编号为 22PJC036)、上海市软科学研究项目(项目编号为 23692121300)以及中央高校基本科研业务费项目华东师范大学引进人才启动费项目(项目编号为 2022ECNU—HLYT001)的资助,特此致谢。

感谢香港城市大学的刘耀强(Raymond Lau)副教授、岭南大学谢浩然副教授、深圳大学杨楷助理教授、香港城市大学苏廷轩博士对本书涉及的研究工作的贡献。此书由王琦萍牵头并主撰大部分内容,同时也是袁康弘、张荣秋以及马诗瑶等人共同努力的成果。同时感谢我的家人对我研究工作的支持,使得本书得以顺利出版。最后,由衷感谢上海交通大学出版社在本书编辑和出版过程中所做的各项工作。

书中难免存在疏漏或者错误,期待各位读者和专家学者批评指正,并多提宝贵意见。

王琦萍

2023 年 9 月 12 日

目　录

第 1 章

绪　论

1.1　研究背景和研究问题

1.1.1　研究现实背景

1) 全球化、大数据、人工智能和其他新兴技术的驱动对企业并购产生了深远的影响

并购作为完善企业经营结构、改善企业资源配置方式和质量、提高企业在市场中竞争力的主要战略手段,一方面,为企业发展提供了内在动力;另一方面,又会受到其他因素影响而变成压力。成功的并购,不仅能够使企业可以迅速扩大市场份额,提高在行业中的地位和影响力,还可以帮助企业获得新的技术、知识产权、人才或其他资源。同时可以增强企业的竞争力,推动其技术创新和业务发展,还能使企业实现规模经济,降低生产和运营成本,提高风险管理经验和能力。

历史上发生过七次大规模并购活动浪潮,每次浪潮都在不同的时期和背景下发生,并对经济和市场产生了重大影响。第一次并购浪潮发生在 1897—1904 年期间,这次并购浪潮主要发生在美国,标志着大工业时代的到来。在这个时期,大约有 1 800 家独立的公司被合并成 157 个大型企业,产生了一些重要的行业巨头,如美国钢铁公司和通用电气公司。行业垄断成为主导趋势,重工业领域是并购的主要领域。大型公司通过兼并小型竞争对手,实现市场份额的扩大和行业的垄断。第二次并购浪潮发生在 20 世纪 20 年代,这次并购浪潮的特点是垂直整合并购的盛行和混合并购的增加。经济复苏和基础设施建设的发展推动了并购活动,石油、金属和食品等行业成为主要的并购领域。同时,寡头垄断行为开始出现。第三次并购浪潮发生在 1965—1969 年,这次并购浪潮主要表现为跨行业的兼并和收购,被称为"混合并购"。这是因为许多公司希望通过并购在多个行业中实现多元化。这个也是恶意收购行为开始出现的时期。并购活动逐渐从垂直整合转向多元化和市场扩张,企业通过收购其他公司来实现业务多元化或增加市场份额。第四次并购浪潮在 1981—1989 年,以杠杆收购为主要特

征。杠杆收购活动主要是利用借款和杠杆融资，以较低成本获取目标公司，并通过财务重组实现利润增长。第五次并购浪潮发生在 1992—2000 年，这次并购浪潮的特点是全球化和技术驱动。在市场管制松弛、自由化和国有资产私有化的背景下，企业积极参与战略驱动型的并购活动。这一时期的并购活动以多元化、国际化和市场占有率提高为主要目标，整合全球资源和市场，尤其是在电信、媒体和科技行业。第六次并购浪潮发生在 2003—2007 年，这次并购浪潮的特点是私募基金的活跃参与，以及并购规模的进一步扩大。第七次并购浪潮发生在 2014 年至今，这次并购浪潮的特点是大数据、人工智能（AI）和其他新兴技术的驱动，以及科技公司的活跃参与。每一次并购浪潮都反映了当时的经济环境、市场条件和金融趋势。它们对于塑造企业格局、调整市场结构和推动经济发展起到了重要作用。

近年来，互联网、大数据、AI 以及其他新兴技术的发展和资本、金融模式的创新正在深刻改变全球的并购景象。大数据和 AI 正在以各种方式改变企业并购决策过程，使其更加精确、高效和深入。具体包括：

• 更准确的评估和预测：借助大数据和 AI，企业可以更深入、全面地评估并购目标。通过分析大量的历史数据，AI 可以预测并购目标的未来业绩，从而帮助企业更准确地评估并购的潜在价值和风险。

• 优化并购策略：大数据和 AI 可以帮助企业优化其并购策略。例如，企业可以利用机器学习算法分析历史并购案例，以确定最佳的并购时机、价格、结构等。此外，AI 还可以帮助企业识别新的并购机会，例如通过分析社交媒体数据或新闻报道来识别可能的并购目标。

• 加速尽职调查：在并购过程中，尽职调查是至关重要的步骤。借助 AI，企业可以更高效地完成这个过程。例如，AI 可以自动化分析大量的财务报告、合同和邮件等，从而节省时间，提高效率，同时也可以降低人为错误。

• 提高并购决策的透明度：大数据和 AI 可以提高并购决策的透明度。通过可视化工具和解释性 AI 技术，企业可以更清晰地理解并购决策的数据基础和逻辑。

• 改善风险管理：大数据和 AI 可以帮助企业更好地管理并购风险。例如，AI 可以预测并购可能带来的市场反应，或者识别潜在的法规风险。此外，通过实时监控大量的数据，AI 还可以及时发现并购过程中的问题，从而提前采取应对措施。

2）技术并购成了企业实现技术创新和开拓新市场的重要途径

在当今的全球化竞争环境中，技术获取或数字化转型已成为企业面临的重大战略决策之一。历史上，企业常常依赖内部资金投入和技术开发以形成创新能力,或者在并购过程中获得所需的独特技术或能力。然而,自 20 世纪 90 年代以来,全球贸易壁垒的消解、新兴信息技术的飞速发展以及政府对市场监管的逐步放松,尤其是互联网和电子支付技术的飞速进步,都加快了全球经济一体化的步伐。同时,消费者对产品来源、质量、安全性、便利程度以及个性化服务和选择的期望日益提高,市场已从卖方市场转变为买方市场,对企业的要求也因此更为严格。

为了满足这些日益增长的需求和挑战,企业开始寻求新的获取技术并推动技术创新的途径。技术并购已成为企业在全球竞争中获取技术资源、提升自身竞争力的重要策略。技术并购的目标在于直接获得其他企业的先进技术或知识产权,并在此基础上进行深度整合和优化,以提升自身的技术创新能力。相较于自我研发,这种方式更为高效,可以快速获取并应用新技术,有助于企业缩短与领先企业之间的技术鸿沟,甚至领先竞争对手。

此外,技术并购还能助力企业开拓新的市场,扩大业务领域,提升市场份额。在并购过程中,企业不仅能获取对方的技术,同时还可获得对方的市场份额、用户群体、品牌等商业资源。这不仅加强了企业的竞争优势,同时也有利于企业的长远发展。

3) 股价变动成为衡量并购企业价值变化的重要指标

在企业价值评估过程中,传统的现金流折现理论一直占据着核心地位。它主张企业的价值能够通过其未来的现金流现值来体现。并购这种具有风险性的商业活动,既可能为企业带来现金流的增加,创造新的商业机遇,也有可能导致现金流的减少,使得企业面临挑战。因此,在现金流折现理论的视角下,对企业价值的评估至关重要的一环就是对其现金流的预测。然而,现实情况的复杂性使得精准预测现金流成为一项艰巨的任务,这也是现金流折现理论面临的一个关键难题,从而限制了它在实际操作中的应用范围。

随着股票市场的兴起和不断完善,股价开始作为一个新的企业及其股权市场定价方式出现,这也为企业价值的展现提供了一种直观的方式。当今的研究已经识别出强有效市场、半强有效市场和弱有效市场这三种股票市场类型。尽管它们各自具有不同的特点和规律,但是在任何一种股票市场环境中,股价的变化都被广泛接受为一个能够有效反映和衡量企业价值变化的重要指标。这为企业价值评估提供了一个更为直接、灵活并且实时反映市场信息的新视角,也为现金流折现理论提供了有力的补充和拓展。

对于并购企业来说,其价值变化主要反映在并购绩效等方面,包括财务绩效、经营绩效和创新绩效。企业借助并购的手段,得以扩大自身的规模,进一步提升在市场中的份额,借此充分利用规模经济的优势,有效降低单位成本。同时,通过收购具备特定技术、知识、品牌优势的公司,企业可以获取新的技术、知识和关键资源,以此强化自身的竞争力。更进一步地,企业也可以通过并购来加速技术的研发和产品的应用,从而推动技术创新。这一过程往往能促使企业在财务和创新绩效方面实现显著的提升。换言之,通过适当的并购策略,企业不仅能够优化自身的经营状况和财务表现,同时还能加速创新步伐,提升在市场中的竞争优势。

4) 社交媒体浪潮下高级管理人员特质和行为对企业并购的影响越来越大

首席执行官(chief executive officer, CEO)、首席财务官(chief financial officer, CFO)等高级管理人员在企业并购过程中扮演着决策者、谈判者、执行者、整合者、沟通者等诸多重要角色。因此,企业并购的成功与否离不开高管的影响。近十年来,众多企业高管开始利用社交媒体来加强与员工、投资者、客户等利益相关者的交流,以提升企业的品牌声誉和价值。据信息技术公司 Knowledia 的一份近期报告显示,到 2021 年为止,68% 的财富 500 强 CEO 活跃在 Facebook、Twitter、LinkedIn 等社交媒体平台上,而在 2015 年,这一比例仅为 39%[1]。对企业并购而言,社交媒体为高管们提供了一个公开沟通和传达信息的平台,使他们可以公开讨论并购计划,阐释并购的动机和目标,从而提高了投资者、客户和员工等外部利益相关方对并购的理解和接纳度。与此同时,高管在社交媒体上展现的个人特质,包括他们的人格、价值观、领导风格、风险偏好等,可能影响他们在并购决策中的选择。例如,一些更具冒险精神的高管可能更倾向于追求大规模并购,而一些更为谨慎的高管可能会倾向于较小规模或更安全的并购策略。另一方面,高管的社交媒体行为也可能会影响市场对并购的反应。例如,如果高管在社交媒体上展现出对并购的积极态度和信心,这可能会提高市场对并购成功的预期,进而影响股价和投资者信心。在并购过程中可能会出现各种负面舆论,如对并购结果的担忧、对并购公平性的质疑等。高管可以通过社交媒体积极回应和管理这些舆论,减少它们对并购的负面影响。正因为如此,越来越多的企业和研究人员开始关注和研究高管在社交媒体上的行为以及通过社交媒体所展示出来的特质。

1.1.2　研究理论背景

(1)在大数据时代以及社交媒体的背景下,研究高管的特质对企业并购策略的影响有着重要的意义,这有助于深化和完善企业并购的理论框架。研究社交媒体上高管的特质和行为对企业并购结果的影响,包括他们的特质和行为对企业并购强度及并购后价值创造能力的影响,这可以通过并购可能性、并购交易价值和并购后的异常收益率来体现。在过去几十年中,尽管已有大量研究探讨高管特质(例如人格、年龄、领导力、性别、教育程度等)对企业并购强度和绩效等方面的影响,但很少有研究考虑到高管通过社交媒体展示的行为和特质对企业并购结果的影响。此外,不同并购研究采用的研究方法和选取的样本也各不相同,且不同研究流派之间的了解和交流存在局限性,关于企业并购的现有知识体系仍不完善。

(2)现有的高管人格、情感等特质的研究主要依赖词典方法或人工评估法。词典方法只能实现语义信息的浅层表征,并且忽略了社交媒体中海量的其他模态数据(如图像),因此准确性较低;而人工评估方法则存在样本覆盖规模有限、周期长、效率低、成本高、更新难等不足,这严重限制了大数据时代对个体特质评估的准确性、全面性和实时性的需求。尽管机器学习尤其是深度学习的方法在管理学研究中的应用日益普遍,但是鲜有研究采用新型的深度学习模型从海量数据中提取精确度更高的特质,更少有研究基于深度学习的这些特质来探讨其对并购策略的影响。同时,鲜有管理学研究尝试构建新型的深度学习模型以满足对准确度和效率更高要求的下游应用需求。

(3)在现有的研究中,研究人员在探索利益相关者与企业并购的关系时,通常使用访谈、ExecuComp、企业财报电话会议文本记录等传统数据源进行研究。然而,很少有研究探讨社交媒体是否可以作为研究企业并购的新的数据源。此外,过往研究大多集中在文本数据上,而像图像这样的多模态数据并未被充分利用。鉴于一图胜千言,且图像包含的信息量远大于文本,因此,利用图像等多模态数据探索其对并购影响的研究十分值得进行。

1.1.3　研究问题

在对大数据时代的高管特质对企业并购的影响研究时,需要回答以下几个研究问题:

(1)高管的人格特质如何影响企业并购强度? 这些人格特质如何通过深度学习模型精确提取?

高层阶梯理论表明高管的人格特质对企业战略决策和绩效产生重要影响。尽管现有研究揭示了 CEO 心理特征与公司战略行为的关系,但对 CEO 人格特质对并购活动影响的研究较少。CEO 的人格特质将直接影响他们对外界新情况、问题和挑战的解释和应对方式,甚至影响战略业务选择。

CFO 是 CEO 最亲密的合作伙伴,在战略决策中与 CEO 密切合作,尤其在并购过程中更为关键。在并购过程中,CFO 会制定并购计划、谈判并购目标和提高并购整合效率。因此,CEO 与 CFO 的合作行为和效果决定了企业并购结果。此外,研究高管人格特质对企业绩效的影响面临最大挑战是高效获取大规模高管人格数据。传统方法如问卷调查存在耗时和成本昂贵问题,限制了研究范围和有效性。因此,这些问题将是本研究需要探索和解决的问题。

(2)高管使用个人社交媒体账户对企业并购决策和绩效有何影响？

社交媒体为企业、员工和投资者提供了透明且经济的决策、知识管理、资源重新分配和信息检索的手段。在复杂的企业战略中，社交媒体通过增强对战略内容和利益相关者的参与，促进了透明性、反思性和包容性。对于并购这样的企业战略，社交媒体正在重塑并购战略格局。收购方可以利用社交媒体来识别和评估目标公司的价值、提高信心、削弱负面市场反应以及促进并购后的合作。此外，社交媒体在并购中还有助于减少信息不对称，使更多的投资者能获得并购信息以做出更好的决策。这有助于提高市场的透明度和效率，使投资者更加理性地参与并购交易。虽然现有文献揭示了企业和投资者使用社交媒体的作用，但管理层使用社交媒体是否影响企业并购结果尚不清楚，本研究将试图填补这一空白。

(3)如何构建新型的深度学习模型以更准确、高效地从社交媒体文本大数据中获取多元情感？以及基于深度学习驱动的多元情感对企业绩效有何影响？

情感分析在自然语言处理（natural language processing，NLP）和文本挖掘领域中是一个重要的研究主题，并已经扩展至包括管理学、经济学、金融学和医学等在内的多个领域，引发了广泛的社会关注。现有的基于特征工程的情感分析方法虽能从文本中识别出情感相关的语义特征，但这些方法通常需要大量的手动标注，并且可能会忽略上下文和句法特征，使其在从动态变化的社交媒体文本中准确抽取情感时存在挑战。另一方面，现有的深度学习方法能够自动学习隐式的上下文和句法特征，但在数据挖掘过程中可能会过滤掉一些关键的文档级别和精细的语义情感特征。

因此，我们首要的问题是如何构建一个新型的深度学习模型，能够从动态变化的社交媒体大数据中自动提取出上下文、语义和句法等特征，以提高情感分类的准确度。此外，在下游应用中，我们需要进一步研究和验证从高管社交媒体帖子中提取的多元情感通过深度学习模型是否对企业绩效产生显著影响，以及这些情感特征是否能显著提升企业绩效预测的准确性。

(4)公众通过多模态（文本＋图片）社交媒体帖子表达的情感是否能显著提高对企业并购后绩效的预测力？

随着互联网的发展，越来越多的公众开始选择多模态的方式来表达他们的态度和情感，如"文字＋语音""文字＋图像""文字＋视频"等。虽然已有文献对情感的影响进行了讨论，但这些研究主要聚焦于从文本中分析公众情感状态。然而，在大规模社交媒体中，多模态数据（如文本和图像）的潜力尚未得到充分的挖掘和利用。由于"一图胜千言"，图像往往包含的信息量比文本更为丰富，因此，将情感分析扩展到文本之外的其他模式显得至关重要。事实上，图像的表达能力通常强于文本,最近的研究也发现,从多模态社交媒体帖子中提取的视觉特征能够提供显著的预测能力,从而增强各种商业应用。因此,本研究旨在探索多模态情感对企业并购后绩效预测能力的影响。

1.2　研究的意义

本书将产生重要的理论与实践意义。

1) 理论意义

(1)深化并购理论框架:通过分析高管特质,特别是社交媒体上的行为和特质对企业并购结果的影响,本书有助于深化和完善企业并购的理论框架,拓展了对高管人格特质与并购策略关系的理解。此外,本书也尝试引入社交媒体数据作为高管特质的衡量方式,这一方法在并购理论中是较新的。社交媒体上的信息更为即时和真实,能够提供大量有关高管行为和特质的信息。引入这一新型数据资源有助于更精确地评估和预测高管的决策行为,对并购理论的丰富和发展起到推动作用。

(2)促进研究方法的创新:本书尝试通过深度学习来评估高管的特质,这不仅能提高分析的准确性和效率,还能从更丰富的角度理解高管特质与并购绩效的关系。这为未来的企业研究提供了新的分析工具和视角。

(3)提高并购决策的透明度和效率:通过对社交媒体的分析,企业和投资者可以更加透明、准确地了解并购目标的价值和潜力,减少信息不对称,提高市场效率。这有助于企业做出更加精确和合理的战略决策。

(4)增强多模态数据的研究潜力:本书采用的多模态分析方法(如结合文字和图像等)有助于更全面地挖掘社交媒体数据的潜力,提高对企业并购后绩效的预测能力。这一方向为未来企业战略研究提供了新的研究路径。

(5)跨学科研究的推动:结合管理学、计算机科学、心理学等多个领域的研究方法和理论,本研究不仅推动了各学科之间的交流和融合,也为今后跨领域研究提供了范例和启示。

2) 实践意义

本书的实践意义主要体现在以下几个方面:

(1)提高并购决策的科学性:通过深入研究高管的特质及其在社交媒体上的行为对企业并购策略的影响,有助于更全面、深入地了解并购的决策过程,从而提高并购决策的科学性和有效性。

(2)增强企业并购策略的效益:通过研究高管的人格特质、社交媒体行为以及公众的多模态情感反馈对并购决策和绩效的影响,可以帮助企业更有效地制定并购策略,以及更好地预测和管理并购后的绩效。

(3)创新数据挖掘和分析方法:本书提出的基于深度学习和多模态数据分析的模型为企业管理者从海量的社交媒体数据中提取和分析信息提供了新的方法和工具,对企业数据分析效率的提高和价值的提升具有重要意义。

(4)增进对社交媒体在企业管理中的理解:本研究通过分析社交媒体在企业并购过程中的作用,不仅能够提供对企业并购影响的新视角,也有助于增进我们对社交媒体在企业管理中的应用和影响的理解。

(5)为投资者提供决策参考:本研究将深度学习应用于企业并购决策和绩效分析,可以为投资者提供决策依据,有助于投资者理解并购公司的真实情况,从而做出更理性的投资决策。

总之,本书通过探讨大数据时代下的高管特质对企业并购的影响,推动了理论创新、方法创新,并为实践提供了宝贵的指导,具有重要的学术价值和实践意义。

1.3　本书研究设计

1.3.1　研究思路

本书的研究思路为:确定研究主题——基础文献回顾与评审——理论基础研究——技术研究——实证研究——结论与对策建议。

(1)确定研究主题。将从大数据、企业并购、高管特质、社交媒体、深度学习等关键概念出发,明确本书主题为探索大数据时代的高管特质对企业并购的影响。

(2)基础文献回顾与评审。通过阅读、整理、分析与主题相关的国内外研究文献,本书对国内外顶级期刊上有关大数据、高管特质与企业并购的最新研究成果进行全面的整理与深入探讨,全方位理解这些领域的发展历程与现状,并据此定义研究问题和研究目标。

(3)理论基础研究。根据前人研究成果的学习与整理,我们针对本书需要解决的问题,整理和明确定义相关概念,依托经典理论以及实证研究结果,构建研究假设和理论研究框架。

(4)技术研究。技术研究通常包括对现有技术的理解和评估,明确研究采用或开发的新技术。

(5)实证研究。按照研究框架选取合适的数据源进行数据收集和分析,明确研究变量的设计和测量方法,构建计量经济模型,结合统计软件进行结果分析。

(6)结论与对策建议。根据前述分析,我们将研究结果与当前实际情况相结合,对存在的问题进行深度分析,并为大数据时代的企业并购决策提出了合理的建议和意见。

1.3.2　研究方法

本研究主要采用了文献研究法、质性研究法、人工智能研究法和实证研究法四种主要的研究方法。

(1)文献研究法。文献整理和评述是论文开展的基础,通过整理和评述相关文献,以清晰了解当前大数据、社交媒体以及并购领域的研究现状和潜在研究问题。因此,本书对有关大数据、社交媒体对企业并购带来的影响,及并购的动机、原因和影响因素做了全面的梳理和总结,在此基础上明确研究问题。

(2)质性研究法。我们通过对大五人格模型、Ekman 基本情感理论、高层梯队理论、情感即社会信息理论等关键理论和文献的总结,提出了实证分析部分的前期研究假设。从定性角度对本研究关注的变量之间的关系进行了理论分析和假设,为进一步的实证检验奠定了基础。

(3)人工智能研究法。本书利用人工智能研究法中的多种深度学习法从文本、图像等数据中提取高管和其他企业利益相关群体的情感、人格等特质,进而为后期的计量经济模型中的变量测量提供了有力的保证。此外,本书还利用人工智能研究法中的经典的机器学习模型来检验这些基于深度学习的特征对企业并购结果和财务绩效的预测能力。

(4)实证研究法。实证研究法是本书的主要技术方法,通过构建计量经济模型进行统计描述和统计推断,从而明确变量之间的相关、因果等关系,以验证研究假设。

1.3.3　技术路线

本书的技术路径涵盖以下几个方面:①在基于对国内外研究背景的深度分析,系统收集、整理和剖析相关文献,揭示由经济和社会发展变动引发的,过往学者在研究中较少触及的领域。对这些新兴领域中的研究空白进行归纳和分析,从中探寻潜在的研究空间以及其相应的切入点。在此基础上,利用相关理论和假设构建适应的理论框架,并提出针对性的研究问题。②通过对相关目标变量的深入分析,一旦确定了研究的思路和逻辑是基本正确的,就可以开始探索影响目标变量的各种因素以及它们之间的相互作用,为后续研究铺垫道路。③明确研究所需的数据源,并利用深度学习等新兴技术获取数据,进一步提取出研究关键变量。④构建计量经济学模型,对样本中目标变量的变化以及其影响因素的关系进行实证检验,揭示出关键的影响因素,并进一步分析这些因素之间的相互关系。⑤结合理论研究、技术研究以及实证研究的成果,利用分析结果来推导相关的研究结论。

1.3.4 结构安排

本书的结构主要如下。

第 1 章是绪论。这章主要介绍了研究的现实与理论背景、主要的问题和研究的意义。根据各个思路和技术路线,选取理论与实证相结合的研究方法,提出了研究主题,并指出了可能的创新点。

第 2 章是文献综述。对国内外学者关于大数据和社交媒体对企业并购的影响、并购动机、影响因素以及我国并购发展的研究成果进行了梳理,并从前人的成果对本书的借鉴意义的角度出发,对现有的研究成果进行了分析和整理。

第 3 章到第 7 章每章均包含理论和实证研究。具体来说,第 3 章探讨了 CEO 和 CFO 的人格特质对企业并购强度的影响研究。本书运用大五人格模型,首先提出了四大研究假设,其中前三大假设关注 CEO 的尽责性、开放性和神经质对企业并购强度的影响,而第四个假设则关注 CFO 与 CEO 的性格相似度对并购强度的影响。本书选取了 2005 年以来标准普尔 1500 指数上市公司的 CEO 和 CFO 作为研究对象,采用 pAttCLSTM 深度学习模型从 15 013 份季度财报电话会议记录中获取 CEO 和 CFO 的五维人格,并结合计量经济学模型,探讨 CEO 和 CFO 的人格对企业并购强度的影响。研究结果表明,CEO 的开放性与企业并购强度呈显著正相关,而 CEO 的尽责性和神经质与企业并购强度呈显著负相关。此外,当 CFO 具有与 CEO 相似的人格特质时,CEO 的尽责性、开放性和神经质对并购强度的影响会增强。我们进一步研究了 CEO—CFO 特定人格特质的配对组合对企业并购强度的影响。实证结果揭示,与具有低开放性、高尽责性和高神经质的 CEO—CFO 伙伴关系相比,具有高开放性、低责任心或低神经质的 CEO—CFO 伙伴关系会进行更多的并购交易,相比之下,具有低开放性、高责任心和高神经质的 CEO—CFO 组合进行的并购交易较少。

第 4 章研究了高管使用社交媒体对企业并购结果的影响。本书利用高层梯队理论和社会存在理论,提出假设,认为收购方高管使用社交媒体能提高并购方企业进行并购的可能性和并购公告收益,且高管在社交媒体上的行为参与度正向调节前述假设。本书利用双重差分模型探讨标准普尔 1500 指数的上市公司的高管个人 Twitter 账户的使用对并购方并购可能性和并购公告收益的影响。研究结果表明,高管对社交媒体的使用可以显著提高并购方并购公告的收益和完成交易的可能性。与此同时,这类高管倾向于选择高风险的并购投资,从而产生高财务收益。本书还发现,这些关系取决于高管的社交媒体行为参与,他们常常在 Twitter 上进行密集的内容共享(即转发推文)和内容创建(即发布推文),这些行为参与提高了企业采取并购举措的可能性,并使投资者增强了该企业并购交易的积极认知,从而提高了企业绩效。

第 5 章是基于深度学习和情感词典的文本情感分析研究。目前,情感挖掘方法可分为三类:①情感词典法是最典型的方法,通过分析文本的语义关联、构造领域词典以及利用语义规则计算语义相似度等手段来判断文本情感。尽管操作简单,但因其无法深入抓取文本上下文特征且工作量大,难以满足复杂自然语言需求。②机器学习法,通过运用支持向量机、K 邻近、随机森林等方法,将情感分析视为一个分类过程,在一个包含情感评价和文本的映射的已标注数据集上训练模型,并将之应用于目标文本的情感分类。相较于词典法,机器学习法减少了人工工作量,避免了词典中词汇数量有限的局限性,能够处理更复杂的文本,且一定程度上缓解了情感分类的主观倾向;但是机器学习法的分类准确性依赖于初始训练集的准确性,且缺乏统一的规则,对于训练集以外的单词则难以做出判断,这也降低了情感分类的准确性。③深度学习方法,情感分析领域得到广泛应用。有别于通过手工或特征选择来识别和提取特征的传统机器学习方法,深度学习算法通过模拟人脑的神经网络来学习特征并自动获取特征,从而得到更高的情感分类准确性。与前两类方法相比,深度学习可以大幅缓解特征工程问题,通过使用在特定 NLP 任务中学习的低维稠密向量隐式地表示文本的句法和语义特征,因而具有更高的准确度、更强的学习能力和模型泛化能力,但依赖大量的训练样本,当训练样本量较少时,分类准确性将大幅下降。依赖人工注解的特征工程方法和以计算资源和大数据为基础的深度学习方法。尽管现有的深度学习方法可以自动从大型特定领域语料库中学习隐式的上下文和句法特征,但在数据挖掘过程中,它们往往过滤掉了一些文档级和精确的语义情感特征。基于此,本书提出一种结合深度学习和情感词典的模型及框架,克服了上述方法的不足,使其能更准确、有效地进行多元情感检测,以满足更高要求的情感分析和预测应用。

第 6 章是基于机器学习和高管情感特征的企业绩效预测研究。首先回顾相关的文献,总结出现有研究的不足。接着,在情感即社会信息理论的基础上提出两个假设:第一个假设认为高管在社交媒体帖子中表达的情感与企业绩效显著相关;第二个假设认为高管在社交媒体帖子中表达的情感可以显著提升企业绩效的预测精准性。然后,本书以标普 1500 指数的上市公司及其高级管理人员作为研究对象,选取了 2007 年至 2020 年与本研究相关的企业和高管数据作为样本,利用第 5 章构建的 DeepEmotionNet 模型从高管在 Twitter 上发布的推文中提取六种基本情感,并实证探讨这些情感对企业财务绩效的解释能力和预测能力。实证分析显示,高管在社交媒体帖子中表达的愤怒和恐惧情感与企业绩效有显著关联。具体而言,高管的恐惧情感与企业绩效显著正相关,而愤怒情感与企业绩效显著负相关。此外,通过基于机器学习的预测实验,我们发现高管的多元情感特征对企业绩效的预测能力显著优于二元情感特征。这些新颖的实证发现为理论和实践提供了重要的启示。

　　第 7 章关注社交媒体上公众发布的针对并购事件的多模态（文本＋图像）数据中的多元情感对企业并购后绩效的预测能力。结合 Ekman 六种基本情感理论，本章采用预训练语言模型 BERT 和基于 MVSO 的方法从文本和图片评论中提取出六种情感，并运用五种经典的机器学习方法实验研究了这些情感对并购后绩效的预测能力。实验结果显示，从图像和文本中提取的多元情感具有相似的预测能力。利用从多模态 Twitter 帖子的文本和图像中提取的多元情感，可以实现最佳的预测性能，为未来研究提供了新的视角：通过综合运用多种数据和情感分析，更好地理解和预测社交媒体上的公众情感及其对并购方企业后续绩效的影响。

　　第 8 章是研究结论与展望，总结了主要的研究结论并提出了未来的可能研究方向。

第 2 章
大数据、社交媒体与并购相关研究

2.1 大数据与企业发展

2.1.1 大数据的定义与特点

随着移动互联网、物联网和云计算技术的迅速发展,大数据时代到来,数据的规模和复杂性呈指数级增长。根据工信部的图 2 - 1 数据显示,我国数据年产量从 2017 年的 2.3ZB 到 2022 年增加到了 8.1ZB,增加了 2.52 倍。截至 2022 年年底,我国的数据储存量达 724.5EB。围绕着大数据的相关产业规模已达 1.57 万亿元,数字技术与工业、农业、文化产业深入融合,爆发出了强大的动力。

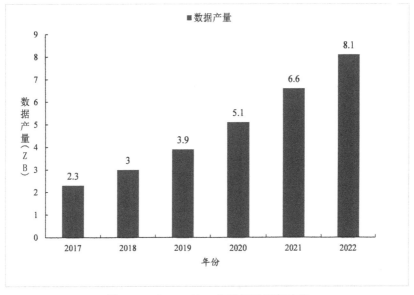

图 2 - 1 2017—2022 年我国数据年产量

(数据来源:工业和信息化部)

大数据一直是全球各行各业都在持续关注并广泛应用的重要话题。图2-2展示了全球范围内,在谷歌和国内的百度上关于"大数据"的搜索指数的变化情况。从图中可以明显看到,自2011年开始,无论在全球范围内还是国内,对"大数据"的关注度都呈现出爆发式的增长,并在2017年达到了顶峰。尽管近五年来,其搜索热度相比于前几年有所回落,但"大数据"仍然保持着极高的关注度。

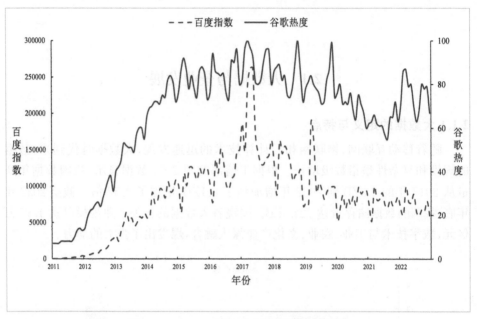

图 2 - 2   2011—2022 年"大数据"搜索热度

尽管对于大数据的应用和研究已经在各领域广泛开展,但大数据这一概念尚未有公认的定义。维基百科从数据处理的角度出发,将大数据定义为"利用常用软件工具捕获、管理和处理所耗时间超过可容忍时间的数据集"。IBM公司从大数据的特点出发,给出了大数据的"4V"定义,这也是目前接受度较高的定义之一。其将大数据的特点总结为规模性(volume)、多样性(variety)、快速性(velocity)和真实性(veracity)。其中,规模性指的是大数据的规模和体量巨大。多样性指的是大数据数据类型与数据来源多样。大数据通常包含结构化数据、半结构化数据和非结构化数据。结构化数据具有明确的模式和格式,如关系型数据库中的表格数据;半结构化数据具有一定的结构和标记,如XML文件或JSON数据;非结构化数据则没有明确的结构和格式,如文本书档、图像、音频和视频等。快速性指的是大数据的产生和流动的速度极快,而且一些情况下需要实时或准实时进行处理和分析。例如,社交媒体上的即时数据、传感器的实时监测数据等。真实性包括数据的准确性、数据的完整性以及数据来源的可信度等，这些决定了数据是否可靠，是进一步分析与判断的基础。也有其他组织对 4V 定义有不同的认识，如在国际数据公司的 4V 定义中，价值性（value）被认为是更重要的特点取代了真实性。价值性强调了在对大规模数据集的收集、存储、处理和分析中获得有意义的见解和洞察，以支持决策制定、问题解决和业务优化等活动的能力。

从以上定义中可以看出，大数据远远不止于"大量的数据"。大量的数据驱动着大数据的发展，但仅仅将数据的数量与大数据这个术语联系起来，并止步于此，是一个错误的观念。Jam Gray 等人将基于大数据的分析称之为科学研究的"第四种范式"。传统上，科学研究主要依靠理论推理、实验观察和建模模拟等方法，而第四种范式则强调利用大数据和先进的计算技术来进行科学研究。在当今的信息时代，数据的储存量和增长速度均呈迅猛增长态势，传统的三种范式在科学研究，特别是一些新的研究领域已经无法很好地发挥作用。而第四种范式，即基于大量数据的分析，将科学研究转变到以数据处理为中心，通过分析和挖掘这些数据，研究人员可以获取新的洞察，发现隐藏的关联性和模式，验证或推翻既有的理论假设。

大数据的出现在根本上改变了研究人员的研究方式，基于大数据的研究方法可以在更大的尺度上发现新的现象和关系，以对社会和自然系统有更深入的理解。因此，自从大数据这一概念被提出，学术领域、经济领域乃至政治领域都对其产生了浓厚的兴趣。

早在 2008 年，《自然》（*Nature*）就推出了专刊 *Big Data：Science in the Petabyte Era* 探讨和介绍大数据在科学研究和其他领域中的应用和影响。2011年《科学》（*Science*）推出关于数据处理的专刊 *Dealing with Data*，讨论了数据洪流所带来的机遇。此后，围绕着大数据的获取、存储、分析、处理、管理和应用等研究不断展开，为大数据的进一步演进提供了坚实的基础和广阔的前景。除了信息科学领域，大数据也为其他诸多学术领域，如金融、媒体、教育、城市规划等提供了深入洞察的可能和数据驱动的解决方案。

大数据的巨大价值使得众多商业公司根据自身业务需求，积极探索和开发基于大数据的应用模式。如，Facebook 通过分析用户的喜好、点赞、评论和共享行为，向广告商提供定向广告投放服务，提高广告效果和回报；特斯拉利用车载传感器和云端数据分析来收集和分析车辆性能数据，监测车辆状态、预测故障和进行远程诊断，从而实现更好的车辆维护和客户支持；沃尔玛通过分析销售数据、供应商数据和物流数据预测产品需求、优化库存水平和提高供应链效率，从而降低供应链成本。

政府部门也关注到了大数据的巨大潜力。2012 年,美国奥巴马政府发布了"大数据研究和发展倡议",投资 2 亿美元,正式启动"大数据发展计划",谋求利用大数据技术在科学研究、环境、生物医学等领域进行突破。同年,日本政府推出"新 ICT 战略研究计划",其中重点关注了"大数据应用",希望推动创新、提升产业竞争力,并促进社会的数字化转型。我国十四五规划中,也重点提出要推动大数据采集、清洗、存储、挖掘、分析、可视化算法等技术创新,培育数据采集、标注、储存、传输、管理、应用等全生命周期产业体系。

作为一个全球性的趋势,大数据正迅速成为各行各业的重要驱动力。随着技术的不断进步和数据规模的不断增长,大数据的应用和影响将继续扩大,并带来更深远的变革。在这个数字化时代,把握大数据发展趋势并灵活运用的能力已经成为保持竞争力和创造价值的关键。

2.1.2 大数据对企业发展的重大意义

大数据时代,企业面临着前所未有的数据量。在这个数据的海洋中,暗藏了巨大的机遇和挑战,为企业带来了革命性的变革。在企业内部,管理与决策不再只依靠直觉和经验,而是依托于数据进行决策优化、运营效率提升和产品开发创新。在企业外部,市场竞争的格局由此重塑,大数据为企业在客户关系管理、新兴市场机会和竞争优势等方面提供了深入洞察的可能。在激烈的市场竞争中,大数据成为企业保持竞争优势的重要手段。

在数据获取方面,传统上,企业获取信息主要依赖于市场调研、客户反馈、销售数据等有限的渠道。然而在大数据时代,企业可以从多个来源获取多模态的数据[2]。例如,文本数据可以通过网络爬虫和 API 接口进行收集,图像和视频数据可以通过计算机视觉和图像处理技术进行获取,音频数据可以通过语音识别技术进行转录。多模态数据既意味着企业提供了丰富的信息表达渠道,提升了客户的使用体验,也使得企业可以进行更准确的数据分析。通过充分利用多模态数据,企业可以发现更多隐藏的模式和趋势,获得更深入的市场洞察,以推动业务发展与创新。

在数据处理方面,大数据时代,数据高速生成、即时传播的现象成为一种常态。这种高速实时生成的数据反映了市场的实时状态和动态变化。通过对这些数据进行及时分析和解读,企业可以获得关于市场趋势、消费者行为、竞争态势等方面的实时洞察,以敏锐地把握市场变化,并迅速采取相应的行动。一个常见的应用是实时舆论监测,许多企业和组织利用它来追踪和分析公众舆论对他们品牌、产品或服务的态度和观点,并及时采取措施应对不同的情况。例如,一家消费品公司可以通过舆情监测来追踪消费者对其产品的评价和反馈。如果出现了一些负面的舆论,该公司可以及时采取行动,回应消费者的关切并解决问题,以保护品牌声誉并提高用户满意度。

更重要的是,更多的数据带来了更多的知识。企业的每一次客户交互、每一笔交易、每一次在线活动都产生了数据,这其中蕴含了宝贵的信息。如,在自然语言处理(natural language processing,NLP)技术的帮助下,企业可以自动化处理网络上的文本数据,包括客户反馈、社交媒体评论和新闻报道等,以进行文本分析、舆情监测和自动化报告生成等;利用机器学习模型,企业可以将搜集到的用户行为数据输入,如点击、购买、浏览历史等,以划分不同的用户群体和行为类型。这可以帮助企业更好地理解用户的需求和偏好,以及不同用户群体之间的差异;企业保存的历史数据可以帮助建立预测模型,从而判断用户未来的行为,如购买意向、流失风险等。这样的预测可以帮助企业采取有针对性的措施,例如个性化推荐、定制化营销策略,以提高用户参与度和转化率。

机遇与挑战相辅相成,大数据为企业开启了广阔的发展前景,然而也带来了较大的考验和困难。在今天的商业竞争中,企业不仅需要在价格、产品和服务方面进行竞争,还需要在数据获取上保持竞争优势。大数据的广泛应用已经贯穿了各个行业和领域,如同电力对于工业革命的推动一样,数据正为企业带来了巨大的变革和创新机遇。作为信息时代的燃料,数据的价值已经超越了传统的资产和资源,成为推动企业成功的重要动力。其次,数据的处理能力成为企业能力的重要组成部分。处理和分析海量的实时数据需要强大的计算能力和高效的数据处理技术。企业需要投资和建设相应的大数据基础设施,提高分析能力,以确保能够及时、准确地从数据中提取有价值的信息。同时,随着大数据的增长,保护客户数据的隐私和保密性变得更加关键。企业需要采取有效的安全措施,以防止数据泄露、未经授权的访问或潜在的安全漏洞。

2.1.3　企业数据挖掘

数据挖掘(data mining)是指从大量数据中发现并提取出有用的、先前未知的、潜在有价值的信息和模式的过程。它是一种将统计学、机器学习和数据库技术相结合的跨学科领域,旨在通过应用各种算法和技术,发现数据中的隐藏模式、趋势和关联性。在企业的生产和运营过程中产生了大量的数据,利用数据挖掘的相关算法,可以从大规模数据集中提取有价值的信息和模式,从而辅助决策,提高市场竞争力。

一般情况下,企业进行数据挖掘,主要包括几个步骤:问题定义,数据准备,模型建立,模型优化,成果应用。

1) 问题定义

首先企业需要明确亟待解决的业务问题或目标,这是进行数据挖掘的基础。常见的企业数据挖掘应用包括:

(1)市场分析和消费者行为预测：指了解消费者的偏好、购买行为和趋势等。这些洞察可以帮助企业进行市场定位、产品定价、广告投放和促销策略的制定。

(2)客户关系管理：通过分析客户的历史交易数据、行为和偏好，企业可以识别高价值客户、提供个性化的产品推荐和定制化的服务，从而增强客户满意度和忠诚度。还可以帮助企业预测客户流失风险，采取相应的措施进行客户保持和再营销。

(3)风险管理和欺诈检测：通过分析大量的交易数据和用户行为模式，企业可以识别潜在的风险和异常情况，并及时采取措施进行预防和应对。

(4)生产和供应链优化：通过分析供应链数据和生产过程数据，企业可以优化生产计划、预测需求、控制库存和提高供应链的效率，实现生产和供应链的高效管理。

除此之外，数据挖掘技术在人力资源管理、运营效率改进、质量控制等方面都可以发挥作用。通过充分挖掘和利用数据的潜力，企业可以获得重要的商业洞察和竞争优势。

2）数据准备

在确定了数据挖掘的目的后，下一步需要进行数据准备。这包括明确用于分析的数据类型、来源和范围，以及采集数据的方法和策略，确保获取的数据能够满足分析和挖掘的需求。同时，还需要考虑数据的质量和准确性，以及符合隐私和法律规定的数据采集和使用准则，以确保数据的合法性。企业可以充分利用多样化的数据进行分析，根据数据的结构特点，将其进行以下分类。

• 结构化数据和非结构化数据：结构化数据是按照特定格式和模式组织的数据，如数据库中的表格数据、Excel 电子表格等；而非结构化数据则没有明确的结构，如文本书档、电子邮件、音频、视频等。结构化数据可以通过数据库管理系统进行管理和分析，而非结构化数据则需要借助文本挖掘、NLP 等技术进行处理和分析。

• 内部数据和外部数据：内部数据是企业自身产生和积累的数据，如销售记录、客户信息、员工数据等；而外部数据则来自外部来源，如市场数据、社交媒体数据、行业报告等。内部数据对于企业内部运营和决策具有直接的参考价值，而外部数据可以提供更广泛的市场环境和行业趋势的信息。

• 操作性数据和决策性数据：操作性数据是企业日常运营过程中产生的数据，如订单记录、库存数据、交易记录等，主要用于业务流程的管理和监控；而决策性数据则是为支持决策制定而准备的数据，如报表、指标数据、预测分析结果等。决策性数据具有更高层次的综合性和抽象性，能够提供给管理层和决策者更全面的信息支持。

- 时间序列数据和横截面数据:时间序列数据是按照时间顺序记录的数据,包括历史数据和实时数据,如销售额按月份的变化、股票价格按分钟的波动等;而横截面数据则是在某个时间点上进行采集的数据,如客户调查问卷数据、某一天的用户访问日志等。时间序列数据常用于趋势分析、季节性预测等,而横截面数据常用于统计分析和群体比较。

3)模型建立

在明确了任务目标和完成数据准备后,需要进行特征与模型的选择。这一步骤需要对原始数据的特征进行转换、提取和选择,以获得更有信息量和适用性的特征集合。同时,需要根据问题的性质和数据的特点选择适当的数据挖掘模型或算法。通过选择合适的特征和模型,能够提高数据挖掘的准确性和性能,并为后续的模型训练和评估奠定基础。常见的数据挖掘模型包括:

- 分类模型:用于预测和分类任务,如决策树、逻辑回归、支持向量机等。这些模型可以帮助企业进行客户分类、产品推荐、欺诈检测等任务。
- 聚类模型:用于将数据分组为相似的簇,如 K 均值聚类、层次聚类等。聚类模型可用于市场细分、用户分群等场景。
- 关联规则模型:用于发现数据中的关联和规律,如 Apriori 算法、FP-Growth 算法等。关联规则模型可用于购物篮分析、交叉销售等任务。
- 预测模型:用于根据历史数据预测未来趋势和行为,如线性回归、时间序列分析、神经网络等。预测模型可用于销售预测、需求预测等。

4)模型优化

再之后,需要对模型评估和优化,根据评估结果进行模型优化和参数调整,以提高挖掘效果和预测准确性。根据数据挖掘任务的性质和数据特点,应当选择适当的评估指标来衡量模型的性能。常见的评估指标包括准确率、召回率、F1值、AUC 等。也可以通过交叉验证、训练集和测试集的划分等方法来评估模型的性能,并选择最合适的模型进行进一步的分析和应用。

5)成果应用

最后的关键步骤是结果解释和应用,这一阶段的目标是对数据挖掘的结果进行深入分析和解读,以便决策者能够准确理解数据挖掘结果的内在逻辑和潜在影响。结果解释和应用的过程需要将数据挖掘的结果与具体业务背景相结合,进行逻辑推理和实际应用的探索。决策者需要深入了解数据挖掘的方法、技术和限制,以便正确解读结果并评估其在决策制定中的适用性。

在结果解释和应用阶段,可视化和可交互性工具经常被使用,以便将复杂的数据挖掘结果以直观和易理解的方式展示出来。这些工具可以帮助决策者更好地理解数据挖掘结果,从而更好地评估决策的潜在风险和回报。此外,结果解释和应用还涉及对洞察的进一步探索和验证。这包括与业务领域专家的交流和讨论，以确保挖掘结果在实际场景中的合理性和可行性。

2.1.4　大数据分析技术和框架

大数据分析涵盖了多种技术和方法，下面介绍一些常见的大数据分析技术。

数据挖掘：如上文所述，数据挖掘是从大规模数据集中发现有用信息和模式的过程。它结合了数据库、机器学习、统计学和人工智能等多个领域的技术和方法，旨在揭示隐藏在数据中的模式、关联和趋势，以帮助组织做出更好的决策、发现新的洞察和改进业务流程。

自然语言处理（NLP）：NLP是人工智能和计算机科学领域的一个分支，专注于让计算机能够理解、处理和生成自然语言的能力。它涉及对文本和语音数据的处理和分析，以便计算机能够理解和生成人类语言的含义。它涉及多个任务和技术，包括语义理解，语言生成，情感分析、命名实体识别等。它在许多领域都有广泛的应用，如智能助手、文本自动化处理、信息检索、舆情分析等。

数据可视化：数据可视化是通过图表、图形、地图和其他视觉元素将数据呈现出来，以便更直观地理解和传达数据的含义和模式。它是数据分析和沟通的重要工具，常见的可视化工具如 Tableau，PowerBI，D3.js 等可以帮助人们从数据中发现模式、趋势和关联，并将复杂的信息转化为易于理解和解释的形式。

图像识别：图像识别是指计算机系统通过对图像进行分析和处理，以识别和理解图像中的对象、特征和内容。图像识别技术利用机器学习、计算机视觉和模式识别等方法，使计算机能够自动识别和分类图像中的物体、场景和模式。随着深度学习和神经网络的发展，特别是卷积神经网络，图像识别的准确性和性能得到了显著提升。通过大规模数据集的训练和深度学习模型的优化，图像识别已经在许多实际场景中，如人脸识别、智能分类、智能导航和虚拟现实等，开始了广泛应用。

在大数据分析领域，有几个常用的框架被广泛应用于数据处理和分析任务。以下是一些常见的大数据分析框架。

• Apache Hadoop：Hadoop 是一个开源的分布式计算框架，旨在处理和存储大规模数据集。Hadoop 被广泛应用于大数据分析、数据挖掘、机器学习和数据仓库等领域。它已经成为大规模数据处理的事实标准，并为处理和存储大数据提供了一种可靠且可扩展的解决方案。

• Apache Spark：Apache Spark 是一个开源的大数据处理和分析引擎，旨在快速、易用和通用地处理大规模数据集。它提供了高性能的分布式计算能力，并支持多种数据处理任务，包括批处理、实时流处理、机器学习和图形处理等。

- TensorFlow：TensorFlow 是一个开源的机器学习框架，由 Google 开发和维护。它旨在为机器学习和深度学习任务提供强大的计算能力和灵活性。TensorFlow 提供了一个多层次的 API 体系结构，支持构建和训练各种机器学习模型，并在各种硬件平台上实现高效的计算。
- Apache Flink：Apache Flink 是一个用于分布式流处理和批处理的开源平台。Flink 的主要特点是其实时流处理能力，可以实现事件驱动的实时分析。
- Apache Hive：Apache Hive 是一个基于 Hadoop 的数据仓库基础架构。它允许用户使用类似于 SQL 的查询语言来查询和分析大规模的结构化和半结构化数据。Apache Hive 在大数据分析和数据仓库领域有广泛的应用，特别适用于批处理和数据分析任务。它可以处理和分析大规模的结构化数据，如日志文件、用户行为数据、数据仓库和业务数据等。
- Apache Kafka：Kafka 是一个分布式的流式消息传递平台，最初由 LinkedIn 开发，现已成为 Apache 软件基金会的顶级项目。它设计用于高吞吐量、可扩展性和可靠性的实时数据流处理。Kafka 提供了高度的可扩展性和容错性，能够处理大规模数据流。它的设计目标是高吞吐量和低延迟，能够处理每秒数十万甚至数百万的消息。Kafka 的消息持久化和复制机制确保了数据的可靠性和容错性，使得即使在节点故障的情况下也能保持数据的可用性。

这些框架和工具提供了大规模数据处理和分析的基础设施和工具，可以帮助企业高效地处理和分析大数据，发现有价值的信息和洞察。当然，每种框架都有其特定的应用场景和优点，根据不同的业务需求，需要选择合适的框架进行大数据分析。例如，如果需要处理实时数据流，可以考虑使用 Storm 或 Flink。如果需要进行复杂的批处理和机器学习任务，可以考虑使用 Spark。

2.2　社交媒体与企业发展的文献综述

2.2.1　社交媒体的定义与种类

社交媒体由 Social Media 翻译而来，也被译为"社会化媒体"，其是指通过互联网和移动技术，让用户之间可以创建、共享和交流内容的在线平台和应用程序。社交媒体提供了用户之间互动和沟通的渠道，以分享信息、观点、媒体文件和实时交流等方式，彻底改变了人们的沟通方式。

社交媒体的历史可以追溯到互联网的早期发展阶段。20 世纪 80 年代，BBS（bulletin board system）开始盛行，BBS 是基于话题进行讨论的论坛，它的出现让网民第一次脱离大众媒体实现聚集和交流，在单向大众传播模式外，有了双向互动交流的空间。围绕内容进行社交，互联网社交意识开始积累。20 世纪 90 年代末,博客(Weblog)出现,网民不仅接收、讨论信息,而且开始大规模生产、传播信息,个人逐渐脱离长期以来大众传播环境下的单向"受众"角色,第一次实现了有可能由自己主导的大众范围传播,"受众"开始走向"用户"。1997 年,Six Degrees 诞生,它允许用户建立朋友名单,能看到朋友资料,并可以发送信息。这种"关注个人"的理念已渗入之后的其他产品,"个人门户"成为流行思维[3]。2004 年马克·扎克伯格创立 Facebook,它开始作为哈佛大学的校园社交网络,后来扩展到其他大学和全球用户,逐渐成为全球最大的社交媒体平台之一。此后,众多社交媒体,如 Twitter、Instagram、WhatsApp、TikTok 等社交媒体不断涌现,它们改变了人们的社交方式、信息传播和互动方式,成为全球范围内连接人们、分享内容和建立社交关系的重要工具,并对个人、企业和社会产生了深远影响。

在当今的各类互联网应用中,如虚拟社区、即时通信、移动直播、微博微信、音视频等都有社交媒体的身影。基于特定的应用场景,其功能特点各不相同,通过对其功能特点进行细分,可以将其分为不同形式和内容的平台。从社交媒体的内容形式上,可以将其分为文字社交媒体、图像社交媒体、视频社交媒体、多媒体社交媒体;从用户定位和关系上,可以将其分成公共社交媒体、好友/关注模式社交媒体、专业社交媒体;根据地域性质也可以将其分为全球性社交媒体和区域性社交媒体;根据目标群体又可以分为青少年社交媒体、商务社交媒体和垂直社交媒体等。这种多样性和分化趋势为用户提供了更多选择和定制化的社交体验,人们能够以更多元化的方式进行社交互动、信息分享和网络参与。无论是个人用户、企业还是组织,都能在适合自身需求的社交媒体平台上找到合适的定位和机会,这为个人的交流、品牌的推广以及社会交流的不断进步提供了有力的推动。

随着互联网的普及,全球社交媒体的普及程度也呈现出了爆炸式增长(见图 2-3)。Hootsuite 的一项报告显示,截至 2022 年 1 月,全球社交媒体用户数量为 46.2 亿。这一数字相当于世界总人口的 58.4%。2021 年至 2022 年的这一年间,有 4.24 亿新用户开启社交媒体之旅。

随着科技的进步和互联网的普及,社交媒体已经成为人们日常生活中不可或缺的一部分。首先,社交媒体已经成为人们沟通交流的主要平台。不论是与朋友、家人还是陌生人,人们都可以通过社交媒体平台随时随地进行交流。无论身处何地,只需一部手机或电脑,就能与世界各地的人们分享自己的想法、照片、视频和音乐等内容。这一全新的互动方式,打破了地理和时间的限制,使得人与人之间的联系更加紧密。

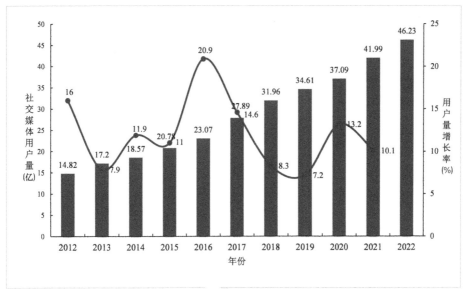

图 2 - 3 全球社交媒体用户增长情况

（数据来源：Hootsuite）

其次，社交媒体对信息传播起到了至关重要的作用。通过社交媒体平台，人们可以快速获取最新的新闻和事件信息。无论是国际大事、时事热点还是个人生活动态，社交媒体都成为人们获取信息的重要渠道之一。人们可以通过关注特定的账号或话题标签来订阅感兴趣的内容，同时也可以通过点赞、评论和分享等方式参与到讨论中。社交媒体的信息传播速度之快，使得重大事件可以迅速引起全球范围内的关注，加深了人们对各种问题和话题的了解。

此外，社交媒体也在商业领域产生了巨大的影响。越来越多的企业意识到社交媒体的潜力，将其作为营销和推广的重要渠道。通过社交媒体，企业可以与消费者直接互动，了解他们的需求和反馈。同时，社交媒体平台也为企业提供了广告投放、品牌塑造和产品推广等机会。一些社交媒体平台还开设了电子商务功能，使得用户可以直接在平台上购买商品和服务，进一步推动了电子商务的发展。未来，我们将逐渐迈向一个万物皆媒的时代。各种物体和场景都将成为信息的传递者和交互的平台，媒体的边界将变得模糊，信息的流动将无处不在。作为用户，我们将享受到更加个性化、沉浸式和安全的社交媒体体验。

2.2.2 主流社交媒体介绍

一项关于"The World's Most-used Social Platform"的调查结果如图 2 - 4 显示，Facebook 以约 29.1 亿的用户取得榜首，成为最广泛使用的社交媒体。其次是视频平台 YouTube,它为 25 亿用户提供了丰富的视频内容。WhatsApp 也是一款备受欢迎的社交媒体应用,有近 20 亿用户,在全球范围内被广泛用于即时通信。微信是中国最受欢迎的社交媒体平台之一,拥有 12 亿用户。作为一款综合性的应用,微信不仅提供即时通信功能,还集成了支付、社交圈子、新闻和娱乐等功能,成为许多人日常生活中必不可少的工具。视频平台抖音(国际版为 TikTok)以其创新的短视频内容形式和个性化推荐算法迅速崛起,吸引了近 6 亿用户。

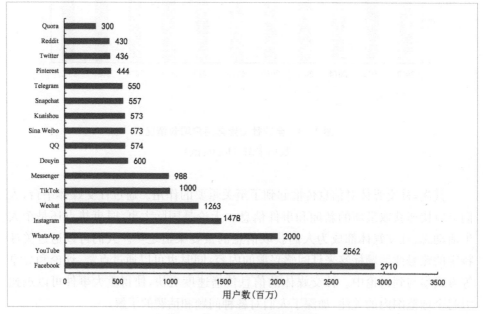

图 2-4 主流社交媒体用户量

(数据来源:App Annie)

接下来将介绍目前主流的社交媒体。

Facebook:Facebook 是一家总部位于美国的社交媒体和科技公司,成立于 2004 年。Facebook 的核心产品是其社交媒体平台,用户可以在平台上创建个人资料,并与朋友、家人和同事建立联系。用户可以通过发布状态更新、分享照片和视频、点赞、评论等方式与其他用户互动,并通过动态消息流了解和关注朋友们的最新动态。Facebook 在全球范围内拥有数十亿的用户,它的影响力和用户基数使得 Facebook 成为企业、品牌和个人进行市场推广、信息传播和社交互动的重要渠道之一。

Facebook 标志

　　Instagram：Instagram 于 2010 年由凯文·斯特罗姆和迈克·克里格尔共同创立。Instagram 的主要特点是用户可以在平台上分享照片和短视频，并与其他用户互动。用户可以通过移动设备拍摄照片或录制视频，然后应用各种滤镜和编辑工具进行美化和个性化处理。同时，Instagram 也提供了商业账号和品牌页面的功能，使企业和品牌能够与用户建立联系和展示产品。商业账号可以利用 Instagram 的广告工具，以及通过有吸引力的内容和创意来吸引目标受众。

Instagram 标志

　　YouTube：YouTube 是全球最大的在线视频分享平台之一。它于 2005 年成立，由三位前 PayPal 员工创立，并于同年被谷歌收购。YouTube 允许用户上传、观看和分享各种类型的视频内容，包括音乐、电影、电视节目、纪录片、原

YouTube 标志

创内容和用户生成内容。YouTube 的平台用户数量庞大，吸引了来自世界各地的观众和内容创作者。它为用户提供了一个广阔的创作和观看空间，让人们能够分享自己的创意、才艺和观点，同时也能够欣赏其他人创作的内容。

　　WhatsApp：WhatsApp 是一款流行的即时通信应用程序，最初由美国的两位前 Yahoo 员工于 2009 年创立。WhatsApp 的名字来源于"What's Up"的缩写，意为"有什么新鲜事"。该应用程序允许用户通过互联网发送文本消息、图像、音频和视频等多种形式的信息，实现即时通信。WhatsApp 最初只支持智能手机平台，但后来扩展到了其他平台，包括 Android、iOS、Windows Phone 和网页版，让用户可以在不同设备上交流。

WhatsApp 标志

　　Twitter：Twitter 是一家总部位于美国的社交媒体公司，也是全球最知名的社交媒体平台之一。它于 2006 年成立，旨在为用户提供一个实时、公开和全球性的沟通平台。Twitter 的核心功能是通过发布短文本消息（推文）来进行沟通和分享。Twitter 已经成为政治、新闻、娱乐和商业等领域的重要平台之一。许多政府领导人、名人、新闻机构和企业

Twitter 标志

等都在 Twitter 上建立了官方账号，用于与用户进行互动和传播信息。这使得 Twitter 成为全球范围内实时新闻和舆论的重要来源，同时也为个人用户提供了参与公共讨论和表达意见的机会。

微信：微信是由中国科技巨头腾讯于 2011 年开发的一款多功能移动应用程序。微信提供了即时通信功能，用户可以发送文本消息、语音消息、图像和视频，并进行语音和视频通话。此外，微信还提供了朋友圈功能，类似于 Facebook 的动态发布和分享功能。用户还可以加入公众号来获取新闻、娱乐和其他感兴趣的内容，进行线上支付、转账以及使用小程序进行各种服务和购物。

微信标志

抖音（国际版为 TikTok）：抖音是由字节跳动于 2016 年孵化的一款音乐创意短视频社交软件。它在全球范围内迅速流行起来，尤其受到年轻用户的喜爱。TikTok 的特点是用户可以录制和分享 15 秒到 60 秒的短视频。它提供了丰富的视频编辑工具，例如滤镜、音乐、特效和剪辑功能，使用户可以创造有创意和吸引人的内容。TikTok 还使用智能推荐算法，根据用户的兴趣和喜好，向他们推荐有趣和流行的视频。用户可以在应用程序内与其他用户互动，通过点赞、评论和分享来表达喜欢的视频。

抖音标志

新浪微博：新浪微博是中国最大的社交媒体平台之一，由新浪公司于 2009 年推出。它以其即时性、开放性和互动性而备受用户喜爱，成为中国互联网的重要组成部分。新浪微博作为一个开放平台，为用户提供了广泛的社交功能。用户可以与朋友、家人和同事分享生活中的点滴，也可以通过关注名人、媒体机构、品牌等账号，获取最新的新闻、娱乐和

新浪微博标志

时事动态。此外，用户还可以通过微博进行讨论、参与热门话题，与其他用户互动，建立社交网络。许多公众人物、政府机构、媒体和企业也在平台上设立了官方账号，用于与用户进行互动和传播信息。这使得新浪微博成为政府宣传、品牌推广、舆论引导等方面的重要工具。

2.2.3　社交媒体对企业发展的重要作用

在社交媒体的用户规模与功能不断扩大的同时，企业逐渐认识到，在社交媒体平台上与消费者进行直接而互动的沟通，能够带来独特的机遇和巨大的影响力。Global Web Index 做出的关于消费者品牌获知渠道的调研数据（图 2 - 5）显示，超过四分之一的 16 至 64 岁互联网用户通过社交媒体广告发现新品牌、产品和服务。约四分之一的互联网用户每月在社交媒体上关注某个品牌，而近八分之一的人表示他们每月至少分享一次品牌的社交媒体帖子，社交媒体已经成为消费者获取信息的重要渠道。

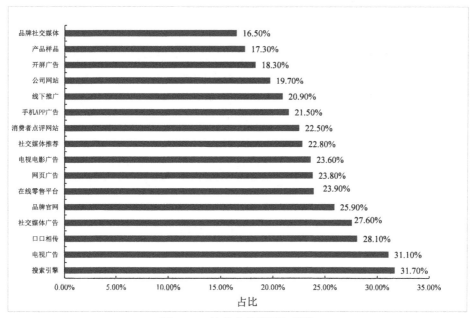

图 2 - 5　消费者品牌获知渠道

（数据来源：Global Web Index）

除了进行品牌宣传，社交媒体还可以在以下领域帮助企业实现变革：

（1）客户互动和关系管理：社交媒体为企业与客户之间建立了直接的互动渠道，提供了便捷的沟通和反馈机制。企业可以通过社交媒体平台与客户进行实时互动、解答疑问、处理投诉，建立良好的客户关系，增强客户满意度和忠诚度。

（2）市场调研和洞察：社交媒体平台上的用户活动和互动提供了丰富的数据和洞察，可以帮助企业进行市场调研和了解消费者需求。通过分析社交媒体上的用户反馈、评论和趋势，企业可以获取有关产品、服务和市场的有价值信息，从而做出更加准确的决策和优化策略。

（3）口碑营销和社交影响力：社交媒体是用户分享和传播信息的重要平台，用户在社交媒体上的推荐和评价对企业的口碑和社交影响力具有重要影响。企业可以通过积极引导用户进行品牌正面宣传和口碑营销，增加品牌的社交影响力，吸引更多用户的关注和认可。

（4）竞争情报和趋势分析：通过监测竞争对手在社交媒体上的活动和用户反应，企业可以获取有关竞争情报和市场趋势的信息。这有助于企业了解竞争环境、调整策略，保持市场敏感度和竞争优势。

2.2.4　社交媒体对企业发展带来的挑战

尽管社交媒体对企业发展具有许多好处，但也存在一些挑战需要企业面对和应对。

(1)激烈竞争和噪音:社交媒体上存在大量的竞争对手和信息噪音,企业需要与其他品牌争夺用户的关注和注意力。有效地突出自己的声音和与用户建立真正的连接变得更加困难。企业需要不断关注竞争对手的社交媒体活动,了解他们的产品和服务优势,并寻求创新的方式来吸引和留住用户。同时,社交媒体的快速变化和新兴平台的涌现也给企业带来了创新的压力,需要企业不断跟进和适应新的社交媒体趋势和工具。

(2)负面舆论和危机管理:社交媒体的开放性意味着用户可以自由表达意见,这也增加了负面舆论和危机的风险。虚假信息、负面评论或危机事件可能迅速扩散,并对企业的声誉和品牌形象造成损害。因此,企业需要积极管理社交媒体上的声誉,及时回应用户的反馈和投诉,采取措施解决问题,并建立积极的品牌形象。

(3)隐私和数据安全:社交媒体平台能够收集和处理大量用户数据,企业需要确保用户数据的隐私和安全。随着数据保护法规的出台和用户对隐私的关注增加,企业需要加强数据管理和保护措施,确保符合法律要求并获得用户的信任。

(4)快速变化的算法和规则:社交媒体平台的算法和规则经常变化,这可能会对企业的可见性和推广策略产生影响。企业需要时刻关注平台的更新和变化,灵活调整营销和推广策略,以适应新的算法和规则。

(5)持续投入和资源需求:社交媒体的有效利用需要持续的投入和资源,包括人力、时间和资金。企业需要有足够的资源来维护社交媒体的活动,并保持与用户的互动和内容更新的连续性。

2.3　企业并购的文献综述

2.3.1　什么是并购

并购(merger & acquisition，M&A)是企业兼并和企业收购的合称。企业兼并指的是两个或多个独立的企业合并成为一个新的实体或一个企业控制另一个企业的情况。通常是一家有优势的企业吸收另一家或多家其他企业,被吸收的企业丧失其独立身份。企业收购指的是一家企业购买另一家企业的资产、部门或者股票,从而获得对该企业的控制权的交易行为,目标企业的法人地位不会因此而消失。在实际中,兼并和收购往往会交织在一起,很难严格的区分。因此,本书中也引用并购的概念,不对兼并和收购做严格的区分。

企业并购可以按照不同的分类标准进行分类。

根据交易类型可分为股权并购和资产并购。其中,股权并购是指收购方通过购买目标公司的股票或股权来获取控制权。资产并购是指收购方购买目标公司的特定资产或业务部门,而非整个公司。

根据交易动机和目的可分为战略并购和财务并购。其中,战略并购是旨在实现战略目标,如扩大市场份额、拓展业务领域、获取关键资源等。而财务并购主要关注于财务回报和利益,如实现成本节约、提高盈利能力等。

根据参与方可分为横向并购、纵向并购和混合并购。横向并购指两家企业在同一产业或领域进行合并或收购,以增强市场竞争力;纵向并购指一个企业收购或合并其供应商或客户,以控制供应链或扩展销售渠道;混合并购是指在并购过程中被并购企业既不是市场竞争企业的联合,也不是供应企业和销售企业的融合。

根据地域范围可分为国内并购和跨境并购。国内并购指在同一国家范围内进行的并购活动。跨境并购指涉及不同国家之间的并购,即一国企业收购或合并另一国企业。

根据并购规模可分为大型并购和中小型并购。大型并购指涉及的交易规模巨大,通常涉及上市公司、国际企业等大型实体;中小型并购的交易规模较小,涉及中小企业或部分资产的并购。

根据并购中的出资方式又可分为现金购买式并购,换股式并购,增发式并购和杠杆并购。现金购买式并购是最常见的并购类型之一,买方公司以现金支付来收购目标公司的股权或资产。换股式并购是指买方公司通过发行自身的股票来购买目标公司的股权。目标公司的股东将获得买方公司股票作为对其股权的交换。增发式并购是指两个相对规模相似的公司之间进行的合并,形成一个新的实体,新实体中各方股东在持股比例上基本相等。在这种并购中,通常不涉及现金或股票的交换,而是通过股权置换的方式进行。杠杆并购是一种特殊形式的并购,其中购买目标公司的资金主要来自借入的资金,通常是大量债务。在这种并购中,买方公司使用目标公司的资产作为抵押品来借入资金,然后使用这些资金来购买目标公司的股权。

根据并购企业对于目标企业的态度划分,可以分为友好并购和强迫性并购。友好并购是指并购交易中,买方公司与目标公司的管理层和股东之间保持良好合作和积极沟通的情况下进行的收购。通常,友好并购更具合作性,买方公司希望获得目标公司的支持和合作,以顺利完成交易。强迫性并购是指买方公司在目标公司的管理层和股东不同意或反对的情况下,通过直接向目标公司的股东发起并购要约,或通过股权市场购买目标公司的股份,来实施收购。强迫性并购通常发生在目标公司管理层和股东不愿意进行交易或存在重大分歧的情况下。

在强迫性并购中,买方公司可能会采取激进策略,如收购目标公司的多数股权或通过股东投票来实现并购。

2.3.2 企业并购的原因

并购行为可以视作企业的重要投资活动,企业基于各自的环境背景,并购动机各不相同。学术界将企业并购行为动机归纳为以下原因[4]。

根据规模经济理论,企业并购可以实现规模经济,从而提高生产效率和降低成本。规模经济指的是随着企业规模的扩大,单位成本逐渐减少的现象。通过合并两个或多个公司,企业可以利用合并后的规模和资源优势,实现成本节约和效率提升。例如,合并后的公司可以共享设施、技术和人力资源,减少冗余和重复的业务操作,提高采购和生产的谈判力量,并实现更高水平的生产和分销效率。

根据垂直整合理论,企业并购可以实现垂直一体化,从而优化供应链和价值链,并提高整体效率。垂直整合是指企业在供应链或价值链上不同层面的业务进行合并。通过垂直整合,企业可以在供应商或分销商层面控制更多环节,减少交易成本、提高协同效应和管理效率。例如,一个制造商收购了其供应商,可以减少采购成本、降低物流成本,并更好地控制产品质量和交货时间,管理水平差异,实现协同效益。

根据互补性资源理论,企业的资源包括物质资源(如设备、资金、原材料)、人力资源(如员工技能、知识、经验)、组织资源(如管理体系、流程、文化)等。这些资源在企业运营中相互作用,相互支持,形成协同效应。通过将不同资源组合在一起,企业可以获得更高的生产效率、创新能力和竞争优势。通过分析目标企业的资源与自身资源之间的互补性,企业可以更好地评估并购是否能够实现预期的协同效应和价值创造。如果目标企业的资源与自身资源存在冲突或重叠,可能会导致并购后的资源冲突和整合困难,增加风险和不确定性。

除此之外,还有租税考量,运用闲置资金,消除无效率,多元化经营,降低财务成本,达到上市标准等原因。

也有学者从企业管理者的角度出发讨论企业的并购决策。Jensen 和 Meckling 认为,当管理者只拥有很少一部分企业所有权时,在股东和管理者之间便会出现利益冲突,在并购行为中的表现是管理层通过投资把企业做大但最终结果往往是会造成过度投资[5]。自大理论对并购方企业的过度投资提供了另一种解释。Roll 认为管理者总是高估自己的经营能力,在评估目标公司未来产生的收益时过分乐观,在并购收益较低甚至不存在收益时仍然做出并购决策[6]。

在对并购进行了大量的研究之后,研究者们发现并购活动总是以浪潮的形式出现,具有明显的时间和产业聚集性特点。因此,一些学者对并购浪潮的形成进行研究,把并购和较宏观的经济因素联系起来,从并购的总体特点来分析和解释企业并购行为。Gort 首次把并购浪潮和经济冲击联系起来,认为一些重大的经济冲击改变了公司所有者和非所有者对公司价值的预期,增加了二者预期价值间的差异,因此导致兼并活动的发生[7]。Shleifer 等人认为金融市场是非有效的和非理性的,一些企业价值被错误低估,一些企业价值被高估,理性的管理者会利用资本市场的非理性,在企业价值被高估时兼并价值被低估的企业[8]。

2.3.3　我国并购发展状况

2012 年以来,随着中国经济转型和产业升级进程的加快,产业结构调整步伐加快,企业间的并购重组活动大大增加,尤其是以大数据、云计算、物联网等为代表的新技术在中国的快速普及和广泛应用,让中国市场成为第六次并购浪潮的主角,并呈现出不同于以往的新特征。

根据 Wind 中国并购数据库的数据统计,2020 年中国的并购活动交易金额呈现显著增长,同比增长达 96.94%,总额达到了 85 414.54 亿美元。同时,在并购交易数量保持相对稳定下,交易规模呈持续攀升趋势,平均单笔并购交易金额也出现了显著增长。具体而言,规模超过 50 亿美元的项目数量同比增长了56.25%,总额更是同比增长了 150.82%,这一数据创下了自 2016 年以来的最高水平。

在中国的并购交易中,华东地区、中南地区和华北地区成为最为活跃的地区,尤其是北京、广东、上海、浙江和江苏等东部沿海发达城市。相比之下,中西部地区和东北地区的并购市场则相对较为平淡。基于 2016 年至 2020 年五年的并购交易数据分析,可以观察到以下情况:从并购标的的角度来看,工业、信息技术和可选消费行业是数量最多的三个行业,分别占比 24.33%、18.98% 和13.08%。金融、材料、地产和日常消费行业紧随其后。而就交易规模分布而言,信息技术、金融和工业行业位列前三。在并购方式方面,2016 年至 2020 年的并购交易呈现出明显的高杠杆收购趋势,融资比例快速攀升。在交易金额方面,发行股份购买资产是最常见的方式,而协议收购和增资则为辅助方式。在交易数量方面,协议收购和增资占据较大比例。具体到协议收购和增资方式中,现金支付是主要方式,其次为现金加股权、股权等方式。在实际操作中,观察到交易对价支付的杠杆率逐渐增加。并购方常设立并购基金,将银行理财资金作为优先级资金来源,并利用其他金融机构的资管计划作为劣后资金来源,这种模式逐渐普遍化。与此同时,并购方实际投入的自有资金比例逐渐降低。

资金用途方面显示,近年来大部分并购交易用于横向规模收购,占比约为38.1%。其余的并购交易则用于多元化战略、资产调整、战略合作或借壳上市等目的。随着中国企业海外扩张步伐的加快,境外并购规模持续增长。2020 年,中国企业的境外并购总额达到 53 422.47 亿人民币,同比增长 199.56%。中国企业共进行了 188 笔境外并购交易,平均交易规模为 5 亿人民币。尽管境外并购交易数量远低于国内的 9 200 笔并购,但平均交易规模超过了国内并购的平均交易规模(2.54 亿人民币)。

2.3.4 企业并购的影响因素

在当今全球化和竞争激烈的商业环境中,企业并购成为实现增长和战略目标的重要手段。然而,企业并购受到许多影响因素的制约和塑造。这些因素包括国家和行业环境、并购方的特征、并购本身的动力以及参与决策的高管特质。下面将深入探讨这些因素,并分析它们在企业并购过程中的作用。

1) 国家和行业因素对并购的影响研究

跨国并购时,企业需要面对来自并购双方所在国制度、经济与文化等方面的差异。有学者认为国家间的异质性会给企业的跨国并购活动带来更多的成本与风险。贾镜渝和李文通过 1978 年至 2014 年中国海外并购的数据,探讨了在中国情境下,正式制度距离对并购成功率的影响,结果表明,正式制度距离显著降低并购成功率[9]。Liou 等人利用南非公司对发达国家的并购数据,研究了殖民地关系和制度距离对南非公司的跨境并购绩效影响,发现殖民地关系对南非收购方的长期经营业绩有负面影响[10]。也有学者认为制度环境的差异可以弥补主并国自身缺乏的资源要素,并产生比较优势。Knoerich 以 2004 年之后的 5 笔中德跨国并购交易为例,研究发现发达国家企业之所以愿意将资产出售给新兴市场企业,是因为双方不仅能获得众所周知的资本转移和额外市场进入,而且还将取得进入彼此细分市场机会的额外好处[11]。

对并购双方的行业相关性与并购绩效的研究中,多数研究认为跨界并购在短期内会增加超额收益,但是在长期视角反而会拖累公司的业绩。吕超选取了 2010 年到 2015 年我国 A 股上市公司发生的非同一控制下企业合并事件为研究对象,分析当上市公司宣布采取多元化并购与相关性并购两种不同并购类型时,产生的市场反应会有何不同[12]。实证研究发现,相比较于相关性并购,多元化并购会削弱并购商誉有关信息对于窗口期内购买方企业累积超额回报率的正向影响。余鹏翼和王满四以 2005 年至 2010 年我国沪深交易所成功进行跨国并购的 103 家公司为研究样本,利用多元回归模型对中国企业跨国并购绩效的影响因素进行实证检验[13]。研究结果表明,并购双方的行业差异越小,并购方企业并购后的短期绩效显著越好。

2) 并购方与被并购方对并购的影响研究

在考察并购双方自身特点对于并购的影响时,横向上学者们研究了如企业规模、经营战略、股份结构等的影响。Chen 等人研究了 1984—2003 年若干多元战略公司的样本,发现多元化经营的企业,在发生并购后,超额价值和投资效率都显著下降[14]。陈吉雅和张春梅以 2007—2019 年中国上市公司为样本,考察多个大股东对并购效率的影响及内部薪酬差距的调节效应。研究发现,存在多个大股东的上市公司能够在减少并购决策的同时提高并购绩效,实现了更高的并购效率,且多个大股东的监督越有力,并购效率越高[15]。

在纵向视角上,学者们考察了过往并购经验对于并购绩效的影响。孙烨和侯力赫通过对 2004—2020 年间 A 股上市公司并购数据回归的结果发现,同行业并购成功经验会正向促进并购绩效提升,而同行业失败经验的影响为正 U 型[16]。Meschi 和 MéTAIS 对 1988—2006 年间被法国公司收购的 731 家美国公司进行了生存分析[17]。研究表明,过去或最近的收购经验对收购绩效没有显著影响,然而,中期收购经验降低了重点收购失败的可能性。

3）并购本身对并购的影响研究

并购行为本身的特点也会对并购产生影响。John 对由 138 家公司在 1967—1976 年的约 3 500 次收购进行分析,发现并购规模的提高可以增加企业之间的协同效应[18]。葛结根选取 2006—2011 年上市公司控制权发生变更的并购事件为样本,对并购支付方式与并购绩效之间的关系进行实证分析[19]。研究发现,以市场为主导的有偿并购的绩效明显好于以政府为主导的无偿并购的绩效。在有偿并购中,现金支付及现金与资产支付组合的绩效较为稳定,资产支付方式的绩效表现为高开低走,而现金与承担债务支付组合的绩效呈现先上升后下降的趋势。Kanungo 以英国并购事件为研究对象,研究了金融危机期间的支付方式对并购的影响,发现相较于现金支付,股票支付的企业在账面价值和增长情况等方面表现更优[20]。李善民和刘永新[21]以 2000—2006 年间我国液化气行业的 43 个并购事件为样本,对并购后整合程度与速度对并购绩效的影响进行了实证研究。结果表明:液化气行业并购中,市场整合和生产运作整合的程度越高和整合的速度越快,越有利于并购目标的市场业绩的实现;同时,并购整合的程度越高,越能体现出成本的协同效应而带来成本的降低。于洪涛以 2010—2014 年上市民企公司发动的并购事件为研究样本,研究结果表明以降低交易成本为目的的并购更倾向于拥有好的长期并购绩效[22]。

4）高管特质对并购的影响研究

高管特质对并购的影响是一个备受关注的研究领域。田甜从管理层权力的视角出发,发现管理层权力对连续并购的短期、长期财务绩效均存在显著负向影响[23]。李善民和周珏廷选取 2008—2019 年沪深两市 A 股上市公司样本,逐年对年末高管团队资料和相关财务数据进行匹配,金融背景高管通过降低融资约束和提高风险承担显著提高了公司发起并购的可能性,同时金融背景高管的并购绩效更好,在并购质量方面,金融背景高管显著增加了企业异地并购、使并购融资方式更加多元、并购规模更大并且缩短了并购交易时间[24]。黄旭、徐朝霞和李卫民研究发现:高管团队的平均年龄越小,企业越倾向于采取并购行为,企业的战略变革程度越大;高管团队的平均任期越短,企业越倾向于采取并购行为,企业的战略变革程度越大;高管团队中女性高管比例越高,在一定程度上可以抑制企业并购行为的发生,企业的战略变革程度越小;高管团队规模越大,企业发生并购行为的主动性越强[25]。杨学军选择 2010—2016 年的企业海外并购数据样本,在管理者有限理性的前提下,研究管理者过度自信、企业政治关联与跨国并购绩效之间的联系[26]。实证研究结果表明,企业管理者过度自信会负向影响跨国并购的绩效。

5)其他因素对并购的影响研究

还有一些其他因素也会对并购产生影响。例如,王艳和阚铄发现并购方企业文化强度越强,并购的长期绩效表现越差。同时,对于并购非上市公司、并购行业不相关企业或进行跨省份并购等并购双方文化融合难度更大的并购事件,企业文化强度对并购绩效的负面影响更为明显[27]。潘红波、夏新平和余明桂发现对于盈利的地方国有上市公司,政治关联对公司并购绩效有正的影响;而对于亏损的地方国有上市公司,政治关联对公司并购绩效的影响不显著[28]。Fuad 和SINHA 通过对印度公司 2000—2014 年的 1112 笔并购交易进行研究发现,并购浪潮中的早期进入者获得了较好的并购长期会计效益[29]。王琛以 2014 年至2017 年 A 股上市公司发生的 2 389 起并购交易事件为研究样本,引入了涉及公司的财务特征、股权结构、并购交易的特征等多类控制变量进行实证分析[30]。结果显示,积极的投资者情绪会显著提升并购绩效。

2.4   大数据时代的企业并购

2.4.1   金融科技

金融科技,简称为 FinTech(financial technology),是指利用科技手段和创新思维改进和增强金融业务的领域。它结合了金融业务和现代技术,通过应用互联网、大数据分析、人工智能、区块链等技术,重新定义和改造传统金融服务的方式和流程。金融科技的发展旨在提供更高效、更便捷、更安全的金融服务,满足用户日益增长的金融需求。它不仅改变了传统金融机构的运营方式,还为创新型金融公司和初创企业提供了发展机会。金融科技的范围广泛,涵盖了多个领域,主要包括支付结算、存贷款与资本筹集、投资管理、市场设施四类。作为一种新的金融模式,金融科技提升了传统金融行业的效率,创造了新的金融产品与服务,对传统的金融行业有一定的替代作用。

近年来,金融科技的话题逐渐炽热,从全球视角观察,谷歌的搜索指数以及百度在国内对"金融科技"一词的搜索热度均可作为显著的证据。如图 2 - 6 所示,自 2016 年以来,"金融科技"这个词条的搜索量和关注度呈现出稳步上升的趋势。这不仅揭示了公众对金融科技日益增长的兴趣,也反映了金融科技在全球范围内的影响力逐年增强。

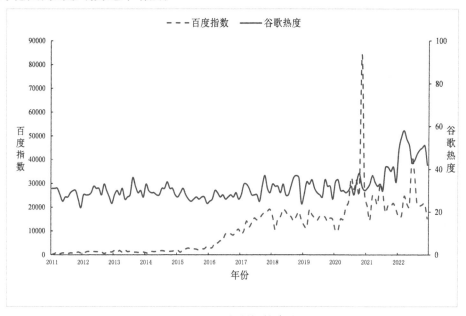

图 2 - 6　"金融科技"搜索热度

中国政府高度重视金融科技,积极创造良好的政策环境,鼓励创新和合作,加强监管和风险防范,以推动金融科技行业的健康发展和经济社会的进步。2017 年 6 月,中国人民银行印发了《中国金融业信息技术"十三五"发展规划》,旨在推动新技术应用,促进金融创新,并深化金融标准化战略,以支持金融业的健康发展。2020 年,商务部《全面深化服务贸易创新发展试点总体方案》,方案中提出在京津冀、长三角、粤港澳大湾区以及中西部条件具备的地区开展数字人民币试点,以推动数字化货币的应用。2022 年,中国人民银行印发《金融科技发展规划(2022—2025 年)》,规划指出要坚持"数字驱动、智慧为民、绿色低碳、公平普惠"的发展原则,以加强金融数据要素应用为基础,以深化金融供给侧结构性改革为目标,以加快金融机构数字化转型、强化金融科技审慎监管为主线,将数字元素注入金融服务全流程,将数字思维贯穿业务运营全链条,注重金融创新的科技驱动和数据赋能,推动我国金融科技从"立柱架梁"全面迈入"积厚成势"新阶段,力争到 2025 年实现整体水平与核心竞争力跨越式提升。其中,具体包括如下 28 项任务。

(1) 完善现代化治理结构。

(2) 全面塑造数字化能力。

(3) 加强金融科技伦理建设。

(4) 强化数据能力建设。

(5) 推动数据有序共享。

(6) 深化数据综合应用。

(7) 做好数据安全保护。

(8) 建设绿色高可用数据中心。

(9) 架设安全泛在的金融网络。

(10) 布局先进高效的算力体系。

(11) 加强核心技术的应用攻关。

(12) 切实保障供应链稳定可靠。

(13) 构建开放创新的产业生态。

(14) 构建敏捷化创新体系。

(15) 夯实一体化运营中台。

(16) 健全自动化风险控制机制。

(17) 提升数智化营销能力。

(18) 重塑智能高效的服务流程。

(19) 搭建多元融通的服务渠道。

(20) 打造数字绿色的服务体系。

(21) 强化金融无障碍服务水平。

(22) 加快监管科技全方位应用。

(23) 加强数字化监管能力建设。

(24) 筑牢金融与科技风险防火墙。

(25) 强化金融科技创新行为监管。

(26) 做好金融科技人才培养。

(27) 健全法规制度体系。

(28) 持续强化标准体系建设。

2.4.2　大数据与社交媒体背景下的企业并购

在大数据和社交媒体背景下,企业并购呈现出一些新的趋势和机遇。首先,在并购决策上,数据驱动的并购决策能做出更明智的并购策略。从目标公司的筛选和评估开始,通过收集和分析大量的市场数据、财务数据、行业数据和竞争对手数据,企业可以识别潜在的目标公司,并对其进行全面的评估。这些数据可以提供关键的指标和洞察,如市场份额、增长率、财务状况、竞争优势等,以帮助企业确定最有潜力和最符合战略目标的目标公司。在选定目标企业后,需要对目标公司的价值进行定量评估。数据驱动的估值方法能够提供更准确、全面的估值结果,帮助企业更好地了解目标公司的潜在价值。数据驱动的并购决策也可以帮助企业进行全面的风险评估和尽职调查,如法律合规性、财务稳定性、品牌声誉、竞争环境等。这些可以帮助企业发现潜在的风险和挑战,并提前采取相应的措施。在并购绩效上,企业在并购后可以利用大数据实现更好的整合与协同效应。通过整合目标公司和自身的数据资产、技术能力和业务流程,企业可以实现更高效的运营和协同,提高资源利用效率,降低成本,创造更大的价值。

其次,通过并购,企业可以整合目标公司的社交媒体资源和品牌影响力,扩大品牌的覆盖范围和用户参与度。社交媒体平台提供了直接与用户互动、传播品牌信息和推广产品的渠道。通过整合社交媒体账号、内容战略和用户群体,企业可以加强品牌价值,提高市场影响力,并实现更好的品牌增长。另外,社交媒体平台是实时信息传播和舆情监测的重要渠道。并购过程中,企业需要进行有效的市场传播和危机管理。通过积极参与社交媒体,企业可以及时回应并购的相关问题、解释决策背后的逻辑,并消除潜在的负面影响。

本书将重点关注企业高管、投资者等利益相关者在社交媒体上的活动所产生的大数据,利用深度学习模型从这些大数据中挖掘出人格、情感等有价值的信息,并深入探讨这些信息如何影响企业并购的决策与效果。

2.5　本章小结

本章主要探讨了大数据、社交媒体与企业并购之间的关系。首先,我们详细阐述了大数据的定义与特点,强调了大数据对企业发展的革命性意义,并讨论了企业如何通过数据挖掘技术和大数据分析框架提升其业务效能。

其次,我们从定义、种类、主流社交媒体平台的介绍等方面对社交媒体进行了全面的梳理,并探讨了社交媒体对企业发展的积极影响以及带来的挑战。社交媒体为企业提供了直接与消费者互动的平台,但同时也给企业带来了如信息泄露、负面舆论等挑战。

随后,我们对企业并购进行了解析,包括并购的定义、并购的原因、我国并购的发展状况以及并购的影响因素。通过对这些内容的理解,我们可以更好地把握并购的本质,了解并购的动机,了解并购在我国的发展状况,以及并购的影响因素,为企业做出更为明智的并购决策提供理论支持。

　　最后,我们关注到了大数据时代下的企业并购现象。特别是在大数据与社交媒体背景下的企业并购,数据的应用和社交媒体的利用为并购提供了新的思维方式和实施途径,也对企业并购的效果产生了深远的影响。

　　总的来说,大数据、社交媒体与并购是相互关联、相互影响的。大数据与社交媒体为企业并购提供了新的思路和工具,同时并购也会对企业的大数据和社交媒体策略产生影响。这种互动关系为我们研究企业并购提供了全新的视角。

第 3 章
CEO—CFO 的人格特质对企业并购强度的
影响研究：基于 pAttCLSTM 模型

3.1 引言

高层阶梯理论表明，高级管理人员的个人特质对企业的战略决策和公司绩效产生影响，这些特质包括了极难获得的高管心理特征和相对容易获取的个人背景特征[31]。虽然现有的文献揭示了首席执行官（chief executive officer，CEO）心理特征与公司战略行为之间的关系[32,33]，然而，关于 CEO 的人格特质对并购活动的影响[34,35]的研究较为稀缺。具体来说，有研究发现 CEO 的人格特质将直接影响他们对外界新情况、新问题、新挑战的解释和应对，甚至进一步影响他们的战略业务选择[36]。尽管信息系统研究领域对识别并购成功的决定因素越来越感兴趣[37-39]，但现有的文献中仍然缺乏研究关于企业高管个人特质与企业并购之间的关系。

通常而言，一家公司的 CEO 是公司战略决策的主要参与者，但 CEO 仍需与其他高级管理人员共同进行战略决策[31]。首席财务官（chief financial officer，CFO）是 CEO 最亲密的工作伙伴，他们倾向于在各种战略决策过程中与 CEO 密切合作[40-42]，尤其在公司并购过程中的配合更为关键。企业并购的目的包括获取并购企业的经营控制权，纵向整合供应链，横向提高市场占有率以形成规模效应，以及以较低的成本进入新的业务领域等。为了实现这些目的，在整个并购过程中，CFO 会在每个阶段与 CEO 进行紧密合作，包括制定并购计划，与并购目标进行谈判，以及在并购整合阶段提高运营效果[43]。因此，CEO 与 CFO 的合作行为和效果往往决定了最终的企业并购结果。

实际上，CEO 和 CFO 之间的协作关系被视为是并购成功的关键因素，他们的关系会影响公司的财务表现。CEO 与 CFO 之间良好的伙伴关系一大决定因素是他们个性的匹配度，研究表明，匹配程度较高的伙伴关系有助于高管协作，从而做出有效的决策[44]。有一些新兴的研究正在探究 CEO 和 CFO 的伙伴关系。例如，Shi、Zhang 和 Hoskisson[42]探究了 CEO 和 CFO 之间的"语言风格匹配"——即一种基于功能词的无意识语言模仿——对企业活动的影响。该研究发现,CEO 和 CFO 语言风格匹配度反映了 CFO 强烈试图讨好 CEO 的意图。由于讨好上级能导致上级对下级的积极评价,那些与 CEO 语言风格匹配度较高的 CFO 将获得更高的报酬,并更可能成为相关公司的董事会成员。该研究进一步发现,在 CEO 和 CFO 之间的语言风格高度匹配的情况下,CFO 不太可能在战略决策过程中表达不同的观点和挑战 CEO。因此,公司倾向于进行更多的并购,这些并购会以较低的现金比例(相对于股票)进行支付,并且在公告收益上实现较低的回报。此外,CEO 与 CFO 过度自信的个人特质与企业避税行为之间的关系也受到了学界的密切关注。Hsieh、Wang 和 Demirkan[40]的研究发现,相比于其他 CEO/CFO 自信组合(例如,一个过度自信的 CEO 与一个非过度自信的 CFO),当公司拥有过度自信的 CEO 和 CFO 时,他们更可能从事避税活动。然而,现有研究在关于 CEO 和 CFO 的人格特质之间的相互作用以及这种相互作用对企业并购强度的影响上存在空白。

在研究高管人格特质对公司绩效的影响时,我们面临的最大挑战是如何在大规模的数据上高效地获取高管的人格数据。这对整个研究而言是极其困难且充满挑战的。传统的研究高管人格特质的方法,如问卷调查,主要存在耗时且成本昂贵等问题,这严重限制了研究的范围和有效性。尽管一些研究人员已经使用基于字典的方法(如 LIWC 和 MRC 数据库)来获取高管的个人信息[45],或者根据他们的个人资料推断出 CEO 的特征[35],但这些方法在准确反映高管人格上的有效性还存在疑问[46]。

伴随着数据科学和机器学习的快速发展,出现了一种前沿的深度学习模型,该模型可以根据文本评论有效地挖掘个体的人格特征。研究表明,这种模型相较于其他自动挖掘人格特质的方法具有显著优势[46]。本章将此先进的方法应用于 290 家标普 1500 指数公司的财务报告,自动提取出 15 013 份财报记录中 CEO 和 CFO 的人格特质。在此基础上,本章提出了一个计量经济分析模型,以研究 CEO 与 CFO 的人格特质及其与企业并购强度之间的相互作用。而在可行性方面,已有研究选择从财报电话会议文本记录中获取高管人格数据,然后运用这些人格特质来分析各种商业现象[34,42]。

在大五人格特质中,尽责性、开放性和神经质等特质已被证实能影响公司绩效。因此,本研究首先关注 CEO 的这三种人格特质,尤其是其对企业并购强度的影响,然后探究了 CEO 和 CFO 在这三种人格特质上的相互作用对企业并购强度的影响。

总的来说,本章研究的主要贡献有两方面:首先,在高层阶梯理论的基础上,本章研究提出了一个崭新的、由机器学习驱动的计量分析模型来研究人格特质,主要是从 CEO 人格特质对企业并购强度影响的角度进行探讨。其次，本章建立了一个计量经济分析模型，用以研究 CEO 和 CFO 的人格特质之间的相互作用对公司并购强度的影响。研究的创新点在于，这是首个从机器学习方法中提取人格特质并运用计量经济学分析方法的实证研究，检验 CEO 和 CFO 之间人格特质的相互作用以及对企业并购强度的影响。本章研究的管理学意义在于，企业决策者可以利用这一实证研究的结果，在包括并购目标选择、企业招聘和金融投资等方面，做出更加明智的决策。

3.2　理论基础与文献综述

3.2.1　大五人格理论

大五人格模型（Big Five Personality Traits）是人格特质研究中应用最广泛的模型，是人格心理学、工业与组织心理学、组织行为学等科学领域的热点。大五人格是人格特质研究结果的子集，人格特质的研究有很长的历史，1884 年 Francis Galton 提出词汇学假说，此后多位学者对人格特质进行了研究，19 世纪末 20 世纪初研究才走向系统化、科学化。经过不断发展，至今人格特质的理论可以分为两派：基于词汇学假设的人格模型和基于问卷的大五人格模型。

3.2.1.1　基于词汇学假设的人格模型

按照词汇学假设"所有人格特点都被包含在自然语言中，可以通过语言进行表达"，美国心理学家 Allport 和 Odbert 于 1936 年从词典中搜集了 1.8 万个描述人类特点的词汇，经过筛选保留下部分词，发现这些词可以组成四类人格特质的描述，包含①描述潜在的个人特质，使用中性的词语，代表个人的倾向性；②描述心理暂时状态和活动的词语；③社会判断或个人影响的评价性词；④混合的难以分类的词语[47]。这个分类方法较粗糙，但为大五人格理论奠定了基础。

之后的几十年，各国学者都特别关注人格特质论并展开了研究。1943 年 Cattell 延续了 Allport 和 Odbert 的研究，使用他们的词表研究人格结果的多维模型[48]。Cattell 重点研究第一类描述人格特质的词，通过压缩词表、聚类分析及因素分析编制了 16 种人格问卷量表（sixteen personality factor questionnaire，16PF）。这 16 种人格包含乐群性（warmth）、聪慧性（reasoning）、稳定性（emotional stability）、恃强性（dominance）、兴奋性（liveliness）、有恒性（rule-consciousness）、敢为性（social boldness）、敏感性（sensitivity）、怀疑性（vigilance）、幻想性（abstractedness）、世故性（privateness）、忧虑性（apprehension）、变革性（openness to change）、独立性（self-reliance）、自律性（perfectionism）、紧张性（tension）。之后著名人格心理学家 Fiske 在 1949 年从

Cattell 的词表中抽取 22 个,从自我评分描述(self ratings)、同伴评分描述(teammate ratings)、员工评级(staff ratings)三个维度评定上百名临床心理培训生,经过因素分析发现得出的因素结构高度相似,这五个因素分别为自信的自我表达、社会适应性、从众、情绪控制和智力,类似于后来被称为大五人格的因素结构[49]。

自 Cattell 研究发布后,Tupes 和 Christal 在他的研究基础上于 1961 年重新分析了 8 个不同群体,发现所有因素分析结果都存在五个相对重要且反复出现的因素,包括:外向性(surgency),即健谈的、自信的、精力充沛的;亲和力(agreeableness),即脾气好的、乐于助人的、信任的;尽责性(dependability),即有条理、有责任心、谨慎的;情绪稳定(emotional stability),即冷静的、不神经过敏、不易发怒的;智力文雅性(culture),即明智的、有想象力的、独立思考的[50]。在发现人格特质存在固定的五个因素后,Norman 为了验证这个框架,从选词开始重复前面研究者的操作,形成自己的词表,经过研究发现所得结果和五维结构完全一致[51]。到 1982 年,Goldberg 又在 Norman 词表上添加了新的词再次验证了五维结构,同时他首个提出用"大五"(Big Five)这个名称来概括五维人格特质模型[52]。

3.2.1.2　基于问卷研究的大五人格模型

大五人格理论除了有基于词汇假设的路径,还有基于问卷研究的路径,除了 Costa 和 McCrae 的 NEO 问卷[53],还有很多学者开发了问卷用于研究人格特质,如 Zuckerman 基于人格生理基础提出的 Zuckerman 人格问卷[54];Goldberg 编制的特质形容词表 TDA[55],John、Donahue 和 Kentel 编制的"大五人格问卷"(big five inventory,BFI)[56]。在这几种问卷中 NEO 的题项较多,包含五个维度及其子维度的测量,完成整个测量耗时 20 分钟。Zuckerman 人格问卷根据冲动的冲动感觉寻求、攻击——敌意、活泼性、社交性和神经质——焦虑等 5 个维度构建了 89 项题项的问卷。TDA 问卷内容也较为丰富,完成需要 20 分钟。BFI 量表题项较少,共 44 项,整个测量只需 10 分钟。下面主要为人所熟知的 NEO 问卷和使用人数较多的 BFI 问卷。

1) NEO 问卷

20 世纪 80 年代 Costa 和 McCrae 结合 16PF 因素分析编制了大五人格因素 NEO-PI[53],这是当前公认的测量大五人格的标准化量表,共有 181 道题,后续改进的 NEO-PI-R[57]共 240 道题;还有一个简洁版 NEOFFI[58],只有 60 道题。附录 A 展示了简洁版 NEOFFI 的量表。经过 Costa 和 McCrae 的证明,他们的问卷量表与基于词汇的大五模型的测量相一致,但是他们的开放性概念似乎比词汇分析中出现的智力因素更广泛。

图 3 - 1　大五人格模型

　　图 3 - 1 展示了经典的大五人格理论模型，该模型由五个维度构成，分别为：外向性（extraversion）、宜人性（agreeableness）、尽责性（conscientiousness）、神经质（neuroticism）和开放性（openness）。

　　（1）外向性。又称为外倾性，这一维度表示人际互动的数量和密度，对刺激冒险的需求和获得愉悦的能力。主要是将外向的、主动的和沉默的、腼腆的个体进行比较，包含 6 个子维度：乐群性（gregariousnes）、果断（assertiveness）、充满活力（activity）、热衷冒险（excitement seeking）、情绪积极（positive emotions）和热情（warmth）。

　　NEO 问卷题项案例：

- 我真的很喜欢与人交谈。
- 我喜欢待在有活动的地方。
- 我常常觉得自己似乎充满能量。
- 我是一个兴高采烈、精力充沛的人。
- 我不是一个乐观主义者。（反向）
- 我是一个非常主动的人。

　　（2）宜人性。宜人性主要考察个体对社会环境中其他人的态度，以协作、慷慨、信任他人和强亲和力为特征。宜人性不只是包含亲近人的、宽宏的、有同情心这类正面的态度，还有敌对的、无情的、爱支配人的等态度。这一维度包含信任(trust)、直率(straightforwardness)、利他(altruism)、顺从(compliance)、谦逊(modest)和善良(tender-mindedness)6个子维度。

NEO问卷题项案例：

- 我试着有礼貌地对待遇到的每个人。
- 我宁愿与他人合作，胜过与他人竞争。
- 我认识的大部分人都喜欢我。
- 我通常试着细心与体贴。
- 我常跟家人或者同事起争执。（反向）
- 有些人认为我自私和自负。（反向）

(3)尽责性。尽责性通常指做事有条不紊，给人可靠的感觉，并且有决心富有抱负。这一维度会评估个体在实现目标过程中的行为、精神、动机以及在组织的影响，是将信赖的、细心的个体和懒散的、拖延的、马虎的个体进行比较。它包括胜任力（competence）、条理性（order）、责任感（dutifulness）、追求成就（achievement striving）、自律（self-discipline）和深思熟虑（deliberation）共6个子维度。

NEO问卷题项案例：

- 我善于督促自己，以便如期完成事情。
- 我试图认真地完成交代给我的所有工作。
- 我有一套清楚的目标，并以条理的方式朝它迈进。
- 当事情出错时，我常觉得沮丧，想要放弃。
- 我不是非常讲究方法的人。（反向）
- 我在安定下来做工作前浪费很多时间。（反向）

(4)神经质。又称为情感稳定性，主要评估的就是情感调节和稳定性。神经质是指较多负面心情，容易经历生气、悲伤、厌恶、愧疚等情感，缺少积极心理调节，存在较大压力和不适应，会与情绪稳定进行对比。这一维度包含焦虑（anxiety）、易怒（angry hostility）、沮丧（depression）、自我意识（self-consciousness）和脆弱性（vulnerability）共6个子维度。

NEO问卷题项案例：

- 我常常觉得自己不如人。
- 当我处于巨大压力下，有事我觉得快被撕碎了。
- 我常常觉得紧张或神经紧绷。
- 有时我觉得自己完全没有价值。
- 我很少觉得孤单或忧郁。（反向）
- 我很少觉得害怕或紧张。（反向）

（5）开放性。开放性是对陌生领域的探索和容忍,个体是否积极寻求经验的评判,主要以创新能力、好奇心和洞察能力为特征。这个维度会把非传统的、新颖的、有创造性的个体与传统的、无分析能力的、无艺术兴趣的个体相区分。包含思辨(ideas)、想象力(fantasy)、审美能力(aesthetics)、尝新能力(actions)、感受(feeling)和价值观(value)共 6 个子维度。

NEO 问卷题项案例:

- 我对于艺术在大自然中发现的图案感到着迷。
- 我常常尝试新奇的、外国的食物。
- 有时我阅读诗歌或欣赏艺术作品时,我会感到震撼或者兴奋。
- 我有非常多的好奇心。
- 诗歌对我没有或极少有影响力。（反向）
- 一旦我发现做某些事的正确方法,我会遵循下去。（反向）

2) BFI(big five inventory)问卷

BF1 问卷是由美国加州大学伯克利分校心理学家 John,Donahue 和 Kentle 编制的[56],最初是为英美语言开发的,但现在已经支持中文、荷兰语、西班牙语、意大利语等。这一问卷是由三个核心研究需求推动的,第一是想创造一个工具,可用于在不同研究和人群中定义大五人格特征;第二是提供清晰易懂的项目,第三是提升效率,可以在合理的时间范围内可靠地评估大五人格特质。BFI 问卷测量的五个维度分别是:外向与内向(extraversion vs. introversion)、亲和与拮抗(agreeableness vs. antagonism)、神经质与情绪稳定(neuroticism vs. emotional stability)、开放性与经验需求性(openness vs. closedness to experience)、尽责性与缺乏目标性(conscientiousness vs. lack of direction)。为了确定大五人格每个维度的题项核心,专家们对形容词检查表的 300 个与大五人格相关的形容词进行分类。根据对被试者报告的分析,仅选择了五个维度中高度典型的形容词,确认并完善了所选词语。在研制问卷过程中,为了获得明确且易于理解的题项,形容词经过扩展变成短语,以形成 BFI 问卷的 44 个项目。举例来看,可以把单一人格特质形容词"稳定"变成短语——"情感稳定,不易心烦意乱"。采用这样的形式避免了复杂的句子结构,保留了形容词项目简洁和简单的优点,同时避免了模棱两可或多重含义。另外 BFI 问卷使用李克特五分量表法,其中 28 个项目为正向计分,16 个项目为反向计分。图 3-2 列举了 BFI 的部分题项。

下面是一些关于个人特征的描述，有些可能适用于你，有些可能不适用于你。比如，你是否同意"我是一个喜欢与他人待在一起的人"？请在下面每个句子前的横线上填入对应的数字以表明你同意或不同意这个描述。

非常不同意 1　不太同意 2　态度中立 3　比较同意 4　非常同意 5

我是一个……的人

1.　___性格外向，喜欢交际

2.　___心肠柔软，有同情心

3.　___缺乏条理

4.　___从容，善于处理压力

5.　___对艺术没有什么兴趣

6.　___性格坚定自信，敢于表达自己的观点

图 3-2　BFI 问卷部分题项

3.2.1.3　华人对大五人格模型的研究

我国对大五人格理论的研究也较为关注。1971 年，台湾学者杨国枢和李本华构建了中文的特质形容词表[59]。后来，杨国枢和邦德于 1990 年采用这个词表来研究中国人的人格特质，他们发现中国的大五人格因素为：①社会导向与自我中心主义；②有能力与无能力；③勇于表现与保守；④自控的与冲动的；⑤乐观主义与神经质[60]。1999 年，我国学者张雨青发现大五人格模型也适用于我国儿童，并将其与荷兰和美国儿童的人格特质进行了对比[61]。之后在 2000 年，翟洪昌和许铎等人使用 16PF 测量，发现 Cattell 的 16 个人格特质可以简化为 5 个因素[62]。除了验证五因素模型，我国研究学者李丽丽还发现大五人格的五个因素之间存在一定的联系，表明人格特质可能存在二维度结构[63]。

自 20 世纪 90 年代以来，大五人格模型受到了跨文化研究的检验。大量文献基于不同的理论框架，不同的样本和多样的测量工具，在德国、西班牙、匈牙利、中国等国家都验证了大五因素模型。现如今，绝大多数人格心理学家都认为人格的基本结构由五大因素组成，即所谓的"大五"人格模型。

3.2.1.4　大五人格模型在管理学中的应用

在充满竞争和创新的当今世界，企业管理越来越重视"以人为本"的理念。同时，随着心理学的逐步发展和企业管理科学的进步，心理学在企业管理中的应用也逐步增加，人格测试越来越受到重视。许多公司都会将人格测验用于员工选拔和发展规划。经查阅文献，笔者发现大五人格模型已得到了广泛的应用，有许多研究成果涉及工作绩效、工作动机、领导行为、工作满意度等领域。例如，工作绩效方面，Barrick 和 Mount 使用元分析方法指出大五人格特质对工作绩效和

培训效能有重要影响[64]。任国华等人主要研究大五人格和工作绩效的关系，影响人格和绩效的中介变量[65]。李云对 300 多名员工进行调查，发现"大五"对员工发展有显著影响[66]。

在工作动机方面，Judge 和 Ilies 使用元分析发现，"大五"对工作动机具有较好的预测效度[67]。其中，尽责性与工作动机的目标设置、期望、自我效能感正相关，而神经质与这三者负相关。

在领导行为方面，Judge 等人收集 2000 年前的样本分析，将领导行为划分为领导气质（leadership emergence）和领导效率（leadership effectiveness），并发现大五人格与领导行为存在明显的相关性[68]。孟慧和李永鑫对 72 家企业展开调查，发现管理者的人格特质对其领导有效性具有重要影响[69]。

在创造性行为上，George 和 Zhou 用不同工作类型的 149 名员工做被试，使用 NEO-FFI 分量表研究了开放性、尽责性与创造性行为的关系[70]。

在工作满意度方面，Judge 和 Ilies 发现外向性和责任感与工作满意度存在显著正相关，而神经质与工作满意度存在显著负相关[67]。

3.2.2　高管特质的相关研究

Hambrick 和 Mason 在高层阶梯理论中阐述了高管团队（top management team，TMT）的概念[31]。这个团队是由企业核心管理层构成，通常包括副总裁及以上级别的高层管理者。学术界对高管团队特征有较为统一的认识，主要将高管团队特征分为人口统计特征（如年龄、性别、规模、学历、专业背景、工作经历等）和心理特征（如价值观、认知模式、性格、经验等）。另有学者提出，高管特质应分为人口统计背景特征、激励特征和约束特征三类[71]。其中，激励特征包括高管薪酬激励和股权激励，约束特征则包括独立董事占比和双重职务。

随着高层阶梯理论及相关理论的不断完善，面对现代企业在高速发展中的高管团队治理困境，国内外学者对高管特质的研究涉及企业行为选择较多领域。目前的研究主要使用人口统计特征来衡量其对企业战略、研发投资、公司绩效、社会责任履行程度等方面的影响。

3.2.2.1　高管特质与企业投资行为的关系

出色的高管团队是驱动企业持续竞争力的关键因素之一。通过投资，企业能扩大规模、提升产品质量、降低运营成本。在这方面，高管的角色不可替代。

年龄可以反映出管理者的知识积累、决策经验、适应能力和变革意识。不同年龄阶段的高管在决策行为上会有显著差异。Hambrick 和 Mason 认为，年长的高管倾向于规避风险[31]；与之相对，Wiersema 和 Bantel 经过实证研究发现，相较于年轻时期奋发向上的高管，年龄大的高管由于精力下降和学习意愿减弱，对事业的追求和成功欲望都会相对较低，在工作中更倾向于稳定和规避风险[72]。

林朝南和林怡通过分析 2004 至 2011 年中国沪、深两市 A 股上市公司,研究了高管团队平均年龄、年龄异质性和 CEO 专用人力资本与投资效率的关系。研究发现,高管年龄差异越大,越容易发生非效率投资[73]。

性别差异会影响高管的价值观、管理风格和风险态度。研究发现,男性占主导的管理层倾向于做出更为激进的投资决策,而女性则在面对风险时更为保守[74]。郝二辉认为在投资时男性比女性表现得更有进取性、更加自信,但事实表明这种过度自信不是建立在对市场更强的把握之上[75]。

从工作经历角度来看,团队成员的任期和团队内部的社会整合程度密切相关,任期的长短会影响团队成员的熟悉程度和认知能力,没有充分沟通则较难达成战略目标的共识[76]。在此方面,Miller 通过研究发现,任期短的 CEO 更倾向于短期利润的投资方式[77]。与此同时,李焰、秦义虎和张肖飞研究发现,具有相关财经工作经历的管理者可以显著提高企业投资效率[78]。此外,代昀昊和孔东民收集了上市公司高管及董事的海外经历数据,该研究发现具有海外经历的高管可以提高企业的投资效率,降低过度投资行为[79]。

此外,姜付秀等学者通过分析我国沪深 A 股上市公司管理者的平均年龄、学历、工作经历和教育背景等综合因素,发现这些因素会对企业过度投资行为产生影响[80]。卢馨等学者分析 2010 年至 2014 年 A 股上市公司高管团队背景特征数据,他们发现平均年龄、平均任期与投资效率存在正相关关系[81]。

3.2.2.2 高管特质与公司治理绩效的关系

已有较多学者对高管团队人口特征和企业绩效展开了研究,主要关注教育背景、团队规模、任期等特征,并分析这些因素对企业绩效的影响。但目前尚未得出一致的结论,可能的原因包括民族文化背景的差异、行业特征以及领导情境效应等。

教育背景特征包括专业背景和学历。此外,教育背景的多样性也值得关注。Hambrick 和 Aveni 把高管团队的专业背景特征是否能为公司提供持续竞争力进行划分,一部分是生成、设计、营销、管理等方面的技能,另一部分是金融、会计、法律等技能。他们认为第二类技能是影响公司成功的关键能力[82]。Smith 等人认为学历和信息处理能力之间存在正相关关系,教育背景所塑造的道德观念和价值观能在高管层传播,从而影响企业绩效[83]。而在教育背景的异质性方面,众多学者在影响公司绩效上没有形成共识。Knight 等学者认为高管团队教育背景异质性较大时,容易产生冲突和分歧,决策质量较差会影响公司绩效[84]。与此相反,Simons、Pelled 和 Smith 认为成员专业背景异质性与企业绩效显著正相关[85]。

团队规模对公司绩效也有一定影响。Jackson 等学者认为,大的团队相较于小团队，具有更多解决问题的能力和资源，能够提高企业绩效[86]。然而，Smith 等学者[83]则认为高管团队规模越大，团队内的非正式交流会减少，内部整合程度降低，将对企业绩效产生负面影响。

高管团队任期的长短也会影响企业绩效。Smith 等学者认为高管团队任期会对企业绩效有显著的改善[83]，长期任期有利于团队成员之间的沟通，可以减少内部冲突，促进企业绩效的提升。但也有研究发现，高管团队的任期与企业的长期财务绩效呈负相关关系，在外部竞争环境激烈时负向关系会更加显著[87]。在团队任期异质性方面，Carpenter，Geletkanycz 和 Sanders 认为企业国际化程度越高，团队任期异质性引起的冲突效应较大，高管经营压力增加，团队稳定性不够，会导致企业绩效降低[88]。

孙海法、姚振华和严茂胜通过分析我国信息技术和纺织行业上市公司，得到高管平均受教育水平、任期长度、高管团队规模以及高管团队年龄与企业的长期绩效表现相关[89]。张平等发现我国上市公司高管团队的年龄、专业背景、任期以及工作经历的异质性会对企业绩效产生影响[90]。Bonne 等学者补充了高管团队异质性对绩效的影响，他认为高管团队的人口异质性越高则企业未来的绩效会越差[91]。

3.2.2.3　高管特质与企业战略选择的关系

高管团队作为企业主要的决策者，对企业战略的制定扮演了关键角色。目前对于高管特质与企业战略的研究主要从两个角度进行：高管团队的同质性特征和异质性特征。

在高管团队同质性特征方面，Wiersema 和 Bantel 分析了 87 家公司的高管团队，从年龄、任期、教育背景等因素考察其对企业战略变化的影响。他们发现，平均年龄较低的团队较为愿意冒险并驱动战略变革；而任期较长的成员则倾向于保持现状，对改变战略模式的意愿不高[72]。然而，鲁倩和贾良却认为高管团队的年龄与企业多元化战略无明显关联[92]。在教育背景上，具有基础学科背景的管理者往往更具有战略创新能力，而教育水平越高的管理团队更可能选择进行战略变革[93]。关于团队规模，Brunninge、Nordqvist 和 Wiklund 认为，团队规模越大，进行战略变革的可能性就越大[94]。然而，我国学者贺远琼和杨文的元分析和分层线性模型研究结果却显示，高管团队规模与企业多元化战略存在显著的负向关系[95]。此外，鲁倩和贾良定还通过比较高管团队与董事长处理外部环境不确定性的能力，以此判断高管团队的权力，并通过多元化测量方法分析权力对高管团队人口特征和企业战略的调节作用[92]。

在高管团队异质性特征方面，Wiersema 和 Bantel 认为，高管团队成员的人口异质性虽然会为内部沟通带来挑战，但却能为企业提供创新力和认知多样性，对企业战略产生影响[72]。有些学者支持这一观点,他们认为高管团队的多元化有助于战略信息的收集,更易于在战略决策时达成共识,从而提升决策效率[85]。管理层的职业背景多样性可以帮助企业在面临战略变革时,处理不同的文化、竞争对手、新领域问题,做出正确的决策[96]。在多元化方面,谢宇翔从高管团队海外背景的角度出发,发现具有海外背景的高管对企业国际化发展有积极影响[97]。李卫民则综合考虑了这些因素,他通过实证分析发现高管团队的年龄异质性、任期异质性、团队规模和职业经验异质性与企业战略类型的选择存在正相关[98]。

3.2.2.4　高管特质与其他相关方面的关系

除了研究高管特质与企业投资行为、公司绩效、企业战略的关系,也有研究者从企业社会责任、上市公司报告舞弊、企业 R ＆ D 投资等角度来研究高管特质的影响。例如,钟新研究了 200 多家上市公司高管特质,发现高管团队的年龄、任期、教育程度对企业社会责任有显著的正向影响,但高管的年龄异质性会对企业社会责任产生负向影响[99]。孙德升研究了高管团队特质和企业慈善捐赠行为的关系,发现高管的年龄和薪酬对企业慈善捐赠水平有显著影响[100]。沈佳伟在研究上市公司报告舞弊时发现,女性高管比例、高管的政治背景、教育背景以及持股比例等因素都会影响高管团队的舞弊行为[101]。在企业 R ＆ D 投资方面,文芳的研究表明,高管团队规模、教育水平和任期会对企业 R ＆ D 投资有影响[102]。何霞和苏晓华则认为,高管团队的背景特征显著影响 R ＆ D 投资,且高管激励能够正向推动企业 R ＆ D 投入[103]。

3.2.3　高管人格特质与企业并购的相关研究

并购是主要的企业战略之一,近年来其在信息系统研究领域的关注度越来越高。企业的并购行为由决策层直接设定并执行,尽管决策层会受到外部环境的严重影响,但研究者们发现个性特征具有相对稳定的特性,不会因外部影响产生大的波动。因此,从人格特质的角度可以更准确地预测管理者的行为和企业绩效。许多研究都强调了高管特质与并购活动之间的关系,包括人格特质[35,104,105]、年龄[45]、性别[106]、任期[107]、经验[108]和报酬[109]等。

对于高管人格特质,现有的研究主要关注有限维度的人格特质,如 CEO 的傲慢[105]、过度自信[35]和自恋[104]。例如,Malmendier 和 Tate 研究了 CEO 的自信对企业兼并决策的影响,他们发现过度自信的 CEO 更有可能发起兼并和低价值兼并[35]。另一方面,Mathew 和 Hambrick 调查了 CEO 的傲慢对大规模收购的溢价的影响[105]。他们发现,CEO 的傲慢与收购溢价正相关,且 CEO 越傲慢,溢价越高,股东损失越大。Aktas 等学者指出,自恋的 CEO 更有可能发起收购,更快地谈判并完成交易[104]。然而,拥有这些人格特质的 CEO 往往野心过大,可能会做出意料之外的商业决策。从国内学者的研究来看,晏天提出企业并购失败的原因之一是 CEO 过度自信，特别是当企业的 CEO 还兼任董事长时，在并购时会溢价支付并认为可以获得更高的收益[110]。刘烨等学者证明 CEO 过度自信会产生频繁的公司并购行为，使用理论模型发现 CEO 的高阶交易会产生负的公司效益[111]。邓路等学者分析案例指出过度自信的管理者会影响企业并购绩效，他们在海外并购时倾向采用具有较大财务风险的方式：现金支付和负债融资[112]。

实际上，CEO 的人格特质比上述的要多样化得多。如前文所述，一个全面描述人格特质的分类法是大五人格模型，它将个性特质分为五个维度：外向性（精力充沛，外向），神经质（情绪化，敏感），宜人性（友好，协作），尽责性（负责任，有条理）和开放性（好奇，富有想象力）。大五人格模型已经超越了心理学领域，并且已经广泛应用于商业领域。研究者们发现，大五人格特质在不同情况下会影响企业风险决策行为。例如，Nadkarni 和 Herrmann 成功地使用大五人格分类法来探索 CEO 的人格、战略灵活性和绩效之间的关系[33]。孟祥梅则提出具有外向性和责任性两大人格特质的个体，其短期投资意愿会强于其他人格特质的个体[113]。总的来说，不同的人格特质会影响交易行为，进而影响交易绩效。因此，本研究采用五大人格模型来测量高管的人格特质。

至今为止，很少有研究关注 CEO 的人格特质与并购活动之间的关系。一个研究例外来自 Malhotra 等人的小规模实证研究。他们的研究发现，外向性的 CEO 会参与更多的并购活动，因为他们喜欢寻求并享受大规模增长的机会，并积极地将机会转化为实际行动；也就是说，外向性的 CEO 更可能发动并购[34]。因此，CEO 的人格和并购活动的研究仍然具有研究价值，仍有许多突出的问题待解决。

3.2.4　CEO—CFO 伙伴关系的相关研究

在人际关系较为复杂的中国社会环境中，一些学者研究了高管关系对公司治理的影响，主要关注的是基于家族企业的亲缘关系[114]、老乡关系[115]和校友关系[116]。在亲缘关系研究中，古志辉和王伟杰对中小板和创业板的家族企业进行了调查，他们发现由实际控制人家族成员担任 CEO 的公司提升竞争优势和管理效率的难度较大[114]。在老乡关系中，陆瑶和胡江燕发现，CEO 与董事会成员之间的老乡关系会对公司的风险水平和违规行为产生影响[115]；杜兴强和熊浩发现，高管成员之间的老乡关系会抑制公司的研发投入[117]。在基于校友关系的研究中，闫焕民和廖佳发现，我国上市公司 CEO 与 CFO 之间的校友关系，对公司避税行为有显著的促进效应，但这种避税效应会显著降低公司价值[118]。

总体而言，高管的关系网络对企业有一定的影响。Bednar 通过分析违规上市的企业，利用董事会成员和 CEO 的非正式关系（如工作关系、校友关系、老乡关系等)以及董事会成员与 CEO 的人口统计学特征匹配程度,来衡量董事会的独立性[116]。李维安、李晓琳和张耀伟进一步研究发现,当董事会成员和 CEO 之间的关系紧密到足以产生相似的认知和观念时,可能会破坏董事会的独立性,影响对 CEO 业绩的评估,从而削弱公司治理的有效性[119]。然而,何开刚、刘莹阁和王勇对 A 股上市公司的分析发现,CEO 与 CFO 的社会关系(如校友关系或老乡关系)有助于他们更好的沟通,从而提高企业的投资效率[120];他们进一步发现,当 CEO 没有财务背景时,CEO 与 CFO 之间的社会关系对企业投资效率的促进作用更为显著。

　　CFO 制度源于美国,随着公司治理和管理体制发展,为了解决委托代理问题,有效地监督 CEO 行为,CFO 的职能作用受到越来越多的支持和重视。近期的研究开始更多地关注 CEO 与 CFO 之间的伙伴关系。CFO 如何与 CEO 互动在公司的战略决策中起着关键作用,比如他们的伙伴关系如何影响并购[42]和避税[40]。研究发现,当 CEO 和 CFO 的语言风格匹配时,他们能进行紧密且频繁的社交互动[42]。高度匹配的 CEO—CFO 语言风格也会鼓励公司进行更多的并购活动,但所获得的公开回报却较低。此外,那些 CEO 和 CFO 都具有过度自信的公司比那些 CEO 和 CFO 具有其他人格特质的公司更有可能从事避税活动[40]。

　　高管成员的任期也会影响团队成员的互动模式,如交流的性质和深入程度。王佩认为,任期交错会降低高管成员之间的熟悉程度,任期交错程度越大,需要的磨合时间就越长,从而降低了他们串谋的可能性,使得决策更公正,降低了不道德的盈余管理可能性[121]。杨冰通过收集 10 年 A 股上市公司 CEO 与 CFO 之间是否存在基于聘任制的关联,分析 CFO 与 CEO 的关联度是否会影响企业的盈余管理。他们发现,在资产规模较大的公司中,CEO 与 CFO 的关联度与公司盈利管理水平有显著的正相关性[122]。

　　尽管先前的研究已经考察了 CEO—CFO 伙伴关系对商业活动的影响,但据本书所知,尚无研究分析 CEO—CFO 人格特质之间的相互作用对并购强度的影响。因此,本章研究试图通过调查 CEO—CFO 人格特质与并购强度之间的动态相互作用,来填补这一研究空白。

3.2.5　现有的人格特质分析方法

　　随着从大规模数据中自动挖掘个体性格特质的需求不断增长,一些基于词典的方法,如语言探索和词汇计数(linguistic inquiry and word count,LIWC)和 MRC 心理语言学数据库(medical research center psycholinguistic database),已经应运而生,以更有效的方式自动提取和评估性格的语言线索。LIWC 是一种常用的文本分析工具。它基于一个预设的词典,将文本中的词汇分成各种心理过程类别,如情绪、社交、认知、生理过程等。LIWC 使用这些类别来量化文本中的语言和心理状态，比如计算一个类别词汇在整个文本中的频率或比例。LIWC 可以用于多种研究领域，包括心理学、社会科学、计算语言学等，用于探索语言和心理状态的关系，也可用于情感分析、人格分析等任务[123]。MRC 心理语言学数据库是由英国医学研究理事会 开发的，是一种适用于计算机的词典。该数据库包含 150 000 个英语单词，以及与这些单词相关的 26 个心理和语言学属性，如词频、长度、形态结构、语音复杂性、具象程度、形象度、易理解度等。这些属性的数据是从各种已发表的文献中收集的。此词典能协助心理学或语言学研究人员进行实验刺激词汇的选择，并为人工智能和计算机科学的研究人员提供所需词汇的心理或语言描述[124]。Proyer 和 Brauer 利用 LIWC 分析方法从大学生自我描述中探讨了成年人的快乐型人格[125]。而王世强使用词余弦相似度和 BERT 模型扩展 LIWC 词典，并利用扩展后的词典计算微博用户的大五人格，最后使用支持向量机算法、贝叶斯算法和决策树算法验证了词典对大五人格预测的效果[126]。

现在，已经出现了更有效的方法来自动提取和评估人格的语言线索[124]。例如，支持向量机、多项式朴素贝叶斯和 K 近邻等机器学习方法，通常用于在词袋模型中探测个性[127]。也有一些研究者从社交网站提取行为特征，包含用户特征（性别、年龄、粉丝数等）、动态特征（转发、收藏、点赞）和文本特征（链接数、第一人称使用率、@数），并运用回归或分类等机器学习算法预测大五人格[128]。Wald 基于对 Twitter 用户的分析，使用多种机器学习方法进行人格预测，并且各种方法的预测结果没有显著差异，各种机器学习算法的预测效果相近，实验 AUC 结果在 0.7 左右[129]。

最近，一些学者开始关注并使用深度学习的方法，例如卷积神经网络（convolutional neural network，CNN）模型，这种模型可以基于社交媒体帖子中捕获的语义特征来探测个体的性格特征。Yang 和 Lau 开发了一种基于注意力机制的深度学习模型，该模型可以利用文本中的语义和句法特征来识别个体的人格[46]。句法特征也是反映一个人性格的关键语言线索。王江晴则结合深度学习和上下文语义，使用 TF-IDF 提取文本特征，再运用 Text-CNN 进行人格预测[130]。此外，Tanderasw 等学者使用多层感知机、长短期记忆网络（long short term memory，LSTM）和门控循环单元（GRU）等来预测 Facebook 用户的人格特质，准确率在 74% 左右[131]。

简而言之，早期的研究表明，机器学习方法，尤其是深度学习方法，在挖掘性格特质方面的效果优于基于词典的性格挖掘方法。这可能是因为深度学习方法可以在大量的输入和输出之间建立模型，理清复杂的关系。相较于问卷的传统被动方式来测量人格特质，基于用户语言特征、社交网络行为特征的数据能实现对人格特质的自动识别和判断,因此,本研究采用最先进的基于注意力的深度学习模型,从财报电话会议文本记录中特测 CEO 和 CFO 的人格特质。

3.3　研究假设

3.3.1　CEO 尽责性与并购强度的关系

尽责性体现为自律性的倾向,具有此特质的个体能有效地控制自身的冲动,以实现超越外界预期的成就。高尽责性的人自律、稳健,并善于在深思熟虑后做出决策,他们的组织能力也很强[132],并对模棱两可的事物有低容忍度[133]。CEO 的尽责性与高管团队的法律遵从性成正相关[134]。反之,它与公司的战略灵活性[33]和战略变革的决策性呈负相关[32]。尽责的 CEO 更倾向于依赖"可靠、历经验证和经过检验的策略"[33]。因此,尽责的 CEO 可能会倾向于支持有预期结果的战略,避免那些偏离他们经验的、创新的、挑战性的策略;这种有限的视野可能会阻碍他们发起并购投资等战略变革。此外,CEO 的尽责性可能导致他们在目标导向下,愿意承担战略行为的责任和掌握主动权[33],这种特质可能会抑制员工的创新和创造潜力。

高强度的(频率高、交易价值高的)并购可能与以前的并购活动有显著的差异,因为高强度并购之后,企业需要重新建立组织架构。因此,为了发起并购活动,CEO 们需要打破常规,走出规定的规则和条例,大胆行动,提高风险承受度。然而,尽责的 CEO 依赖于现有的战略,他们倾向于墨守成规,这可能会使他们不愿承担并购活动的风险。因此,本章建立了以下假设:

假设 1:CEO 的尽责性与企业并购强度之间存在负相关关系。

3.3.2　CEO 开放性与并购强度的关系

经验开放的人具有丰富的想象力、强烈的好奇心、聪明才智和开阔的视野,他们往往富有独创性[64]。开放型人格的人倾向于接受新的体验,通常拥有发散性思维,善于大量吸收外部信息,并对各种问题找到更多创新的解决方案[135-137]。开放性强的 CEO 倾向于拥有广阔的视角,在解决问题时通常考虑多种战略途径。在高度开放的状态下,CEO 们能快速识别与现有思维模式相背离的外部信息,他们可以更好地理解和把握其他战略机会[33,138]。此外,也有部分研究表明,CEO 的开放性与战略灵活性是正相关关系[33],与战略变革的决策也存在正相关关系[32]。

并购通常会带来大量的外部信息和突然的变化,对于组织本身或者员工来说。开放型的 CEO 更容易接受并利用这些变化,他们对异议和新信息的接受能力使他们能够注意到战略变化,能比较封闭的 CEO 更及时地确定相应的战略。

因此，本章提出以下假设：

假设 2：CEO 的经验开放性与企业并购强度之间存在正相关关系。

3.3.3　CEO 神经质与并购强度的关系

神经质反映了一个人负面情感表露的倾向，如抑郁、愤怒和焦虑[139]。神经质的人在面对新情况时情绪不稳定[140]，更容易受到压力的影响[141]。即使面对常态事件，具有神经质人格特质的人也倾向于产生消极情感反应，并在消极情感中长期滞留。此外，神经质与悲观主义、自我怀疑和担忧等因素有关[142]。神经质得分高的 CEO 更有可能对企业战略持有悲观态度。因此，神经质可能会阻碍 CEO 清晰地思考，使他们在情感影响下难以做出明智的决策和应对压力。神经质的 CEO 在决策中可能会感知到更高的风险[32,33]。反之，情绪稳定的人更有可能感受到积极的情感，如快乐、幸福和期待，从而提升承担风险和解决困难问题的能力[32]。有研究发现在动态环境变化和不可预测的情况下，情绪稳定的 CEO 更擅长决策[143]。

基于以上分析，我们认为，CEO 的神经质性可能会削弱企业的并购强度。具有神经质的 CEO 在面对新情况时，可能会有更强烈的负面情感反应，相较于情绪稳定的 CEO，他们可能会更高估目标公司的风险，也可能更加忧虑并购过程中可能出现的问题。因此，由于对高风险和不确定性投资的畏惧，神经质的 CEO 可能会对并购投资持谨慎态度。因此，本章提出以下假设。

假设 3：CEO 的神经质与企业并购强度之间存在负相关关系。

3.3.4　CFO 与 CEO 性格相似性的调节作用

人际关系的形成和发展往往受到人与人之间相似性的影响。虚假共识效应是一种心理学理论，揭示了个人更倾向于信任、偏爱甚至过分肯定那些在观点、信仰、价值观和性格特质上与自己相似的人[144]。或者更通俗地说，人们常认为"物以类聚，人以群分"，具有相似性格的人更可能做出相似的行为，有着相似的反应。这种观点得到了 Adamopoulos 等学者的进一步支持，他们发现人们倾向于依赖人际关系的相似性来做出更好的决策[145]，这种相似性基于大五性格模型。反之，认知一致性理论指出，两者之间的差异性可能引发人际交往中的反感和回避[146]。CEO 与 CFO 的可能导致他们在认知上产生冲突，从而影响公司内部的沟通，使高层管理者在信息交流中变得消极，甚至可能引发其他形式的冲突[147]。因此，人格与 CEO 相似的 CFO 可能更不容易与 CEO 产生意见分歧，更可能在高层管理团队中对 CEO 的决策表示赞同。在 CFO 的支持下，CEO 在发起或终止并购决策时可能会有更强的信心。因此，我们提出以下假设：

假设 4：当 CFO 的人格特质与 CEO 相似时，假设 1、假设 2 和假设 3 所述的关系会被进一步强化。

3.4　数据获取与研究方法

3.4.1　数据来源与数据处理

　　数据是互联网中最宝贵的资源之一,海量的数据中潜藏着巨大的价值。本研究通过网络爬虫工具从 Seeking Alpha 网站中爬取了标普 1500 指数上市公司的财报电话会议记录。Seeking Alpha 是一个面向投资者的金融信息平台,成立于 2004 年。它发布上市公司的历史公开信息,包括每季度的财报电话会议记录。标普 1500 指数是一个金融市场指数,由标准普尔全球(S & P Global)公司维护。它是标准普尔指数家族中的一个综合性指数,包含了三个不同规模的标准普尔指数:标准普尔 500 指数(S & P 500)、标准普尔中型市值 600 指数(S & P MidCap 400)和标准普尔小型市值 600 指数(S & P SmallCap 600)。具体来说,标普 1500 指数包含了标准普尔 500 指数中的 500 家大型上市公司、标准普尔中型市值 400 指数中的 400 家中型公司,以及标准普尔小型市值 600 指数中的 600 家小型公司,总共合计 1 500 家公司。因此,标普 1500 指数是一个更广泛的指数,涵盖了不同市值范围内的公司,提供了更全面的市场表现。本研究首先获取了 2005 年至 2017 年的 15 013 份季度财报电话会议记录。财报电话会议是指上市公司定期或不定期地在每个财政季度结束后,向投资者、分析师和媒体发布财务业绩和运营状况的电话会议。在这些电话会议上,公司管理层通常会就最新财务报告和业务情况发表讲话,并回答与会者的问题。接着,我们从 Thomson One、ExecuComp、COMPUSTAT 和 center for research in security prices (CRSP)等平台收集了并购数据、高管人口特征数据、公司财务数据和股票收益数据。Thomson One 并购数据库是汤姆森路透(Thomson Reuters)旗下的一个数据库,专门用于跟踪并记录全球范围内的并购交易。该数据库为金融专业人士、投资者和研究人员提供了详细的并购交易信息,包括交易参与方、交易金额、交易日期、交易类型、行业分类等数据。COMPUSTAT 是一个广泛使用的金融数据库,由标准普尔全球公司维护。它为金融专业人士、投资者和研究人员提供了全球范围内上千家上市公司的财务数据和其他相关信息。ExecuComp 是由标准普尔全球公司提供的另一个金融数据库,该数据库收集了全球范围内上市公司高级管理层的薪酬和激励计划数据,包括 CEO、CFO 和其他高级管理职位。它为投资者、研究人员和公司治理专业人士提供了有关高级管理人员薪酬的详细信息,以及与公司绩效和业绩相关的奖励计划。CRSP 数据库是全球范围内最为知名的金融市场数据库之一,被广泛用于学术研究、投资分析和量化交易等领域。该数据库包含了大量的股票、债券、基金等证券类别的数据,覆盖了长达数十年甚至几个世纪的历史数据。

在移除含有空值的样本后,我们最终的样本包含了来自 12 个行业、290 家标普 1500 指数公司的 1 633 个公司年度观测结果以及 750 对 CEO—CFO 组合(详见 3.4.5 描述性统计分析中的表 3 - 1 所示)。

财报电话会议是公司与投资者之间直接沟通的重要平台,可以帮助投资者更好地了解公司的财务状况和运营情况,并对公司未来的发展进行评估。同时,它也为公司提供了机会,向市场传递重要信息,增加透明度,树立信任。一个财报电话会议的构成通常包括以下几个要素。

• 公告和通知:公司会提前发布财报电话会议的公告和通知,包括会议时间、会议 ID、拨打电话号码等信息。这样投资者和分析师可以事先准备并准时参与会议。

• CEO 或 CFO 的演讲:在会议开始时,通常由公司的高级管理层成员,如 CEO 或 CFO,进行开场演讲。他们会介绍公司在该季度的业绩表现、财务数据,以及业务运营方面的重要情况。

• 财务报告解读:在高管的开场演讲后,通常会有财务主管或财务团队对财务报告进行更详细的解读。他们可能会解释收入、利润、毛利率、成本结构等关键财务指标的变化和影响因素。

• 问答环节:在财务报告解读结束后,投资者和分析师通常有机会向高管提问。他们可以就财务报告、业务战略、未来展望等方面提出问题,以更深入了解公司的运营和前景。

• 结束语:财报电话会议通常在问答环节结束后结束,高管可能会发表一些总结性的话语,再次强调公司的业绩和前景,感谢参与者的关注,并提供未来可能的交流机会。

根据以上财报电话会议的构成来看,高管的演讲部分通常是提前准备好的,而问答环节则是即兴发挥的。在演讲部分,CEO 和 CFO 为了向外界报告企业的表现,可能会提前润色他们的演讲,使得了解他们真实个性变得更具挑战性。相比之下,在问答环节,CEO 和 CFO 的回答更能反映他们的真实人格,因为提前编写此类问答稿更为困难[148]。因此,本研究遵循前人的研究,基于电话会议的问答部分来挖掘 CEO 和 CFO 的人格特质。

3.4.2　pAttCLSTM 人格分析模型

本书采用大五人格模型来评估 CEO 和 CFO 的人格特质[149]。文献回顾发现,语义特征和句法特征是语言学中的两个关键概念,用于描述和分析语言中的不同方面。它们能够反映个体人格特质的重要语言线索[150]。语义特征描述的是语言元素(如单词、短语或句子)的意义。它提供了关于语言元素如何描述现实世界的信息。举个例子,词语"苹果"具有一些语义特征,比如它可以表示一种水果,颜色可能是红色或绿色,可以食用,等等。句法特征描述的是语言元素如何组合在一起形成语句或短语的规则。句法规则包括词序、词的形态变化(比如动词的时态),以及词汇如何通过句法关系(如主语、宾语等)来组合成更复杂的结构。例如,考虑句子"我吃了一个苹果","我"是主语,"吃了"是动词(表示过去时态),"一个苹果"是宾语。这就是句子的句法特征。然而,传统的机器学习方法只能捕获语义特征,对隐藏的句法特征探测能力有限。Yang 和 Lau[46] 开发了一种基于注意力机制的深度学习模型(pAttCLSTM),该模型能够通过大规模社交媒体数据挖掘高管的性格特质。此模型使用字符级卷积神经网络,具备识别流行语和表情符号组合的能力。他们的实验结果显示,pAttCLSTM 模型在人格分类上显著优于其他先进的方法,如朴素贝叶斯、最近邻算法以及卷积神经网络。因此,本书采用这种基于深度学习的人格识别器来挖掘 CEO 和 CFO 的人格特质。

由 Yang 和 Lau[46] 提出的 pAttCLSTM 模型融合了注意力(Attention)机制、卷积神经网络(convolutional neural networks,CNN)和长短期记忆网络。以下将逐一介绍该模型的构成模块。

3.4.2.1 卷积神经网络

卷积神经网络是一种深度学习模型,在计算机视觉、自然语言处理(natural language processing,NLP)和语音识别等领域得到广泛应用。尽管 CNN 最初设计用于图像识别任务,但其结构和处理方式同样适合处理一维的文本数据,特别是在处理固定长度的文本片段或者词组时表现出了优异的性能。CNN 的主要优点在于它能够自动提取局部特征并且维护这些特征的空间结构。

在文本处理中,CNN 通常采用一维卷积操作。与二维图像卷积处理每个像素点的周围像素不同,一维文本卷积主要关注每个单词的上下文单词。这样可以捕获词组和短句的语义,甚至在某些情况下可以识别语法结构。

对于文本分类任务,CNN 模型通常包含以下几个步骤。

(1)输入层文本预处理:首先,文本会被分词,然后用词嵌入向量(word embeddings)表示每个单词。这样,一段文本就被转换成了一个词向量序列。

(2)卷积层:卷积层是 CNN 网络的核心部分,它通过对输入数据进行卷积操作,提取出数据的局部特征。在进行文本预处理后,一系列不同大小的卷积滤波器会在这个词向量序列上滑动,从而捕捉不同长度的词组或短句的信息。

(3)池化层:接着,池化层用于对特征映射进行下采样,减小特征映射的大小,同时保留关键信息。常见的池化方式有最大池化和平均池化,其中最大池化选择每个池化区域中的最大值作为输出,平均池化选择每个池化区域的平均值作为输出。用最大池化(max pooling)操作从每个滤波器得到的特征图中提取最显著的特征。这样，无论文本的长度如何，输出都将是固定长度的向量。

(4)全连接层和输出层：全连接层用于将池化层输出的特征映射转换为输出结果。全连接层通常包括一个或多个全连接层，每个全连接层将上一层的输出作为输入，并通过线性变换和激活函数（如 ReLU 函数）将其映射到下一层的特征空间中。然后是输出层，用于预测文本的类别。

CNN 的网络结构如图 3-3 所示。

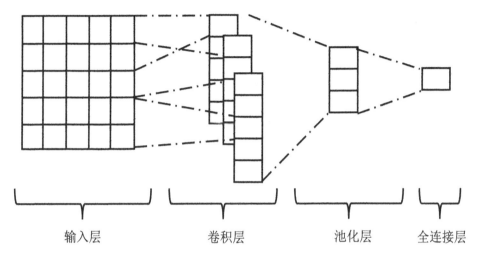

输入层　　　　　卷积层　　　　　池化层　　全连接层

图 3-3　卷积神经网络结构

3.4.2.2　长短期记忆网络(long short term memory network,LSTM)

在人格检测任务中，如果面对长句子，CNN 可能无法有效捕获语法信息。此外，如何设置滑动窗口大小以及参数调整也是研究中的一大挑战。除了局部特征外，全文的上下文信息也包含了丰富的特征和内在联系。在 NLP 领域，循环神经网络(recurrent neural network, RNN)常用于获取这类上下文信息。RNN 能够捕获文本中的顺序模式，但是有研究表明，RNN 在面对长期依赖问题时表现不佳[151]。长期依赖问题是指 RNN 能捕捉到相邻的单词间的模式，但如果单词间距离较大，通过神经网络传递的信息会减弱，因此，RNN 无法识别它们之间的模式。例如，阅读一篇长篇文章时，读者可能在阅读到末尾时已经忘记了文章开头的内容，这就是一种长期依赖问题。

LSTM 是一种特殊的 RNN，它在文本挖掘任务中得到了广泛的应用，因为它有效地解决了长期依赖问题。相比 RNN 只能记忆短期的上下文信息，LSTM 能够处理长序列的信息，并避免了在学习过程中由于信息量的增加或者学习周期的增长而导致的梯度消失或梯度爆炸现象。LSTM 网络最早由 Hochreiter 和 Schmidhuber 于 1997 年提出[152],它能更好地发现和利用长期依赖关系,因此被广泛应用于处理如语音识别、机器翻译等序列信息。该模型还能有效地避免梯度消失现象。

LSTM 网络由许多个小型的 LSTM 单元组成,每个单元都有三个门(输入门、遗忘门和输出门),这些门控制着信息的流入、流出和记忆保留。LSTM 单元的这种设计使其能够处理长期依赖关系,并且在处理输入序列时,不同位置的信息能够被加权处理。

具体来说,LSTM 网络中的每个单元分为以下四个部分:输入门(input gate)负责控制新信息进入 LSTM 单元的程度;遗忘门(forget gate)负责控制过去信息被保留的程度;细胞状态(cell state)存储了 LSTM 单元中所有过去的信息;输出门(output gate)控制着哪些信息需要被输出到下一个 LSTM 单元或最终输出。每个门本质上是一个使用 sigmoid 函数进行激活的神经网络层,可以学习要传递多少信息量。这使得 LSTM 具有选择记住或忘记信息的能力。通过反向传播算法,每个 LSTM 单元都能被训练,使网络能学习到输入序列的特征并生成对应的向量表示。LSTM 网络的结构如图 3-4 所示。

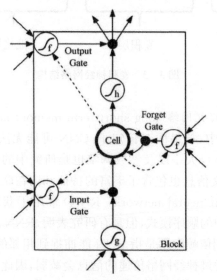

图 3-4 长短期记忆网络结构

在 pAttCLSTM 模型中,我们采用的是双向循环神经网络(Bi-LSTM),相较于 RNN 和 LSTM 仅能基于之前的序列信息预测下一时刻的输出,Bi-LSTM 却可以同时考虑前后时刻的状态。这是因为在某些问题中,当前时刻的输出不仅与之前的状态有关,而且也可能与未来的状态有关。例如在完成填空题时,我们需要结合整个句子的上下文来确定空白部分的内容。Bi-LSTM 由两个方向相反的 LSTM 构成。其中一层可以理解为从句子的开头开始进行输入处理,而另一层(即反向的 LSTM)则是从序列的末尾开始输入,即从句尾向句首进行处理。由于这两个方向的输入序列不同,因此最终这两个单向的 LSTM 会同时处理各自得到的结果。这种结构使得 Bi-LSTM 能够在处理序列数据时同时考虑到上下文的信息,提高了模型的预测准确性。

3.4.2.3　注意力机制

注意力机制是一种在深度学习中广泛使用的技术,旨在帮助模型集中注意力于输入中的关键部分,从而更好地处理复杂的序列数据和提高模型的性能。注意力机制是模仿人类注意力提出的解决办法,想象一下在购买商品时,人会优先发现特价商品或者奇特包装、形状的商品;在画画时可能只会构思落笔时的物体,会过滤掉一些内容。这是因为视觉系统倾向于关注图像中辅助判断的部分信息,并忽略掉不相关的信息。通俗解释注意力机制就是关注度,在处理文本时,比如,这样一句话"食物好吃但是服务不好",如果最后结果关注食物,通过模型输出的是"食物好吃",但是之后的文本会被过滤。在传统的深度学习模型中,如 RNN 和 CNN,模型对于输入数据的处理是固定的,每个输入部分都被平等对待。然而,在处理一些序列数据或长文本时,不同部分可能具有不同的重要性。这时,注意力机制可以让模型学会动态地给予不同部分不同的权重,使得模型能够专注于更重要的信息。

在 NLP 任务中,注意力机制被广泛应用。例如,对于机器翻译任务,模型需要将输入语言的句子翻译成目标语言的句子。在这种情况下,注意力机制可以帮助模型关注源语言句子中与目标语言当前生成词相关的部分,从而更好地进行翻译。类似地,在文本摘要、问答系统等任务中,注意力机制也可以用来强调与输出相关的输入内容。

注意力机制的基本思想是引入一个权重向量,该向量决定了输入中不同部分的重要性。在每个时间步或序列位置,模型通过计算输入与某种参考(例如当前的解码器状态或模型内部状态)之间的相关度,然后将这些相关度归一化得到权重向量。最后,将输入的各个部分与对应的权重相乘,加权求和,以得到对当前时间步或位置的注意力表示。这样,模型就可以根据输入的具体情况动态调整注意力。

注意力机制的引入使得深度学习模型更加灵活和适应性强,有助于处理更加复杂和长序列的数据,并在 NLP 等领域取得了显著的进展。同时,注意力机制也增加了模型的可解释性,因为我们可以直观地理解模型在处理输入时的注意重点。

3.4.2.4　pAttCLSTM 模型

pAttCLSTM 模型被设计用于在社交媒体这一复杂的语言环境中进行人格特质的检测。以下是该模型识别人格特质的主要步骤。

1）词嵌入

首先,我们采用基于 CNN 的模型获取句子中每个单词的词嵌入这是一个将单词或短语映射成向量的过程。该过程的整体结构如图 3-5 所示。每个单词在预处理后变成一个 $N^{(c)}$ 维向量,以保存单词中字符的序列信息。所以这个向量的每个位置都是一个特定字符的指示器,存储了字符的位置。预处理后的词向量经过嵌入层,输出的词向量形状为($N^{(e)}$, $N^{(c)}$),其中 $N^{(e)}$ 为输入到每个卷积层的通道数。在卷积层中,使用了多个卷积核(具有不同大小的滑动窗口)来提取字符间的特征。如图 3-5 所示,有 k 个一维的卷积层,其中 D_k,$k \in [1, K]$ 代表相应层卷积核的大小;每个卷积层输出的向量是($O_k^{(Conv)}$, $N_k^{(out)}$),$O_k^{(Conv)}$ 是卷积层 k 上输出通道数,$N_k^{(out)}$ 是卷积层 k 上输出通道的维数。

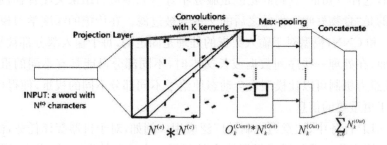

图 3-5　CNN 词嵌入过程

用数学公式表示每个卷积层的一维 CNN 计算如下:

$$v_{ij}^x = F\left(b_{ij} + \sum_n^{N^{(c)}} \sum_{d=0}^{D_i} w_{ijn}^d p_n^{x+d}\right) \tag{3-1}$$

其中 i 表示特定层且 $i \in [1, K]$;j 则是 i 层特征图的数量且 $j \in [1, O_k^{(Conv)}]$;v_{ij}^x 代表第 i 层中第 j 个特征图所操作的第 x 个位置的输出向量;$F(\cdot)$ 是激活函数;b_{ij} 是偏差项;w_{ijn}^d 表示与第 j 个特征图相连的第 i 层中第 n 个通道下第 d 位置的卷积核值;p_n^{x+d} 是第 n 个通道中第 $x+d$ 个位置的输入值。

2）获取上下文信息

通过 CNN 处理后的编码词被输入 LSTM 中,以捕获上下文的隐含特征,这增加了对高管人格特征检测的准确性。深度双向 LSTM 擅长从给定的文档中提取无意识的语言线索,如语法或语法风格。这些无意识的语言线索是由高管长期习惯形成的,因此很难被高管有意控制。因此,这些线索能够在更大程度上反映高管的真实人格。

图 3-6 展示了 pAttCLSTM 模型中使用的深度双向 LSTM 模型。网络中有 L 层 LSTM 网络单元,每个单元包含一个前向 LSTM 和一个后向 LSTM 的组合,如每个圆所示。含有编码词的句子按序列输入深度 Bi-LSTM 网络,其中 $x_t^{Embedding}$ 代表上一步基于 CNN 编码器得到的单词 t 的输出。每个双向 LSTM 单元都包含两个隐藏的输出层,即 $\overleftarrow{h_{t,l}}$ 和 $\overrightarrow{h_{t,l}}$,它们表示单词第 l 层中第 t 个单词的隐藏输出,分别对应正向和反向的情况。最终,深层双向 LSTM 网络的输出内容可以表示为:

$$H_t = \{x_t^{Encoded}, \overleftarrow{h_{t,l}}, \overrightarrow{h_{t,l}} \mid l=1,\cdots,L\} = \{h_{t,l} \mid l=0,\cdots,L\} \qquad (3-2)$$

此处,当 $l=0$ 时,满足 $h_{t,0} = xEmbedding_t$,也就是说,$h_{t,l}$ 是每个隐藏层中正向输出 $\overleftarrow{h_{t,l}}$ 和反向输出 $\overrightarrow{h_{t,l}}$ 的组合。

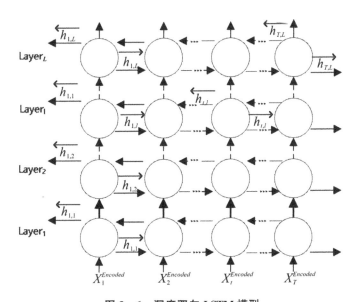

图 3-6　深度双向 LSTM 模型

3) 分层注意力机制

在提取了文档中每个单词的嵌入特征后,需要将这些特征映射到个体的人格特质上。因此,p-CNN-LSTM 模型的另一个部件为分层注意力模型(hierarchical attention-based network)。尽管 Bi-LSTM 网络从文档中捕获变量类型的信息,包括语法风格、情感和语义,但不是所有这些信息都对人格检测任务重要,那些不重要的因素可能会对本章研究的探测任务造成干扰。此外,由于每个单词在 Bi-LSTM 中都会有多个表示,在检测人格时,这些特征可能不具有同样的重要性。社交媒体环境复杂,用户文本内容含有丰富的单词,这些词对人格预测的能力也不同。因此,Yang 和 Lau[46]引入了一种分层注意力机制来提取每个文档的重要单词以及每个单词的重要层。

如图 3-7 所示,所提出的分层注意力模型包含两部分,即给予不同双向 LSTM 层的层级注意力以及给予每个文档中不同单词的字符级注意力。假设文档中有 T 个单词。对于单词 t,通过在式(3-2)中引入的深度双向 LSTM 网络获得一组注解 H_t。然后,假设如果 $h_{t,l}$ 与一个随机初始化的上下文向量 u_w 更相似,那么一个层就更重要。接着,应用 softmax 函数对结果进行归一化。单词 t 的注解名为 r_t,是 H_t 中所有隐藏注解的加权和。

$$\alpha_{t,l} = \frac{exp(h_{t,l}^T u_w)}{\sum_l exp(h_{t,l}^T u_w)} \qquad (3-3)$$

$$r_t = \sum_l \alpha_{t,l} h_{t,l} \qquad (3-4)$$

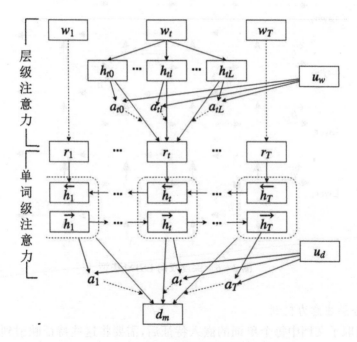

图 3-7　pAttCLSTM 模型中的分层注意力机制

给定单词注解 r_t,使用一个双向 LSTM 来将文档的上下文信息融入单词表中。

$$\overleftarrow{h_t} = \overleftarrow{LSTM}(r_t) \qquad\qquad (3-5)$$

$$\overrightarrow{h_t} = \overrightarrow{LSTM}(r_t) \qquad\qquad (3-6)$$

定义 h_t 为 $\overleftarrow{h_t}$ 和 $\overrightarrow{h_t}$ 的拼接:

$$h_t = \{\overleftarrow{h_t}, \overrightarrow{h_t}\} \qquad\qquad (3-7)$$

单词级别的注意力操作与层级注意力操作类似。首先,将输入 h_t 到一个单层的多层感知机,并得到 d_t。然后,构造一个上下文向量 $\boldsymbol{u}_d$,并使用内积操作计算其与 h_t 的相似性。与前一步骤类似,将计算出的相似性进行归一化,然后根据它们的权重对每个单词进行汇总,以得到文档的表示 d_m。

$$d_t = tanh(W_d h_t + b_d) \qquad\qquad (3-8)$$

$$\alpha_t = \frac{exp(h_t^T u_d)}{\sum_t exp(h_t^T u_d)} \qquad\qquad (3-9)$$

$$d_m = \sum_t \alpha_t h_t \qquad\qquad (3-10)$$

得到的文档表示 d_m 接着输到一个 softmax 函数中,以获得人格特质的分布。在此任务中,我们将每个人格特质视为一个二分类问题,因此分类标签 c 是二进制的。对于特定的人格特质,其分布的计算公式如下:

$$p(c \mid w, \theta) = \frac{exp(W_{mc} d_m + b_m)}{\sum_{c \in \{0,1\}} exp(W_{mc} d_m + b_m)}, c \in \{0,1\} \qquad (3-11)$$

3.4.3　pAttCLSTM 模型的可靠性检验

Yang 和 Lau[46] 提出的人格检测器是基于 myPersonality[153] 和 Essays 数据集进行训练的。myPersonality 数据集是一个用于研究和分析个性心理学的开放数据集。该数据集包含了来自 Facebook 用户的公开个人信息,以及用户对一系列心理学调查问卷的回答。这些问卷涵盖了各种个性特征、心理状态和行为习惯等方面的信息[153]。myPersonality 数据集最初由 Cambridge Psychometrics Centre 在 2013 年发布,它是由对 Facebook 用户进行调查和数据收集而成。数据集包含了 Facebook 用户发布的内容及他们通过在线问卷测量的大五人格特质,覆盖了多个国家和地区的样本,由 250 个得分较高的用户及他们各自的 10 000 条内容组成。Essays 数据集是一个用于 NLP 研究和文本分析的数据集,它包含了 2 400 多篇心理学专业学生的论文数据,共计约 190 万字[154]。尽管 pAttCLSTM 模型在不同数据集上的有效性已得到实证测试[46],我们仍然基于新的实证实验进一步验证了其有效性。具体而言,我们的实验涉及 53 名来自不同学科的研究生,他们被随机选中。然后,我们请每个受试者填写 60 项的 NEO 五因素量表(NEO five-factor inventory-3),以了解他们的真实人格特征[155]。对于每份问卷,我们根据 60 项 NEO 五因素量表-3 计算出一个受试者在五个维度上的人格得分,然后将每个五维人格得分映射到第一部分由受试者完成的对应论文中。从这些问卷中,我们获得到了 47 份有效问卷。然后,我们应用所采用的人格检测器基于这个实验中撰写的论文检测每个受试者的人格得分。这些受试者的人格得分分布如表 3 - 1 所示。

表 3 - 1　验证实验中受试者的人格得分分布

面板 A：验证实验中问卷测得的真实人格得分					
人格特质	观测数	均值	标准差	最小值	最大值
尽责性	47	0.568	0.112	0.333	0.833
开放性	47	0.571	0.130	0.150	0.800
神经质	47	0.560	0.084	0.400	0.783
外向性	47	0.592	0.085	0.350	0.717
宜人性	47	0.526	0.115	0.133	0.667
面板 B：验证实验中人格检测器检测得到的人格得分					
尽责性	47	0.495	0.200	0.109	0.931
开放性	47	0.588	0.225	0.107	0.945
神经质	47	0.501	0.131	0.303	0.828
外向性	47	0.563	0.130	0.227	0.808
宜人性	47	0.532	0.210	0.077	0.892

遵循 Benesty 等学者[156]采用的方法,我们进行了皮尔逊相关分析(Pearson correlation analysis),以检验人格检测器确定的人格得分与通过大五问卷得到的人格得分之间的相关性。皮尔逊相关系数(Pearson correlation coefficient),也称为皮尔逊相关性,是一种用于衡量两个连续变量之间线性相关程度的统计量。它衡量了两个变量之间的线性关系的强度和方向。

皮尔逊相关系数的取值范围在 −1 到 1 之间:

• 当皮尔逊相关系数为 1 时,表示两个变量完全正相关,意味着它们的变化方向完全相同,形成一条直线。

• 当皮尔逊相关系数为 −1 时,表示两个变量完全负相关,意味着它们的变化方向完全相反,形成一条负斜率直线。

• 当皮尔逊相关系数为 0 时,表示两个变量之间没有线性关系,即它们之间没有直线关系。

计算皮尔逊相关系数的公式如下：

$$r = \frac{\sum (x_i - \bar{x})(y_i - \bar{y})}{\sqrt{\sum (x_i - \bar{x})^2 \sum (y_i - \bar{y})^2}} \tag{3-12}$$

其中，x_i 和 y_i 分别是两个变量的第 i 个样本值，$\bar{x}$ 和 $\bar{y}$ 分别是两个变量的均值。

皮尔逊相关系数广泛应用于统计学、数据分析和机器学习中，用于探索和分析两个变量之间的相关性。在实际应用中，皮尔逊相关系数越接近 1 或 −1，表示两个变量之间的线性相关程度越强，越接近 0 表示相关程度较弱或不存在线性关系。表 3-2 面板 A 中报告的结果显示，大五人格特质的所有系数都在 0.6以上，超过了 0.4 的强相关阈值[157]。因此，人格检测器预测的人格得分与真实值之间存在显著且强的相关性。我们的实验验证了所采用的人格检测器的准确性和可靠性。

此外，我们还进行了组内相关分析（intraclass correlation analysis），以进一步检验所采用的模型可靠性。组内相关系数（intra-class correlation coefficient，ICC）是一种用于衡量数据组内一致性或重复性的统计量，ICC 通常应用于可重复测量的情境[158]。

ICC 的取值范围在 0 到 1 之间，具体解释如下：

- 当 ICC 接近 1 时，表示数据组内的一致性很高，测量重复性较好。
- 当 ICC 接近 0 时，表示数据组内的一致性很低，测量重复性较差。
- 当 ICC 为负值时，可能表示测量误差超过了总变异，意味着测量的可靠性较差。

ICC 在医学、心理学、社会科学等领域中广泛应用于重复性和一致性的评估。它可以帮助研究人员确定测量的可靠性，从而比皮尔逊相关系数更好地解释和解读研究结果，并确保数据的准确性和稳定性。表 3-2 的面板 B 中报告的结果显示，五种人格特质的所有系数都超过了 0.75 的良好可靠性阈值[158]。总的来说，我们的实验结果证实了所采用的人格检测器的有效性和可靠性。

表 3-2　模型识别人格得分与问卷真实人格得分的相关性

	尽责性	开放性	神经质	外向性	宜人性
面板 A：皮尔逊相关性					
相关系数	0.607 ***	0.602 ***	0.776 ***	0.608 ***	0.649 ***
观察样本量	47	47	47	47	47
面板 B：组内相关性					

（续表）

	尽责性	开放性	神经质	外向性	宜人性
相关系数	0.775 ***	0.769 ***	0.851 ***	0.771 ***	0.754 ***
观察样本量	47	47	47	47	47

注：*，**，和 *** 分别表示 10%、5% 和 1% 水平的显著差异。

3.4.4　研究变量设计

3.4.4.1　因变量：并购强度

本研究的因变量是并购强度，通过查阅文献决定使用并购频率和并购交易价值作为并购强度的测量指标[42]。并购频率是指一年内宣布并随后完成的并购交易总数[42,159]。并购交易的价值是一年内并购交易累计价值的对数[42]。一年内没有并购交易的公司，在并购频率和并购价值两项中都被标记为"0"。

3.4.4.2　调节变量：CEO 与 CFO 的人格相似度

本研究的调节变量是 CEO 与 CFO 的人格相似度，我们使用两种方法来衡量两者的人格特质相似度。首先，如果 CFO 与 CEO 的主要人格类型相同（例如，对 CEO 和 CFO 来说，五大人格特质中开放性得分最高），我们赋予"1"的分数，否则为"0"。其次，我们将 CEO 与 CFO 人格相似度测量为一个虚拟变量，其中"1"代表 CEO—CFO 个性相似度高于平均值，否则为"0"。CEO—CFO 人格相似度通过以下 cos 函数计算：

$$CEO\text{-}CFO\ Personality\ Similarity = \cos(CEO\ Personality, CFO\ Personality) = $$

$$\frac{CEO\ EXT \times CFO\ EXT + CEO\ NEU \times CFO\ NEU + CEO\ CON \times CFO\ CON + CEO\ OPN \times CFO\ OPN + CEO\ AGR \times CFO\ AGR}{\sqrt{(CEO\ EXT^2 + CEO\ NEU^2 + CEO\ CON^2 + CEO\ OPN^2 + CEO\ AGR^2)} \times \sqrt{(CFO\ EXT^2 + CFO\ NEU^2 + CFO\ CON^2 + CFO\ OPN^2 + CFO\ AGR^2)}}$$

3.4.4.3　控制变量

为了测试我们的假设，笔者创建了一系列控制变量，包括企业层面和高管层面的变量，以及其他两个大五人格特质（即宜人性和外向性）。对于企业层面的因素，我们控制了以下变量：企业规模[160]、市净率[106]、资产回报率[161]、杠杆率[150]以及流动性[162]。我们以收购方总资产的对数来衡量企业规模。市净率是收购方的市值与账面价值之比。资产回报率是总资产对净收入的比率。杠杆率是以总负债除以总股东权益来衡量，这用于衡量多少可能的借款资本可以用来提高某些投资的收益。流动性反映了资产变现的容易程度，是总流动资产与总流动负债的比率。

在高管层面,我们首先控制了与 CEO 相关的变量,包括 CEO 年龄[45]、性别[106]、任期[107]、薪酬[109] 和离职,因为这些因素会显著影响公司的并购活动。CEO 年龄是用 CEO 年龄的对数来衡量的。性别方面,如果 CEO 是男性,则 CEO 性别为"1",如果 CEO 是女性,则为"0"。CEO 任期是根据 CEO 开始任期以来的年数的对数来计算的。CEO 薪酬定义为当年 CEO 总薪酬(以百万美元计)的对数。CEO 离职是一个虚拟变量,其中"1"表示一年内 CEO 被解雇,否则为"0"。其次,考虑到 CEO—CFO 人口统计相似性可能会影响 CEO/CFO 人格的互动,进而可能影响因变量,因此我们也控制了四个 CEO—CFO 二元变量,包括 CEO—CFO 任期重叠、同性别、年龄差和离职[42]。CEO—CFO 任期重叠是以 CEO 和 CFO 在目标公司共享任期的对数来计算的。CEO—CFO 同性别是一个虚拟变量,如果 CEO 和 CFO 是同性别,则为"1",否则为"0"。CEO—CFO 年龄差是以 CEO 年龄和 CFO 年龄的差值加一的对数来计算的。CEO—CFO 离职是一个虚拟变量,如果目标公司的 CEO 或 CFO 在给定年份离职,则记为"1"。表 3 - 3 给出了本研究涉及的变量的中英文对照。

表 3 - 3 变量中英文对照

变量类别	变量名称	中文对照
因变量	*M & A frequency*	并购频率
	Value of M & As	并购交易价值
自变量	*CEO CON*	CEO 尽责性
	CEO OPN	CEO 开放性
	CEO NEU	CEO 神经质
调节变量	*CFO Personality Similarity*	CEO 与 CFO 的人格相似度

（续表）

变量类别	变量名称	中文对照
控制变量	*Firm Size*	企业规模
	Market-to-book Ratio	市净率
	ROA	资产回报率
	Leverage	杠杆率
	Liquidity	流动性
	CEO Age	CEO 年龄
	CEO Gender	CEO 性别
	CEO Tenure	CEO 任期
	CEO Compensation	CEO 薪酬
	CEO Turnover	CEO 离职
	CEO EXT	CEO 外向性
控制变量	*CEO AGR*	CEO 宜人性
	CEO-CFO Tenure Overlap	CEO—CFO 任期重叠
	CEO-CFO Same Gender	CEO—CFO 同性别
	CEO-CFO Age Difference	CEO—CFO 年龄差
	CEO-CFO Turnover	CEO—CFO 离职

3.4.5　描述性统计及相关性检验

表 3-4 展示了本章研究所包含的 290 家企业的行业和并购分布情况。根据表格信息，我们可以看出，行业分布方面，在本研究涉及的 290 家公司中，涉及的行业有多样性。高科技行业拥有最多的公司数量（100 家），其次是医疗保健行业（52 家）、金融行业（48 家）和传媒与娱乐行业（21 家）。在并购数量方面，在 2005 年至 2017 年的时间范围内，涉及的并购交易总数为 584 起。高科技行业在此期间进行了最多的并购交易（217 起），医疗保健行业紧随其后（98 起），金融行业排名第三（83 起）。此外，在所有行业中，日用消费品行业和房地产行业的并购数量最少，均只有 3 起。从并购数量可以看出，高科技、医疗保健和金融行业是并购活动较为活跃的行业，这可能反映了这些行业中公司进行并购以扩大规模、增强竞争力和加速创新的趋势。

表 3 - 4　本研究所涉及的 290 家企业统计信息

行业分布	公司数量	并购数量(2005—2017 年)
高科技行业	100	217
医疗保健行业	52	98
金融行业	48	83
传媒与娱乐行业	21	46
消费产品和服务行业	16	38
电信行业	15	30
零售业	13	19
工业	10	30
日用消费品行业	5	3
材料行业	4	5
能源与动力行业	4	12
房地产行业	2	3
总计	**290**	**584**

表 3 - 5 呈现了相关变量的描述性统计数据和变量间的相关性,接下来我们会根据变量属性进行分析。

1) 因变量

并购强度由并购频率和并购累计交易价值的对数衡量。数据显示并购频率的平均值为 0.36,这表明一年内并购交易的频率相对较低,且各公司之间存在差异。对于并购交易价值,对数转换后,累计并购价值的平均值为 0.74,标准差为 1.24,说明处理后并购交易价值在各公司间的差异并不显著,同时并购频率和累计交易价值的相关性极高,具有 0.86 的相关系数。

2) 自变量

通过 pAttCLSTM 模型评估高管人格特质,在大五人格中,开放性的平均值最高,神经质性的平均值最低,这表明样本中的 CEO 通常具有较高的开放性,他们拥有想象力、创新和智慧等特质,同时他们的神经质性较低,这意味着他们有较强的情绪稳定性,能够很好地平衡焦虑、脆弱、冲动等情感。在人格特质方面,各项指标的标准差较小,大多数低于 0.1。此外,大部分人格特质间没有相关性,但外倾性和开放性的相关系数为 0.44,表明它们之间存在微弱的相关性。

3) 调节变量

我们选择 CFO 人格特质相似性作为调节变量,其均值为 0.7,最高值为 1,这说明样本中 CEO 和 CFO 的人格特质较为相似。

表 3 - 5　描述性统计分析及关键变量相关性研究（N=1 633）

变量	均值	标准差	1	2	3	4	5	6	7	8	9	10
1. M & A Frequency	0.36	0.63	1									
2. Log (Value of M & As)	0.74	1.24	0.86	1								
3. CEO NEU	0.36	0.11	-0.03	-0.03	1							
4. CEO CON	0.42	0.13	-0.05	-0.04	0.08	1						
5. CEO OPN	0.78	0.09	0.02	0.00	-0.05	-0.21	1					
6. CEO EXT	0.59	0.07	-0.11	-0.11	0.24	-0.16	0.44	1				
7. CEO AGR	0.52	0.06	0.09	0.06	0.12	-0.06	-0.04	-0.11	1			
8. CFO Personality Similarity	0.70	0.46	-0.04	-0.02	0.03	0.09	0.10	0.14	0.14	1		
9. CFO-CFO Turnover	0.21	0.41	0.05	0.04	0.00	0.02	-0.03	-0.02	-0.02	-0.01	1	
10. Log (CEO-CFO Age Difference)	0.84	0.35	0.02	0.00	0.01	-0.01	-0.05	0.01	-0.04	0.00	-0.05	1
11. CEO-CFO Same Gender	0.87	0.34	0.04	0.04	0.07	0.02	-0.06	-0.03	0.02	0.03	0.04	-0.03
12. Log (CEO-CFO Tenure Overlap)	0.62	0.26	-0.03	-0.02	0.05	0.08	-0.01	-0.05	-0.01	0.03	-0.09	0.03
13. Log (CEO Tenure)	0.88	0.32	0.01	-0.01	0.07	0.15	-0.05	-0.10	0.00	-0.03	-0.05	0.21
14. CEO Gender	0.98	0.15	0.01	0.03	-0.01	0.01	-0.11	-0.08	0.07	0.03	0.00	0.02
15. Log (CEO Age)	1.75	0.05	-0.02	-0.03	0.11	0.17	-0.03	-0.01	0.01	0.04	0.00	0.33
16. Log (CEO Compensation)	6.47	8.80	0.04	0.09	-0.09	-0.06	0.04	-0.01	-0.01	0.03	0.00	0.03
17. CEO Turnover	0.09	0.29	0.07	0.05	-0.01	-0.01	0.03	0.02	-0.02	0.02	0.63	0.00
18. Log (Firm Size)	3.45	0.75	0.09	0.14	0.11	0.21	0.02	0.13	-0.06	0.09	0.06	-0.02

（续表）

变量	均值	标准差	1	2	3	4	5	6	7	8	9	10
19. Market-to-book Ratio	3.89	36.86	-0.02	-0.01	0.00	-0.02	0.09	0.04	-0.04	0.00	0.04	0.02
20. ROA	0.02	0.14	0.04	0.08	0.01	-0.03	0.02	-0.02	-0.01	-0.01	-0.03	-0.02
21. Leverage	0.24	0.24	-0.01	0.02	-0.07	0.01	0.00	0.07	-0.10	0.01	0.03	0.05
22. Liquidity	2.37	2.36	0.00	0.01	-0.15	-0.21	-0.07	-0.33	0.12	-0.06	-0.01	0.00

变量	均值	标准差	12	13	14	15	16	17	18	19	20	21
12. Log (CEO-CFO Tenure Overlap)	0.62	0.26	1									
13. Log (CEO Tenure)	0.88	0.32	0.51	1								
14. CEO Gender	0.98	0.15	0.03	0.07	1							
15. Log (CEO Age)	1.75	0.05	0.28	0.40	0.05	1						
16. Log (CEO Compensation)	6.47	8.80	-0.02	0.05	0.01	0.03	1					
17. CEO Turnover	0.09	0.29	-0.02	-0.04	0.00	0.07	0.01	1				
18. Log (Firm Size)	3.45	0.75	-0.02	0.04	0.01	0.14	0.39	0.04	1			
19. Market-to-book Ratio	3.89	36.86	0.03	0.06	0.00	0.04	0.04	0.06	-0.01	1		
20. ROA	0.02	0.14	0.00	0.03	-0.01	0.00	0.12	-0.04	0.16	0.01	1	
21. Leverage	0.24	0.24	-0.07	-0.05	0.04	0.07	0.18	0.04	0.17	0.03	-0.04	1
22. Liquidity	2.37	2.36	0.00	-0.04	0.06	-0.05	-0.05	-0.01	-0.42	0.02	0.00	-0.16

4）控制变量

我们在 CEO—CFO 二元变量层面设置了四个变量：高管离职率、年龄差异、性别差异、CEO—CFO 任期重叠。从数据来看，离职率的平均值较低，说明大部分高管的任期较稳定；CEO 和 CFO 的年龄平均值接近；性别相似的均值为 0.87，说明公司高管的性别组成较为一致；任期重叠的平均值为 0.62，说明样本中的高管有较长的任期重叠时间。

从高管人口特征来看，从性别的角度分析，均值接近 1，这表明高管中几乎都是男性。在我们的样本中，CEO 的年龄虽存在一定的差异，但整体波动较小；在薪酬方面，我们发现样本之间的差异极大，且高管之间的数据波动也相当显著。

从企业层面的控制变量来看，包括企业规模、市净率、资产回报率、杠杆率和流动性。在公司规模、资产回报率和杠杆率方面，样本间的差异并不显著；然而，市净率的标准差较大，表明在这一指标上样本数据的波动最为严重；从流动性角度看，它与企业规模存在较弱的负相关关系，也就是说，企业规模越大，流动性可能越差。

3.4.6　计量经济模型

关于 CEO 人格特质与并购频率之间的关系，因并购频率是一个非负整数计数度量，其中许多值等于 0，这可能违反线性回归模型的关键假设，即误差项遵循正态分布。为了解决这个问题，我们采用了泊松回归，这是一种允许我们进行活动计数的广义线性回归模型[159]。泊松回归假设因变量的对数可以通过一组未知参数的组合来进行线性建模。模型如下所示：

$$M\&A\ Frequency_{i,t} = Poisson(\beta_0 + \beta_1\ CEO\ Consciousness_{i,t-1} + CEO\ Openness_{i,t-1} + \beta_3\ CEO\ Neuroticism_{i,t-1} + \delta X + \alpha_i + \gamma_t + \varepsilon_{i,t}) \quad (3-13)$$

其中，$M\&A\ Frequency_{i,t}$ 为公司 i 在 t 年宣布并随后完成的并购次数。自变量包括 CEO 的尽责度、开放性和神经质。X 包含一系列控制变量（在 $t-1$ 年度测量），包括 CEO 的宜人性、外向性、年龄、性别、任期、薪酬、离职、企业规模、市净率、资产回报率、杠杆率和流动性。α_i 和 γ_t 分别表示企业固定效应和年度固定效应。$\varepsilon_{i,t}$ 是一个误差项。

对于 CEO 人格特质对并购交易价值的影响，并购交易价值是一个连续变量。因此，我们采用如下的最小二乘法（ordinary least squares，OLS）模型：

$$Value\ of\ M\&As_{i,t} = OLS(\beta_0 + \beta_1 CEO\ Consciousness_{i,t-1} + \beta_2 CEO\ Openness_{i,t-1} + \beta_3 CEO\ Neuroticism_{i,t-1} + \delta X + \alpha_i + \gamma_t + \varepsilon_{i,t}) \quad (3-14)$$

其中，$Value\ of\ M\&As_{i,t}$ 是通过公司 i 在 t 年的并购交易累计交易价值来衡量的。式（3-14）的其他变量与式（3-13）中的相同。

CEO—CFO 人格相似度的调节效应通过以下模型来分析：

$$M\&A\ Frequency_{i,t}\ (or\ Values\ of\ M\&A_{i,t}) =$$
$$Poisson\ (orOLS)\ (\beta_0 + \beta_1 CEO\ Consciousness_{i,t-1}$$
$$* CFO\ Personality\ Similarity + \beta_2 CEO\ Openness_{i,t-1}$$
$$* CFO\ Personality\ Similarity + \beta_3 CEO\ Neuroticism_{i,t-1}$$
$$* CFO\ Personality\ Similarity + \beta_4 CFO\ PersonalitySimilarity +$$
$$\delta X + \alpha_i + \gamma_t + \varepsilon_{i,t}) \tag{3-15}$$

其中，CFO 人格相似度是一个虚拟变量，如果 CFO 的主要人格类型与 CEO 相同，或者 CFO 人格相似度高于 CEO 人格和 CFO 人格之间的余弦相似度的平均得分，则为"1"，否则为"0"。

3.5　实证结果分析

3.5.1　主要结论

在 H1、H2 和 H3 中，基于先前的假设，我们预期 CEO 的尽责性和神经质与并购强度呈负相关，而 CEO 的开放性则与并购强度呈正相关。实证结果如表 3 - 6 所示，第 1 列和第 4 列分别展示了并购频率和并购交易价值的基准模型，第 2 列展示了并购频率的泊松回归结果。在第 2 列中，CEO 尽责性的系数为负，等于 -0.308（$p < 0.01$），显示出显著的统计意义，这支持了假设 H1；这意味着 CEO 尽责性提高一个单位将使并购数量减少 30.8%。CEO 开放性的系数估计值为正且具有统计学意义，从而支持假设 H2。开放性的系数为 0.168（$p < 0.01$），表明 CEO 开放性增加一个单位将使并购数量增加 16.8%。CEO 神经质的系数为 -0.166 且显著，这支持了假设 H3。第 5 列展示了并购交易价值的结果。CEO 尽责性和神经质性的系数为负且具有统计学意义（$\beta = -0.180$，$p < 0.01$；$\beta = -0.102$，$p < 0.01$），这支持了假设 H1 和 H3。同样地，CEO 开放性的系数估计值为正且显著（$\beta = 0.059$，$p < 0.01$），支持假设 H2。

表 3 - 6　实验假设结果

变量	并购频率（泊松模型）			并购交易价值（最小二乘模型）		
	基准模型（1）	主研究模型（2）	SIMEX 修正（3）	基准模型（4）	主研究模型（5）	SIMEX 修正（6）
CEO CON		-0.308 ***	-0.521 ***		-0.180 ***	-0.294 ***
		(0.054)	(0.061)		(0.038)	(0.042)
CEO OPN		0.168 ***	0.241 ***		0.059 *	0.072 *
		(0.047)	(0.062)		(0.031)	(0.048)

（续表）

变量	并购频率（泊松模型）			并购交易价值（最小二乘模型）		
	基准模型（1）	主研究模型（2）	SIMEX 修正（3）	基准模型（4）	主研究模型（5）	SIMEX 修正（6）
CEO NEU		−0.166***	−0.283***		−0.102***	−0.17***
		(0.047)	(0.067)		(0.033)	(0.053)
CEO EXT	−0.054	0.003	0.042	−0.041	−0.007	0.008
	(0.042)	(0.046)	(0.066)	(0.031)	(0.033)	(0.055)
CEO AGR	0.026	0.114	0.122	−0.003	0.052	0.105
	(0.042)	(0.049)	(0.073)	(0.031)	(0.034)	(0.068)
CEO Tenure	0.054	0.048	0.046	0.016	0.008	0.004
	(0.046)	(0.047)	(0.047)	(0.033)	(0.033)	(0.033)
CEO Turnover	0.117***	0.118***	0.117***	0.064**	0.062**	0.061*
	(0.036)	(0.036)	(0.039)	(0.030)	(0.030)	(0.031)
CEO Gender	0.024	0.028	−0.004	0.036	0.028	0.026
	(0.045)	(0.045)	(0.062)	(0.031)	(0.030)	(0.029)
CEO Age	−0.085*	−0.072	−0.060	−0.067**	−0.055	−0.046
	(0.046)	(0.048)	(0.050)	(0.034)	(0.034)	(0.031)
CEO Compensation	−0.008	−0.042	−0.069	0.020	0.002	−0.012
	(0.044)	(0.051)	(0.059)	(0.034)	(0.034)	(0.037)
Firm Size	0.191***	0.213***	0.224***	0.210***	0.230***	0.245***
	(0.050)	(0.052)	(0.057)	(0.037)	(0.038)	(0.044)
Market-to-book Ratio	−0.071	−0.062	−0.061	−0.020	−0.014	−0.012
	(0.067)	(0.065)	(0.079)	(0.030)	(0.030)	(0.066)
ROA	0.056	0.040	0.027	0.060*	0.050	0.044
	(0.045)	(0.046)	(0.062)	(0.031)	(0.034)	(0.035)
Leverage	−0.043	−0.011	0.009	0.006	0.017	0.020
	(0.046)	(0.048)	(0.049)	(0.032)	(0.031)	(0.030)
Liquidity	0.061	−0.060	−0.139**	0.095***	0.027	−0.013
	(0.044)	(0.054)	(0.061)	(0.034)	(0.036)	(0.037)
Constant	−1.058***	−1.109***	−1.139	0.739***	0.739***	0.739***
	(0.043)	(0.045)	(0.052)	(0.030)	(0.030)	(0.028)
Firm Fixed Effects	Yes	Yes	Yes	Yes	Yes	Yes
Year Fixed Effects	Yes	Yes	Yes	Yes	Yes	Yes
#Obs.	1 633	1 633	1 633	1 633	1 633	1 633
Pseudo-R^2	0.084	0.137	0.142			
Adj.R^2				0.110	0.148	0.159
χ^2	35.80***	94.22***	101.55***			

注：*，**，和***分别表示10%、5%和1%水平的显著差异。

表 3-7 中展示了高管人格特质相似性(假设 H4)的调节效应的结果。表 3-7 第 1 列和第 2 列中的 CFO 人格特质相似性是根据 CEO—CFO 大五人格特质的余弦相似性计算的。在第 1 列中,CEO 的尽责性和人格相似性的系数估计值为负且具有统计学意义($\beta = -0.922$,$p < 0.05$),表明当 CEO 与 CFO 具有的相似人格特质时,CEO 的尽责性对并购频率的负面影响更为显著(见图 3-8a)。CEO 开放性和人格相似性的系数估计值为正且具有统计学意义($\beta = 0.456$,$p < 0.01$),表明当 CFO 的人格与 CEO 相似时,CEO 的开放性对并购频率的积极影响更为显著(见图 3-8b)。CEO 神经质性和人格相似性的系数估计为正,但不显著,表明具有相似人格的 CFO 对 CEO 神经质对并购频率的负面影响的影响不显著。导致该结果的一个可能原因是在样本中神经质 CEO 的比例在所有人格成分中最低(0.31%),CFO 具有相似人格的可能性更低,因此 CFO 人格相似性对 CEO 神经质和并购强度之间的关系并无明显影响。在第 2 列中,因变量是并购交易价值,发现了与第 1 列相似的结果。第 3 列和第 4 列呈现了在五个维度上,当 CEO 和 CFO 具有相同的主要人格类型时,CFO 人格相似性的调节结果。实证结果与第 1 列和第 2 列中的结果一致。因此,假设 H4 得到了部分支持。

表 3-7 人格特质相似性的调节作用

变量	并购频率(1)	并购交易价值(2)	并购频率(3)	并购交易价值(4)
CEO CON	−0.432 ***	−0.303 ***	−0.273 ***	−0.164 ***
	(0.072)	(0.048)	(0.056)	(0.039)
CEO OPN	0.295 ***	0.130 ***	0.207 ***	0.096 ***
	(0.074)	(0.048)	(0.047)	(0.033)
CEO NEU	−0.182 **	−0.090 *	0.161 **	0.017
	(0.079)	(0.055)	(0.061)	(0.074)
CFO Personality Similarity (*Mean*)	0.437	0.135		
	(0.444)	(0.304)		
CFO Personality Similarity (*Mean*) × *CEOCON*	−0.922 **	−0.550 **		
	(0.385)	(0.252)		
CFO Personality Similarity (*Mean*) × *CEO OPN*	0.456 ***	0.451 ***		
	(0.142)	(0.096)		
CFO Personality Similarity (*Mean*) × *CEO NEU*	0.0790	−0.027		
	(0.163)	(0.113)		

（续表）

变量	并购频率（1）	并购交易价值（2）	并购频率（3）	并购交易价值（4）
CFO Personality Similarity (Main Type)			0.104 (0.149)	0.047 (0.099)
CFO Personality Similarity (Main Type)×CEO CON			−0.296 * (0.045)	−0.206 * (0.034)
CFO Personality Similarity (Main Type)×CEO OPN			−0.128 *** (0.046)	−0.074 ** (0.034)
CFO Personality Similarity (Main)×CEO NEU			−0.304 * (0.171)	−0.200 (0.115)
CEO EXT	0.000 (0.046)	−0.013 (0.033)	0.015 (0.047)	−0.004 (0.033)
CEO AGR	0.014 (0.049)	0.039 (0.035)	0.112 ** (0.049)	0.048 (0.035)
CEO-CFO Turnover	0.013 (0.054)	0.012 (0.039)	0.013 (0.054)	0.009 (0.039)
CEO-CFO Age Difference	0.059 (0.046)	0.027 (0.032)	0.077 * (0.046)	0.037 (0.032)
CEO-CFO Same Gender	0.094 ** (0.047)	0.065 ** (0.031)	0.093 ** (0.047)	0.059 * (0.031)
CEO-CFO Tenure Overlap	−0.031 (0.049)	0.016 (0.035)	−0.032 (0.049)	0.010 (0.035)
CEO Tenure	0.060 (0.052)	−0.003 (0.037)	0.059 (0.052)	0.000 (0.038)
CEO Turnover	0.106 ** (0.050)	0.053 (0.038)	0.110 ** (0.050)	0.057 (0.039)
CEO Gender	−0.021 (0.047)	0.011 (0.031)	−0.015 (0.047)	0.016 (0.031)
CEO Age	−0.092 * (0.050)	−0.067 * (0.035)	−0.105 ** (0.050)	−0.076 ** (0.035)
CEO Compensation	−0.039 (0.050)	−0.002 (0.034)	−0.033 (0.052)	0.004 (0.034)

（续表）

变量	并购频率（1）	并购交易价值（2）	并购频率（3）	并购交易价值（4）
Firm Size	0.205 *** (0.052)	0.233 *** (0.037)	0.225 *** (0.052)	0.244 *** (0.038)
Market-to-book Ratio	−0.074 (0.063)	−0.025 (0.030)	−0.069 (0.065)	−0.017 (0.030)
ROA	0.032 (0.047)	0.040 (0.030)	0.039 (0.046)	0.047 (0.031)
Leverage	−0.018 (0.048)	0.004 (0.031)	−0.019 (0.048)	0.015 (0.031)
Liquidity	−0.045 (0.054)	0.041 (0.036)	−0.059 (0.054)	0.026 (0.036)
Constant	−1.131 *** (0.045)	0.739 *** (0.030)	−1.123 *** (0.045)	0.739 (0.030)
Firm Fixed Effects	Yes	Yes	Yes	Yes
Year Fixed Effect	Yes	Yes	Yes	Yes
♯Obs.	1 633	1 633	1 633	1 633
$Pseudo-R^2$	0.139		0.122	
$Adj.R^2$		0.154		0.152
χ^2	119.96 ***		114.47 ***	

注：*，**，和 *** 分别表示 10%、5% 和 1% 水平的显著差异。

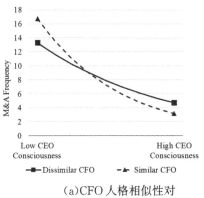

（a）CFO 人格相似性对
CEO 尽责性和并购频率的影响

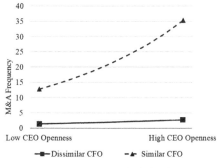

（b）CFO 人格相似性对
CEO 开放性和并购频率的影响

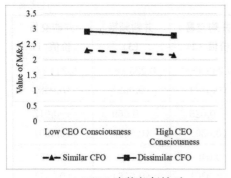
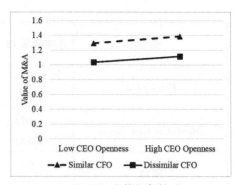

（c）CFO 人格相似性对
CEO 尽责性和并购价值的影响

（d）CFO 人格相似性对
CEO 开放性和并购价值的影响

图 3 - 8　调节效应图

3.5.2　CEO—CFO 人格特质的成对相互作用

在本小节中,我们将超越之前对于假设 H4 的发现,并展示 CEO—CFO 成对人格特质对并购强度影响的结果。表 3 - 8 给出了相应的结果。第 1 列和第 2 列中的结果显示,一个以高尽责[$HighCON(CEO) \times HighCON(CFO)$]为特征的 CEO—CFO 组合对并购频率($\beta = -0.723, p < 0.01$)和交易价值($\beta = -0.436, p < 0.01$)的负面影响比一个以低尽责[$LowCON(CEO) \times LowCON(CFO)$]为特征的组合更大。本章研究的结果与先前文献的发现一致,即尽责的高管更依赖于"可靠、久经考验和真实的战略",并倾向于拒绝与他们的经验不同的、具有挑战性的新战略[33]。同样地,这一研究也可以揭示出,一对具有高神经质[$HighNEU(CEO) \times HighNEU(CFO)$]为特征的组合对并购频率和交易价值的负相关作用比低神经质性的组合[$LowNEU(CEO) \times LowNEU(CFO)$]更强。

此外,该研究的发现和前人研究相符,证实高神经质水平与负面行为有关的结果[163]。对于 CEO—CFO 在开放性方面的伙伴关系,具有高度开放性的高管组合比具有较低开放性的组合更有可能增加并购强度。考虑到对并购频率的影响,只要 CEO 或 CFO 中一人具有较高的开放性($HighOPN(CEO) \times HighOPN(CFO)$($\beta = 0.156, p < 0.05$),$HighOPN(CEO) \times LowOPN(CFO)$($\beta = 0.133, p < 0.1$),和$LowOPN(CEO) \times HighOPN(CFO)$($\beta = 0.144, p < 0.05$)的组合对并购数量的正相关程度强于两者都缺乏开放性的高管组合$LowOPN(CEO) \times LowOPN(CFO)$($\beta = 0.094, p > 0.1$)。我们的实证结果支持了先前的文献,即开放性更高的高管能更快地识别出偏离现有思维方式的外部信息,因此他们更好地认识和抓住了替代的战略机会[33,138]。总之,这些结果阐述了 CEO—CFO 人格特质的配对组合对并购强度的影响。

表 3 - 8　CEO 和 CFO 人格特质组合对并购强度的影响

变量	并购频率（1）	并购交易价值（2）	并购频率（3）	并购交易价值（4）	并购频率（5）
High CON(CEO) ×*High CON(CFO)*	−0.723 *** (0.103)	−0.436 *** (0.069)			
High CON(CEO) ×*Low CON(CFO)*	−0.505 *** (0.085)	−0.407 *** (0.059)			
Low CON(CEO) ×*High CON(CFO)*	−0.685 *** (0.092)	−0.278 *** (0.060)			
Low CON(CEO) ×*Low CON(CFO)*	−0.486 *** (0.081)	−0.314 *** (0.056)			
High OPN(CEO) ×*High OPN(CFO)*					0.156 ** (0.042)
High OPN(CEO) ×*Low OPN(CFO)*					0.133 * (0.04 2)
Low OPN(CEO) ×*High OPN(CFO)*					0.144 ** (0.037)
Low OPN(CEO) ×*Low OPN(CFO)*					0.094 (0.057)
High NEU(CEO) ×*High NEU(CFO)*			−0.290 *** (0.092)	−0.213 *** (0.061)	
High NEU(CEO) ×*Low NEU(CFO)*			−0.194 *** (0.073)	−0.128 * (0.050)	
Low NEU(CEO) ×*High NEU(CFO)*			−0.071 (0.070)	−0.065 (0.050)	
Low NEU(CEO) ×*Low NEU(CFO)*			−0.209 ** (0.082)	−0.150 *** (0.056)	
CEO CON			−0.327 *** (0.054)	−0.189 *** (0.038)	−0.341 *** (0.054)
CEO OPN	0.189 ** (0.047)	0.081 *** (0.031)	0.163 *** (.047)	0.066 ** (0.031)	

（续表）

变量	并购频率（1）	并购交易价值（2）	并购频率（3）	并购交易价值（4）	并购频率（5）
CEO NEU	−0.128 ** (0.051)	−0.075 ** (0.034)			−0.156 *** (0.051)
CFO CON			0.073 (0.050)	0.028 (0.037)	0.044 (0.055)
CFO OPN	0.115 (0.045)	−0.102 (0.033)	−0.068 (0.044)	−0.074 ** (0.033)	
CFO NEU	−0.093 * (0.054)	−0.085 ** (0.037)			0.004 (0.052)
Controls	Yes	Yes	Yes	Yes	Yes
Firm Fixed Effects	Yes	Yes	Yes	Yes	Yes
Year Fixed Effect	Yes	Yes	Yes	Yes	Yes
♯Obs.	1 633	1 633	1 633	1 633	1 633
$Pseudo-R^2$	0.150		0.142		0.136
$Adj.R^2$		0.165		0.151	
χ^2	126.51 ***		105.49 ***		90.63 ***

注：* ，** ，和 *** 分别表示 10％、5％和 1％水平的显著差异。

3.6　稳健性检验

　　稳健性检验的目的是为了保证结论的可靠性和研究的严谨性，经过检验保证研究的结论不会因为使用数据、模型设定的简单变换被推翻，当其他人使用相似的数据进行验证时，得出的结论仍然成立。目前学界关于稳健性检验暂无统一的标准，研究者们会根据自己的研究内容、研究目的选择不同的稳健性方法。常见的检验方法可以归结为三个方面：从数据角度，包括变换样本数量、样本数据时间跨度和空间跨度，以及根据不同标准对样本进行拆分等；从变量角度，例如使用替代变量、增加变量、设置控制变量等，以观察在不同变量条件下模型的稳定性；从计量方法角度，如考虑内生性问题，或者试用普通最小二乘法、广义矩估计或工具变量法等。

　　本研究的稳健性检验具体包括控制数据挖掘方法中的预测误差、控制内生性、CEO 任期晚于 CFO 任期和剔除高管发言少于 2 000 字的样本。

3.6.1　控制数据挖掘方法中的预测误差

由于本研究采用的人格检测模型是基于数据挖掘方法构建的,所以在使用过程中可能产生预测误差,这种误差会传递到计量经济学模型,表现为测量误差[164]。为了减轻这种偏差,本研究引入了模拟外推方法(simulation extrapolation,SIMEX)[165],这种方法在降低由数据挖掘方法引起的测量误差方面具有优势,它适用于有标记的样本数据,能够计算连续变量中的测量误差方差,也可以推广到未标记数据的情况[164]。在本研究中,由于电话财报会议数据集是未标记的,因此很难计算所采用的人格检测器产生的准确误差方差。但Farnadi 等学者的实验证据证明了基于机器学习的个性检测器在不同领域的有效性[166]。根据已发表的实验结果[46]和我们的实证研究,再次证明了我们所采用的个性检测器在不同领域和数据集中的有效性。在使用 SIMEX 进行计算时,我们采用了原论文中关于人格检测器的预测误差,因为它的预测误差比我们实验中产生的误差大。

我们将人格特质的预测值与实际获得的值进行了比较,获得了一个 5×5 的人格检测器预测误差的协方差矩阵。然后,进行了两阶段的 SIMEX 修正。在第一个阶段,我们选择了一组固定的值集合 $\{\lambda_1, \lambda_2, \cdots, \lambda_{1633}\}$。然后,生成了一组包含测量误差的自变量 $\{\hat{X}(\lambda_1), \hat{X}(\lambda_2), \cdots, \hat{X}(\lambda_{1633})\}$。以其中一个自变量尽责性(缩写 CON)为例,通过 $\widehat{CON}(\lambda_k) = CON + e(\lambda_k)$ 模拟测量误差的影响,其中 $e \sim N(0, \sigma_e^2)$, $e(\lambda_k)$ 的方差为 $(1 + \lambda_k)\sigma_e^2$($k \in \{1, 2, \cdots, 1633\}$)。在第二阶段,我们估计了参数模型 $\theta(\lambda)$ 并外推至 $[\theta(-1)]$ 水平,此时测量误差减小到0。修正结果见图 3-9 和表 3-6 的第 3 列和第 6 列。结果表明,通过应用SIMEX 方法,我们的计量经济模型得到了很好的修正。

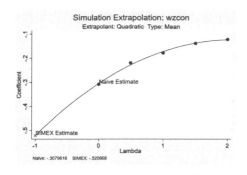

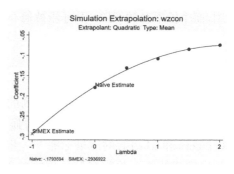

(a)CEO 尽责性对并购频率的影响　　　(b)CEO 尽责性对并购交易价值的影响

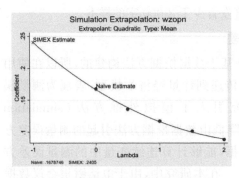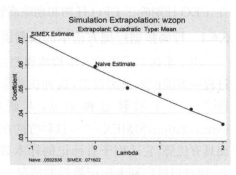

<table>
<tr><td>（c）CEO 开放性对并购频率的影响</td><td>（d）CEO 开放性对并购交易价值的影响</td></tr>
</table>

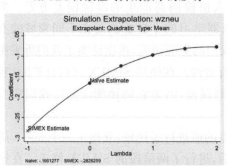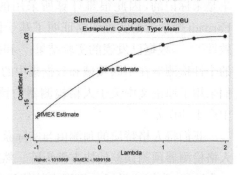

（e）CEO 神经质性对并购频率的影响　　（f）CEO 神经质性对并购交易价值的影响

图 3-9　模拟外推方法评估结果

3.6.2　控制内生性

由于可能存在反向因果关系和未观察到的遗漏变量,本研究较易受到内生性问题的困扰。例如,董事会可能有意选择具有特定人格特质的 CEO 以适应公司的并购需求。关于 CEO 选择的研究表明,公司倾向于聘请与公司战略匹配的人格类型的 CEO[167]。因此,具有符合公司战略的人格特质的 CEO 更可能被聘用,而个性不合的 CEO 则可能被遗弃。为了解决逆向因果关系导致的内生性问题,我们采用了动态面板模型[168]。具体而言,我们将因变量的滞后值（即 $M\&AFrequency_{i,t-1}$,$M\&AFrequency_{i,t-2}$,$ValueofM\&As_{i,t-1}$,$ValueofM\&As_{i,t-2}$）引入主要的回归模型中。

内生性的另一来源是未观察到的遗漏变量。首先,并购方企业的并购经验可能会影响 CEO 人格特质与并购强度的关系。为了减轻这种影响,我们遵循 Cuypers 和 Martin 的度量标准[169],将收购方的并购经验定义为公司在过去 10 年中完成的重大并购交易总数的对数加一。此外,我们的样本中包含 290 家上市公司和 584 宗并购交易,其中高科技公司占据了主导地位。这可能导致 CEO

或 CFO 的性格匹配在高科技公司与非高科技公司之间的并购强度上产生不成比例的影响。因此，我们通过引入一个新的控制变量"High Tech"来解决这个问题；这是一个虚拟变量，如果公司来自高科技行业，该变量的值为"1"，否则为"0"。表 3 - 9 的第 1 列和第 2 列展示了在引入 $M\&AFrequency_{i,t-1}$，$M\&AFrequency_{i,t-2}$，$ValueofM\&As_{i,t-1}$，$ValueofM\&As_{i,t-2}$ 和 $High\ Tech$ 之后的结果。可以看出，在引入这些变量后，即使在添加了这些变量后，我们关注的关键变量仍然具有显著性。总的来说，这些步骤有效地降低了反向因果关系和未观察到的遗漏变量对研究结果的潜在影响。

3.6.3　CEO 任期晚于 CFO 任期

　　CEO 也可能选择与自己人格相似的 CFO，这样的 CFO 在战略决策制定上更好地讨好 CEO，这可能会导致结果偏差。为了排除这种可能，我们对子样本进行了再次测试，其中的 CEO 的任期开始时间晚于 CFO。在这种情况下，CEO 预先选择人格相似的 CFO 的可能性不大。从表 3 - 9 第 3～6 列的报告结果显示，CFO 与 CEO 人格相似度的调节效应仍然具有统计学意义。

表 3 - 9　稳健性检验

变量	并购频率(1)	并购交易价值(2)	并购频率(3)	并购交易价值(4)	并购频率(5)	并购交易价值(6)
CEO NEU	−0.148 ***	−0.071 ***	0.001	0.024	0.174	0.124
	(0.054)	(0.035)	(0.161)	(0.105)	(0.186)	(0.131)
CEO CON	−0.289 ***	−0.148 ***	−0.373 ***	−0.346 ***	−0.238 **	−0.185 ***
	(0.056)	(0.039)	(0.132)	(0.089)	(0.104)	(0.070)
CEO OPN	0.152 ***	0.051 *	0.482 ***	0.223 **	0.227 **	0.176
	(0.046)	(0.030)	(0.165)	(0.096)	(0.092)	(0.059)
M&A Frequency$_{-1}$	0.158 ***					
	(0.033)					
M&A Frequency$_{-2}$	0.186 ***					
	(0.039)					
Value of M&As$_{-1}$		0.121 ***				
		(0.031)				
Value of M&As$_{-2}$		0.171 ***				
		(0.033)				
M&A Experience	0.194 ***	−0.092 **				
	(0.053)	(0.037)				

（续表）

变量	并购频率(1)	并购交易价值(2)	并购频率(3)	并购交易价值(4)	并购频率(5)	并购交易价值(6)
High Tech	0.056 (0.048)	0.063 * (0.034)				
CFO Personality Similarity *(Mean)*			1.388 (0.107)	0.793 (0.122)		
CFO Personality Similarity *(Mean)* × *CEO NEU*			−0.057 (0.113)	−0.235 (0.105)		
CFO Personality Similarity *(Mean)* × *CEO CON*			−1.856 ** (0.122)	−1.183 *** (0.109)		
CFO Personality Similarity *(Mean)* × *CEO OPN*			0.473 * (0.262)	0.537 *** (0.537)		
CFO Personality Similarity *(Main Type)*					0.18 (0.116)	0.190 (0.127)
CFO Personality Similarity *(Main Type)* × *CEO NEU*					−0.400 (0.129)	−0.010 (0.138)
CFO Personality Similarity *(Main Type)* × *CEO CON*					−0.160 ** (0.087)	−0.381 * (0.060)
CFO Personality Similarity *(Main Type)* × *CEO OPN*					0.172 ** (0.085)	0.136 ** (0.062)
Controls	Yes	Yes	Yes	Yes	Yes	Yes
Firm Fixed Effects	Yes	Yes	Yes	Yes	Yes	Yes
Year Fixed Effects	Yes	Yes	Yes	Yes	Yes	Yes
♯Obs.	1 633	1 633	500	500	500	500
Pseudo-R^2	0.125		0.137		0.147	
Adj.R^2		0.132		0.159		0.161
χ^2	154.87 ***		40.93 ***		53.82 ***	

注：*，**，和 *** 分别表示 10％、5％和 1％水平的显著差异。

3.6.4　剔除高管发言少于 2000 字的样本

有人可能会质疑，在财报电话会议上发言较少的 CEO 和 CFO 的人格，我们采用的人格检测难以准确预测。为了缓解这种担忧，我们剔除了在财报电话会议问答环节发言不足 2 000 字的高级管理人员。据此，我们通过在这个子数据集上重新测量 CEO 的性格来测试我们主要发现的稳健性。表 3 - 10 的实证结果与主要分析中的发现一致。

表 3 - 10　剔除高管发言少于 2000 字的样本

变量	并购频率（1）	并购交易价值（2）
CEO NEU	−0.166 *** (0.047)	−0.102 *** (0.036)
CEO CON	−0.308 *** (0.054)	−0.207 *** (0.041)
CEO OPN	0.168 *** (0.047)	0.075 ** (0.033)
Controls	Yes	Yes
Firm Fixed Effects	Yes	Yes
Year Fixed Effects	Yes	Yes
♯*Obs.*	1 400	1 400
Pseudo-R^2	0.0871	
Adj.R^2		0.109
χ^2	94.22 ***	

注：*，**，和 *** 分别表示 10%、5% 和 1% 水平的显著差异。

3.7　本章小结

3.7.1　结语

　　本章研究提出了一个由新颖的基于机器学习的人格构建模型赋能的计量经济学分析模型，实证研究了高级管理人员的人格特质之间的相互作用对企业并购强度的影响。具体来说，本章的实证结果表明，CEO 的开放性与企业并购强度（并购交易的频率和金额）呈显著正相关，而 CEO 的尽责性和神经质性与企业并购强度呈显著负相关。此外，当 CFO 具有与 CEO 相似的人格特质时，CEO 的尽责性、开放性和神经质对并购强度的影响会增强。我们进一步研究了 CEO—CFO 特定人格特质的配对组合对企业并购强度的影响。实证结果揭示，与具有低开放性、高尽责性和高神经质性的 CEO—CFO 伙伴关系相比，具有高开放性、低责任心或低神经质的 CEO—CFO 伙伴关系会进行更多的并购交易，相比之下，具有低开放性、高责任心和高神经质的 CEO—CFO 组合进行的并购交易较少。总之，本章提出的经济计量模型为如何在 CEO 和 CFO 的人格特质之间的相互作用可能强化或削弱企业并购结果提供了新的发现。

3.7.2　理论贡献和管理启示

我们的研究对现有文献做出了几个理论贡献。首先,本章提出了一个由新颖的基于机器学习的人格构建模型赋能的计量经济学分析模型,以研究 CEO 的人格特质对企业并购强度的影响。其次,尽管先前的研究分析了 CEO 的个人特质(如任期[107]或过度自信[35])与企业并购结果的关系,但现有的文献并没有报告 CEO 和 CFO 对企业并购强度的联合影响。因此,本章通过研究 CEO 和 CFO 之间的人格相似度以及 CEO—CFO 人格特质的二元组合对企业并购结果的影响,拓展了现有的文献[37-39]。据我们所知,这是首个成功地利用基于机器学习的人格构建模型赋能的计量经济学分析模型,实证研究了 CEO 和 CFO 的人格特质之间的相互作用,并探讨了其对企业并购强度的影响。

我们的研究有以下管理启示。首先,并购方企业的决策者可以应用提出的模型来提取和分析目标公司高级管理人员的人格特质,从而,他们可以更好地制定适应对方特定特征的并购策略。其次,我们的研究有助于企业人力资源管理,特别是企业招聘。通过挖掘和分析公司管理层的人格特质,可以为招聘那些人格特质可以补充管理层其他成员的高级管理人员制定适当的公司招聘策略。最后,机构投资者可以应用提出的模型来挖掘和分析目标公司高级管理人员的人格特质,从而考虑到投资目标的顶级管理团队的优点和缺点,做出更明智的金融投资决策。

3.7.3　局限性和未来研究方向

我们的研究也存在几个局限性。首先,本研究考察了 CEO 和 CFO 的人格特质对企业并购强度的影响,未来的研究可以探索 CEO—CFO 行为对企业战略决策的影响。其次,本研究在并购场景下研究了 CEO—CFO 的人格相似性,然而在其他商业场景下,CEO—CFO 的人格差异也可能会增强企业的模型活动。未来的研究也可以探索 CEO—CFO 人格差异在其他场景下的作用。第三,本研究侧重于 CEO—CFO 伙伴关系,未来的研究可探究其他类型的高管组合的影响,如 CEO 和首席技术官。最后,虽然所采用的人格识别方法可以自动从电话财报会议记录中挖掘高管的人格特征,但它包含测量误差。因此,未来的研究将结合来自多个数据源(如在线社交媒体)的人格挖掘,以便可以对人格挖掘的结果进行交叉检查和修正。

第4章

高管个人社交账户的使用对企业并购战略的影响：基于双重差分模型的实证研究

4.1 引言

现有的商业策略文献已认识到社交媒体在信息处理和社会影响中介中的深远作用[170,171]，因为它为企业[172]、员工[173]和投资者[174]提供了一个透明且经济的决策、知识管理、资源重新分配和信息检索的手段。此外，随着企业战略日趋复杂，社交媒体通过增强对战略内容和利益相关者的参与，促进了这个过程的透明性、反思性和包容性[172]。

并购是企业战略的重要部分，它为一个企业的持续成长和发展提供了动力[175]。如今，社交媒体正在重塑并购战略的格局，因为收购方企业可以利用它来：①基于目标公司的在线活动和客户评论识别和评估目标公司的价值[176]；②提高客户、业务伙伴和投资者对重组优势和成功的信心[177]；③削弱并购公告期间的负面市场反应[178]；④促进并购后的合作[177]。此外，社交媒体可以显著减少信息不对称[178]，使越来越多的投资者能够获得独家的并购信息以进行更好的决策[174]。虽然现有的并购文献揭示了企业和投资者使用社交媒体的显著作用，但管理层使用社交媒体是否以及如何影响企业并购结果尚不清楚。因此，本章的研究将试图填补上述研究的空白。

在线网络的爆炸式流行使越来越多的高级管理人员积极参与社交媒体。这些高管通过他们的个人社交媒体账户（例如 Twitter 账号）不断生产和分享增值信息给广大的受众。我们将这些高级管理人员定义为"社交高管"（即使用社交媒体的高管，Social Executives）。这类使用社交媒体的高管的存在可能在企业并购结果中起到关键作用，因为他们不仅能为企业宣传并购事件提供了一个额外的声音[178]，还为投资者提供了一个独特、可信的信息来源[171]。研究发现，高管参与社交媒体可以展示创新[179]，提升公司形象和声誉[180]，与关键利益相关者建立良好的关系[181]，甚至提高股票收益。由于高管使用社交媒体能带来这些丰厚的收益，企业有了更多的资本和信心来发起那些高风险投资（例如并购）以获取巨大的利润。

　　总而言之,在并购背景下,使用社交媒体的高管具有吸引并购方企业和投资者的潜力。然而,高管对社交媒体的使用是否真正影响并购方企业的并购决策,以及投资者对并购公告的反应如何,仍未可知。为了探索其中的关系,本研究整合了高层梯队理论和社会存在理论,并根据高管在 Twitter 上的参与度进行了双重差分(difference-in-difference,DID)分析。我们的实证结果表明,这些高管的存在可以大大提高并购方企业发起并购的倾向。此外,本研究还调查了他们社交媒体使用对收购价值创造的影响。我们的实证分析结果揭示,高管在 Twitter 上的参与度明显提高了投资者对并购公告的反应,通过收购方并购七天累计异常股票收益得到证实。不仅如此,这类高管在 Twitter 上的高参与度对并购可能性和公告收益的影响比他们参与度较低时更为明显。这意味着那些通过更密集的内容创作(即推文)和贡献(即转发)参与 Twitter 的高管,增强了公司进行并购举措的可能性并使投资者对并购交易有积极的看法,最终创造更大的价值。

　　本章研究的主要贡献有四个方面。第一,研究通过实证验证高管的一个新的异质特征,即社交媒体存在(social presence),扩展了高层梯队理论,并证明了高管使用社交媒体对改善企业并购决策和绩效方面有着重要作用。第二,本研究扩展了社会存在理论,揭示了企业并购背景下使用社交媒体的高管和企业其他关键利益相关者之间复杂的人际关系。第三,本书的研究是同类研究中第一个采用实证研究检验高管使用社交媒体对企业价值的影响,并证明他们采用社交媒体进行信息披露和传播的重要性。第四,我们通过呈现实证证据丰富了现有的并购文献,阐明了高管使用社交媒体与并购结果之间的关系。该项研究的管理意义在于,企业决策者可以利用我们的实证发现,激励高级管理人员参与在线社交媒体,从而提高企业 M&A 的表现。此外,机构或个人投资者可以应用我们的实证发现,以便他们进行金融投资决策。

4.2　理论基础与文献综述

4.2.1　社交媒体在组织环境中的使用

　　社交媒体作为一种新型通信工具,为企业在市场上的信息传播和与外部利益相关方的信息交流带来了深远的影响和转变。本章旨在探究收购方高管如何运用社交媒体以及这一行为所产生的影响,同时,我们也会试图理解企业以及非高管员工如何使用社交媒体,并评估其带来的影响。

　　社交媒体以 Web 2.0 为基础,是一种基于互联网的应用程序,它帮助创建和交换用户生成的内容。与其他信息和通信技术相比,社交媒体具有即时交互、用户创作、众包以及在线协作等特性。这些特性使得信息传播广泛、速度快、具有双向交互性，从而改变了我们的日常社交和工作交流模式，推动了个人之间以及个人与公司之间的双向沟通。同时，社交媒体也成为投资者获取企业信息的重要渠道，为企业提供了一种全新的方式来了解市场参与者的需求[182]。

　　大量的研究显示，企业的社交媒体使用决策和方法能够增强其识别商业机会和威胁的能力[183]，增进与消费者[184]和投资者[178]之间的关系，同时抵消市场对负面信息的消极反应[185]。例如，Rennekamp 等人发现，在 Twitter 上的非正式语言和高参与度（如点赞和转发）能够增进企业与投资者的联系，增加投资者对企业的投资意愿[186]。Elliot 等人的实验表明，当首席执行官（chief executive officer，CEO）通过个人 Twitter 账户而非公司官方网站传达公司负面的消息时，投资者更信任这些 CEO 也更愿意投资公司[171]。而在中国，CEO 们在微博上主要采用四种形象塑造策略：社交、提供专家信息、发布教科书式信息和日记式记录[187]。

　　此外，对市场机会的敏感度和对客户需求的准确理解是企业成功的关键，而社交媒体在其中扮演了重要的角色。Nguyen 等人指出，市场导向的战略需要通过知识获取提高企业竞争力，这就需要企业更多地从社交媒体中获取信息和知识。在这种情况下，企业应该更多地从社交媒体收集信息、获取知识以得到短期竞争优势，然后再逐步发展包括与内部和外部利益相关者关系的生态系统，最终形成一个长期的市场导向战略[183]。

　　社交媒体的使用也对团队和组织表现产生了正面影响[188]，并影响了企业的公共形象和声誉[189]。例如，Krancher 等人的研究表明，社交媒体带来的沟通可见性会促使团队在进行工作沟通时将注意力从个人任务转移到团队需求，实现实时监控工作进度和重要节点，避免重复性工作，从而提高团队绩效[190]。在黄宏斌等人的研究中，他们以 2009—2018 年在中国证监会指定披露渠道发布澄清公告的上市公司为研究对象，发现上市公司通过微博转发澄清公告能显著增强澄清效果，并带来明显的正向累计异常收益，市场反应积极。在牛市或投资者情绪高涨的时期，上市公司在澄清公告期间通过微博转发澄清公告的市场反应会更为明显。然而，在事件窗口期内，如果上市公司选择不在微博上转发澄清公告，而是倾向于发布其他无关的积极消息，这可能会削弱澄清效果，在熊市时，甚至可能导致市场反应显著地变为负面。Mazboudi 和 Khalil 的研究结果显示，当大型收购者在 Twitter 上宣布收购，能够及时向广大投资者传播消息，从而减少与投资者之间的信息不对称，缓解预期的市场负面反应[178]。同时，当社交媒体上已经出现对企业的负面评价时，企业可以通过积极参与社交媒体，有效地管理投资者的观点，例如提供解释或转移注意力，从而影响非专业投资者的看法[182]。

上市公司利用媒体传播与公司相关的信息可以使信息更快、更广泛地传播，从而影响股票的超额收益率、超额交易量和企业价值[191,192]。Elizabeth 等人发现，相较于传统信息披露方式，利用 Twitter 向市场参与者发送新闻稿链接能与较低的异常买卖差价和较大的深度联系在一起，这也与信息不对称的减少有关，特别是在知名度不高的企业中这种联系尤为明显[193]。

另一方面，一系列研究关注了非管理层员工的社交媒体使用情况。Davison 等人的研究发现，企业员工使用社交媒体能够促进他们在工作环境中的交流[188]。赵君哲等人的研究结果表明，员工对社交媒体的使用既可以通过人际信任影响工作奉献和任务绩效，也可以通过处理关系冲突影响人际促进和任务绩效[194]。Wu 等人的研究证实，企业社交媒体的使用能够有效地改善员工的心理健康。通过在工作场所利用社交媒体进行社交活动，员工能够得到暂时的心理解脱，转移注意力，减少工作焦虑[195]。付艳飞的研究发现，社交媒体为员工提供了一种自由表达、整合不同观点的方式，能激励员工进行跨职能创新，提高工作参与度，并在多元文化的包容下充分发挥自身的能力和特长[196]。员工发表评论和专业性意见并反馈，能够提高内部沟通的透明度、互动性和效率。

社交媒体的使用也有益于员工社会资本的积累[197]以及之后的知识管理[173,197]。Ali-Hassan 等人分析了信息技术公司员工的社交媒体使用行为，发现社交媒体的使用目的对产生的效果有影响。具体而言，社交型的社交媒体使用能够建立和维持社会关系，从而增加员工的结构性社会资本；享乐型的使用可以增强情感关系，但会降低认知资本；认知型的使用则可以增强工具关系、情感关系、认知社会资本和关系社会资本[198]。Sampasa-Kanying 等人的研究发现，社交媒体可以有效地支持企业的知识管理，包括个体知识管理和集体知识管理，并增强员工的创造力[199]。申恩平和马凤英认为，尽管传统的信息技术在隐性知识分享方面存在一些缺陷，但社交媒体通过构建人与人之间的广泛网络并提供多种承载知识的媒介，能创造出新的知识分享通道和机制。这种方式有效地提升了知识的可见性，从而推动企业内部知识的共享和整合，尤其在隐性知识共享方面表现出重要作用[200]。此外，Sender 和 Korzynski 发现，在使用社交媒体的过程中，员工可以通过在线社会知识管理的方式刺激并增强自己的创造力[201]。

总之，这两类研究均有力地证明了企业和非管理层员工使用社交媒体可以使他们在商业环境中具备更大的竞争力和影响力。这两种研究的主要区别在于，第一类研究主要考虑的是外部利益相关者的关系，例如消费者和投资者，而第二类研究则更注重内部员工的表现。然而，很少有研究专门针对管理层的社交媒体使用情况进行探讨。相比于企业的社交媒体账户，高级管理人员的账户在公开企业信息时具有更强的说服力和可信度，尤其是在出现负面信息时，他们的社交媒体使用能够减弱市场对企业在线公告的消极反应[171]。与非管理层员工相比，高级管理人员有更多的公众曝光机会，他们在社交媒体上的表现为公开重要信息、与利益相关者接洽、沟通和合作提供了更直接的方式[202]，并且能够提升企业的形象和声誉[187]。使用社交媒体的高管对企业并购的影响尤为突出，因为他们的社交媒体账户为外部利益相关者提供了有关获取与并购的第一手独家信息[174]。因此，探索这类高管在并购过程中的角色对并购结果的影响具有重要的研究价值。

4.2.2　高管使用社交媒体的相关文献

根据 Statista 的统计数据，截至 2023 年 1 月，全球约有 47.6 亿人使用社交媒体。而在中国，社交媒体用户超过 10 亿，预计到 2027 年，这一数字将增至 12.1 亿。互联网和社交媒体已经成为传播企业信息的重要渠道，从而可能对资本市场[170,203]产生影响。世界各地的领导者都已经对这一趋势做出反应，社交媒体已成为高级管理层，尤其是 CEO 们的主要沟通渠道。

许多公司创始人或 CEO 担任公司的"发言人"，这被认为是企业沟通的一个关键环节。现今，CEO 们越来越活跃在社交媒体上。据 Weber Shandwick 的调查，世界顶级公司的 80％的 CEO 都在积极参与社交媒体活动[204]。当 CEO 们认识到社交媒体在推广和营销方面的优势时，他们开始尝试提升自己在社交媒体上的曝光率与关注度[205]。

近年来，学者们对高管在社交媒体上的传播行为及其对企业声誉、组织结构、公共关系和公众参与的影响产生了浓厚的兴趣。高管能够通过社交媒体分享信息和观点，推广他们的公司或产品，更新工作或生活状态，并与公众互动。Huang 和 Yeo 的研究发现，CEO 的原创内容、促销信息和季节性问候最有可能被转发。而 CEO 的个人背景、标签的使用以及语言的确定性也与内容的可转发性呈正相关[187]。有进一步的实证研究表明，懂得如何利用社交媒体的高级领导能为他们自己和他们的组织带来巨大的公共关系利益[206,207]。例如，CEO 如果能在社交媒体上展示出自信和反应力，就能够促进社交互动，从而影响组织的公共关系，如对组织的信任和满意度[208]。

CEO 可以利用社交媒体参与消费者关系管理和企业营销策略。Bai 和 Yan 的研究表明，CEO 的社交媒体能力具有显著的调节作用，他们作为企业的重要发言人，不仅可以利用社交媒体参与各种商业活动以达成商业目标，还可以帮助企业获得更多的关注，从而转化为更高的价值或绩效[209]。

CEO 在社交媒体上的活动让他们和他们的公司显得更加接地气，由此产生的 CEO 与公众之间的心理亲密关系反过来有助于建立融洽的关系和组织认同[207]。研究表明，CEO 在 Twitter 上的活动提高了他们的转型领导能力[210]，并展示了组织更人性化的一面,从而促进了与利益相关者的更直接的在线沟通[208,211]。2018 年,Weber Shandwick 与 KRC Research 对全球七大市场的专业技术人员进行的研究报告显示,随着越来越多的 CEO 在公开场合和在线上讨论社会和政治议题,他们公开倡导个人和企业价值观的趋势越来越明显。与此相对应的是,Tsai 和 Men 的研究认为,公众对高管的形象认可更偏向于他们在社交媒体上展示的娱乐偶像形象,而非他们的杰出成就或谦逊性格[208]。

CEO 的公众认知度可以助力他们获得公众对公司战略运营的支持[212],为品牌活动提供更多优势[213],同时也能作为衡量公司媒体危机严重程度的指标[214]。CEO 可以利用自己的社交媒体账号来推广组织和行业信息,并回答公众的问题。然而,仅仅在社交媒体上扮演公司发言人的角色并不足以让 CEO 为公司的传播带来巨大价值。Kim 和 Sung 的研究指出,CEO 在社交媒体上的直接交流会影响消费者对 CEO 的评价,并最终反映在对品牌的影响上。消费者对 CEO 和品牌的评价受到 CEO 的自我披露行为和消费者对品牌关系的理解程度影响。具体而言,那些视品牌为公共关系伙伴的消费者可能对 CEO 和品牌有更积极的态度。当 CEO 向公众披露更多个人信息时,这些消费者也更愿意分享他们的个人信息。此外,分析结果显示,CEO 在社交媒体平台上的自我披露对于建立与消费者的关系产生了积极影响,并影响到消费者对品牌的总体评价[215]。Freberg 等人的研究也发现,CEO 应致力于通过社交媒体塑造、改变公众的态度和观点,以实现最大的影响力[216]。

然而,高管在社交媒体上的互动也并不总是成功的。2017 年,美国联合航空公司因暴力驱赶一名乘客以让工作人员占座,引发了网络上的严厉批评。当时的美联航 CEO 奥斯卡·穆尼奥斯在 Twitter 和 Facebook 上的回应甚至加剧了争议。这些公关灾难表明高管们需要专门的社交媒体沟通指导,以帮助他们在社交媒体上进行更有效的交流。一项基于 CEO 在 Twitter 上公开道歉内容的研究指出,CEO 在社交媒体上的道歉可以归纳为公共关系风格和个人风格,他们常常以四种不同的身份——谦逊者、看守者、问题解决者和防御者——来道歉[217]。已经有一些开创性的研究尝试揭示不同的 CEO Twitter 策略或风格对观众反应的影响,如对品牌忠诚度[206]、转发可能性[187]、社交互动[208]和公众参与度[207]。

总的来说,随着社交媒体用户数量的快速增长,高管们越来越多地利用社交媒体来建立个人形象、公布公司信息、支持品牌活动和应对危机。

4.2.3 社交媒体参与的相关文献

学者们已在心理学、教育学和管理学等多个领域深入研究了"社会参与"的概念。随着社交媒体的普及,"社交媒体参与"的问题开始引起学者们的关注。社交媒体参与通常被视为一个多维度概念,包含了对社交媒体活动的各种心理状态和行为反应[218]。在社交媒体上的参与通常表现为观看、点赞、评论和分享等行为[218,219]。例如，人们可以通过点击"喜欢"按钮，以表达对某个帖子的认可和赞同[220]，享受和娱乐[221]，或遵守和符合社会规范或期望[222]。

4.2.3.1　企业社交媒体参与

现今，社交媒体已成为企业或品牌与外部世界互动的主要渠道之一，企业也越来越意识到，他们的社交媒体平台已经成为当前投资者和潜在客户最关注的平台[223]。Kaplan 和 Haenlein 指出，对于企业而言，社交媒体是一种有效的沟通工具，可以用于广告、品牌和营销目的[224]。Wahab 等人的研究也显示，社交媒体的使用对企业的商业表现有积极影响[225]。目前，关于社交媒体和公司的研究文献通常会从管理、沟通或商业战略的角度探讨使用社交媒体对企业绩效的影响。

从金融角度来看，学者们对社交媒体与资本市场的关系给予了关注，特别是社交媒体对股价和投资决策的影响。Tonello 指出，公司依赖社交媒体向投资者传达财务信息，如收益新闻、董事会和高管变动、新合同、股息等[226]。刘海飞等人的研究发现，在中国金融市场，社交网络平台"微博"的普及使得其在股价同步性中发挥了一定的作用。上市公司可以通过社交网络渠道进行信息披露和传播，一定程度上增强了公司股价的稳定性[227]。

从法律的角度来看，Lodhia 和 Stone 的研究发现，公司使用社交媒体可以督促公司遵守财务报告规定，特别是将在面临采用和遵守综合报告框架的挑战时，社交媒体能够发挥最小化困难的作用[228]。

由于社交媒体的使用在很大程度上是商业驱动的，因此许多研究也考虑了公司在利用这些技术时可以采取的沟通策略。例如，Lee 等人建议公司利用社交媒体将危机对公司股价的影响降至最低。又如，广泛告知消费者停止使用有害产品以减轻公司需要承担的法律责任，同时在平台上向受产品影响的消费者表达关心和同情，以降低公司声誉损失[229]。Lee 和 Zhao 研究了科技类众筹项目，发现 Facebook 和 Twitter 的参与都能对融资结果产生积极影响，但两者之间存在影响的相互抵消。在项目早期，Facebook 参与度对融资结果的影响较大，而在后期，Twitter 的影响力较大。这表明，Facebook 主要作为一种显示企业家对他们的项目的承诺渠道，提高说服力，而 Twitter 则可以帮助宣传众筹活动，提高潜在投资者的认知度[230]。另外，Hoffman 和 Aeschlimann 的研究发现，有些公司利用互动在线平台作为一种策略，以防止部分股东的干预[231]。

4.2.3.2　投资者社交媒体参与

随着社交媒体在资本市场中的广泛应用，上市公司与投资者之间的交流已由单向式沟通逐渐转化为双向互动。投资者参与社交媒体的一个重要目的是为了获取有关投资和股票市场的信息，包括公司新闻、分析师评级、股票价格预测等。通过参与社交媒体,投资者能获取更丰富的信息和观点,以此更好地理解市场动态和投资机会。

社交媒体不仅拓宽了投资者获取股票市场信息的渠道,而且已经成为他们分享金融证券分析结果的热门平台。Fu等人通过对互联网股票留言板帖子的文本分析发现,散户投资者发表的关键性帖子能够引起市场的负面反应,降低企业收购的溢价,甚至促使控股股东和经理撤回并购决定[232]。此外,Ang等人的实证研究也揭示了小投资者的负面帖子可以预测潜在收购者撤回并购尝试的决定,预测能力随着帖子信息质量的提高而增强,而且,社交媒体的预测能力比传统媒体报道、分析师报告和机构投资者更为强大[233]。

投资者在社交媒体上的情感表达可以影响其他投资者,从而间接影响企业和股价。韩文玓和陈继萍的研究发现,中小投资者在"股吧"发布的带有悲观情感的帖子会通过"沉默的螺旋"机制影响其他中小投资者的行为,从而形成"一致看跌"的群体悲观情感和非理性抛售股票的行为,最终可能导致股价崩盘风险。相较之下,民营企业对中小投资者悲观情感的变化更为敏感[234]。

4.2.3.3　消费者社交媒体参与

社交媒体平台为用户提供了与公司互动并创造价值的途径。在市场营销研究中,"消费者参与"是一个多元化的概念。Doorn等人将其视为一个行为性概念,并提出"客户参与行为是出于动机驱动因素,客户关注品牌或公司的特性,且这些行为并非交易行为"[235]。其他研究强调消费者参与是一个多维度的概念[236-238],并将社交媒体参与定义为"一种多层次、多维度的结构,源自对实现个人目标涉及的一个或多个丰富经历的思考和感受"[239]。现有的实证研究关于消费者在社交媒体中的参与主要集中于特定的驱动因素和动机[240,241]、"开源"品牌的特性[242]、联合品牌在线讨论的情况[243]、用户在社交媒体中参与的内容[244,245]、公司业绩[246]、购买行为[247]、使用和偏好[248]等方面。

近年来,消费者在社交媒体中与品牌的互动受到越来越多的关注,因为它可能对消费者行为产生重大影响[249]。Brodie等学者认为,消费者参与可以推动理想的客户行为,包括直接(即购买)和间接行为(如推荐),因此其应用变得日益广泛[250]。在参与类型上,Silva等人的研究将消费者在社交媒体的参与行为划分为积极、消极、认知、情感和行为参与[251]。而Valentini等人则将贡献、创造和消费定义为在线消费者参与的三个层次[252]。

消费者参与社交媒体的动机与其对内容的需求密切相关。Baird和Parasnis的研究发现,消费者参与社交媒体的主要动机是获取产品和服务信息、分享经验和与其他用户互动,这些都与社交平台所提供的内容有关[253]。Silva等人则发现信息价值对Facebook品牌页面的忠诚度有积极影响,而社交互动价值能增加消费者对 Facebook 品牌页面的信任[251]。

综上所述，社交媒体的普及使得企业、投资者和消费者都能积极参与其中，推动了信息传播和互动。对企业而言，社交媒体提供了一条与利益相关者及目标受众直接互动的渠道，从而帮助他们与其建立更紧密的关系。对投资者来说，社交媒体成为获取信息、参与讨论并与目标企业交流的重要平台。对消费者而言，社交媒体成为他们表达观点、获取信息和参与社交的主要工具。

4.2.4　高层梯队理论

为了深入探讨使用社交媒体的高管是否以及如何影响企业并购结果，本节将对高层梯队理论进行研究。

高层梯队理论（Upper Echelons Theory）是由美国管理学家 Donald C. Hambrick 和 Phyllis A. Mason 在 1984 年提出的一种组织行为理论。该理论旨在探讨和解释组织领导层成员（高层梯队）的特征和决策如何影响组织的战略选择和绩效[31]。高层梯队是指组织的最高管理层，通常包括董事会成员、CEO、高级管理团队等关键决策者。高层梯队在组织中扮演着至关重要的角色，他们的背景、价值观、经验和认知等因素，往往会对组织的战略决策和绩效产生深远的影响。

后续，Hambrick 进一步完善了高层梯队理论，他提出了两个调节因素：管理自由裁量权和执行工作要求[254]，以解释管理特征和组织结果之间的关系。管理自由裁量权指的是高层管理者在做出战略选择时享有的行动自由度[255,256]。Hambrick 提出，当管理自由裁量权较高时，管理特质对组织结果的预测作用将更为突出[254]。另一方面，执行工作要求是指高层管理者所面临的挑战程度[257]。Hambrick 假设，高层管理者在面临较高水平的挑战时，由于时间紧张，他们会选择在决策上采取思考的捷径，更多地依赖他们的个人背景。他预测，在管理挑战水平较高时，管理特质和组织结果之间的关系会更加显著。相反，当高层管理者面临的挑战程度较低时，他们会更全面地考虑决策，较少依赖个人特质。在这种情况下，高层特质与组织结果之间的联系则相对较弱[254]。

高层梯队理论的核心观点是战略领导者的背景特质可以显著影响企业的战略选择和表现[31,254]。大量关于并购的研究利用高层梯队理论记录了战略领导者异质性特质的重要作用，如人格[175]、任期[258]以及各种经验[259-261]对并购决策和企业绩效的影响。

然而，应用高层梯队理论时也需考虑一些严格的假设条件。由于企业内外环境的复杂多变，每位高管以及整个高管团队的认知能力都是有限的，他们通常无法对环境进行全面的理解，只能基于自己的价值判断和认知模式，对相关信息进行相对有效的解读。换言之，高管个体的差异性因素会影响他们的选择方向，进而影响整个企业的决策行为。因此,高层梯队理论的主要观点有二:其一,即使在相同的信息环境下,不同高管对信息的解读和选择;其二,这些差异源于高管们各自的人生观、价值观、经历和个人特质[31]。

高层梯队理论引发了学者们对此的深入研究,其中一部分学者聚焦在企业内部的决策过程上。Hambrick 和 Mason 提出了"管理团队认知结构"的概念,即管理团队成员的共享知识、信仰和价值观等因素,这些共享的认知模式可以对企业的决策行为和绩效产生影响[31]。Carpenter 等人研究了管理团队成员多样性对企业绩效的影响,他们发现多样性能够促进组织学习、创新以及提升决策效率[88]。而另一部分学者则更关注文化和外部环境因素。Wang 等人的研究在许多方面引发了关于文化差异的讨论[262]。Yamak 等人的研究则强调了在高层梯队研究中,考虑环境和协同进化因素的必要性,因为外部环境可以通过影响高级管理团队的认知和行为,进一步影响企业的表现[263]。

除了人口统计特征,高层梯队理论的学者们也正在拓展新的研究领域。例如,Graffin 等人探索了 CEO 在董事会外部的过去或现在的活动(如兵役或非营利组织的治理)如何影响其战略选择[264]。同样地,Bo 的研究发现了高层管理团队的国籍与公司绩效之间的正相关性,特别是在长期服务的团队、高度国际化的公司或宽松的环境中[265]。在这方面,Abatecola 和 Cristofaro 提出,高管的宗教信仰也是一个值得研究的方向。通过研究高管的宗教信仰,可以得出有价值的见解,以理解高层管理团队做决策的背后过程,特别是在宗教对行为规范有重大影响的文化中[266]。

随着时间的推移,高层梯队理论研究的焦点已经不再局限于战略和组织结果,而是将主要管理团队(或单个有影响力的成员)的社会人口特征与结果本身的心理和认知过程联系起来。在这样的前提下,学者们开始更多地探索高管的具体性格特征,如自恋、傲慢或过度自信等,这不仅有助于理解团队内部的动态如何有效运作,同时也能洞察其对组织总体的影响。Chatterjee 和 Hambrick 的研究具有开创性,他们在研究美国 CEO 样本时发现了自恋和战略活力之间的因果关系[267]。

社交媒体的使用反映了高管的一种异质性特质,它显示了他们的强烈社交影响力或个人品牌推广动机。高管的社交媒体可以通过"协调利益相关者围绕一组共同的价值观、主题和战略问题"来增强公司的社会影响力[268]。例如,对公司业绩的负面公开报道可能会给高管带来压力,使他们感到必须通过个人社交媒体账户直接与投资者交流,并策略性地引导公众关注公司更积极的一面[178]。此外,社交媒体为高管提供了一个经济高效且即时的渠道,使他们能够向更多的利益相关者分享他们的工作或个人生活,从而推广他们的个人品牌[269]。因此,那些在社交媒体上保持活跃的高管更有动力去提高公司的社会影响力或推广个人品牌。在这一点上，"社交媒体存在"的概念体现了高管特质的异质性。高管的性格特质，如傲慢[105]、过度自信[35]和低自信[175]等，在之前的研究中已经得到广泛讨论，但这些研究很容易受到认知偏见的影响，因为它们用可观察的人口特征来代表高管的认知框架[267]。"使用社交媒体的高管"的身份认同并不与上述特质相似，因为社交媒体的存在直接关联到高管的动机和注意力[268,269]。因此，相比于高管的其他特质，高管使用社交媒体与否更可能会对并购结果产生较为直接的影响。

4.2.5　社会存在理论

社会存在理论（Social Presence Theory）最初由 Short，Williams 和 Christie 在 1976 年提出，主要用于描述和理解人们在使用不同的通信媒介（如电话、电视、电子邮件等）时，感知到的他人存在的程度。这种感知程度影响了他们的互动方式和互动结果[270]。

然而，自社会存在理论提出以来，"社会存在"的概念并没有形成普遍一致的定义[271]。由于缺乏对社会存在的共识衡量方式，研究对社会存在的探索出现了不同的发展轨迹。在较早的定义中，"社会存在"被理解为特定媒介的属性[270]，而新的定义则表明社会存在受到媒介的影响，并受到互动、学习环境和个人观点的影响[272]；"存在"则被定义为在媒体环境中的感觉[273]，这与 Short 等人最初的定义相似。

社会存在理论是技术如何改变交流的有力证明。技术的进步带来了多种交流方式的改进，从简单的发送短信到共享媒体丰富内容，使得人类的交流更加高效。随着社会存在理论在计算机媒介传播（CMC）领域的广泛应用[274,275]，该理论也逐渐拓展到社交媒体环境中[276,277]，描述了"个人如何参与社交媒体，并将其视为一种形式、行为或感官体验，投射出某种形式的智力和社会接受"[277]。

亲密性和即时性是社会存在理论的两个主要组成部分[270]。亲密性是指双方可能感觉到的彼此的亲密感和归属感[278]，即时性则表示"沟通者和接受者之间的心理距离"，这是通过口头和非口头方式实现的[279]，体现了关系中的紧迫感和重要性。因此，交流双方通过沟通媒体的亲密程度可以归因于社交互动的水平，使得参与者能够"以口头和非言语方式传达即时性或非即时性"[277]。在虚拟环境中，社会存在是指"真实的人"拥有言语和非言语的、有意义的互动和反应，并通过虚拟技术促进团队信任、沟通、协作和绩效提高[280]。

综上所述，社会存在理论可以用来研究社交媒体如何促进人际层面的交流，意味着高管的社交媒体账号为公司的信息披露和投资者信息检索增加了额外渠道。相较于公司和非管理层员工，使用社交媒体的高管增强了与关键利益相关者之间的亲密感和即时性,他们与这些高管之间建立了更强的亲近感和归属感,并更加重视这段关系。在这种情况下,使用社交媒体的高管倾向于与利益相关者建立牢固的社会纽带,并培养持久的信任[281],这也将反映在公司的并购决策和股票收益中。此外,社会存在理论在大量的社交媒体研究中得到了测试和验证,例如社交媒体环境中的人际交往[282]、信息共享[283]和品牌参与[277]。在本研究的背景中,高管使用社交媒体意味着他们愿意与各种利益相关者沟通,他们的社交媒体参与表明了他们与利益相关者的积极性和参与程度。因此,社会存在理论可以应用在本章的研究中。

总而言之,高层梯队理论为社交媒体存在(即高管的异质性特征)对并购战略决策和后续绩效的直接影响奠定了坚实的理论基础,而社会存在理论揭示了使用社交媒体的高管与关键利益相关者(如投资者)之间复杂的人际关系,这反过来反映在企业的并购决策和股票收益中。因此,这两个理论为高管使用社交媒体的存在对企业并购结果的直接和间接影响提供了理论框架。

4.3   研究假设

4.3.1   高管使用社交媒体与并购方企业的并购可能性

并购是许多组织的重要战略,本章研究了收购方高管使用社交媒体对并购方企业并购决策的影响[150,259]。我们认为,高管使用社交媒体对并购方企业的并购可能性有三方面的重要影响。首先,从高层梯队理论推断出,社交媒体存在可以被看作是社交高管的异质特征。这种特征使得社交高管能够从各种利益相关者那里积累信息,有助于更为明智的并购决策。它还促进了高层管理团队的多样性,增加了创造力,并增加了创新战略决策的可能性[284]。现有研究将高水平的创新与公司启动并购的概率增加相关联[72]。因此,作为一种高层梯队特征,社交高管的存在很可能增加企业进行并购的可能性。

其次,根据社会存在理论,高管使用社交媒体增加了管理层与关键利益相关者之间的亲密性和即时性。这种增强的亲密性和即时性进而使其所在的企业能够与各种利益相关者建立牢固的关系,提升业务绩效和企业声誉,并减少负面市场对不良企业公关的反应[171,179]。因此,当高管使用社交媒体与各种利益相关者进行接触、沟通和互动时,他们倾向于建立强大的社会纽带,并培养与利益相关者的持久信任[281],这增强了企业进行并购的倾向,并提高了并购后的成功率[285]。

再次,与不使用社交媒体的同行相比,使用社交媒体的高管更易沟通,更善于沟通、前瞻、开放、易接近和鼓舞人心[179]。这样的高管使用社交媒体意味着高管在社交媒体平台上是可接触且愿意与他人交流的[274]。有效的沟通交流可以提高公司管理战略合作伙伴的能力[286],而上述特征可能会影响使用社交媒体的高管对最具吸引力和可能产生最高利润的投资策略的看法[287]。总之,这些特征使得此类高管能通过并购交易收获更多利益,例如高市场份额和薪酬等[109]。除此之外,这类高管还积极寻求、接纳和享受变革[32,132]。因此,与不使用社交媒体的同行相比,他们更有可能发起战略变革[32],并进行并购等高风险投资[288]。

本研究将"并购可能性"定义为企业在一年内进行并购交易的概率[289],并提出了以下假设:

假设 1:收购方高管使用社交媒体能提高并购方企业进行并购的可能性。

4.3.2　高管使用社交媒体和并购方企业的并购公告收益

本研究认为,高管使用社交媒体将在三个关键方面提高企业的并购公告收益率。第一,由于社会存在理论指的是个人在网络环境中相互交流的方式,因此,这些高管能够通过网络环境与他人建立心理上的紧密联系,这促进了他们与投资者的亲密关系[278],从而增加了内部管理层和外部投资者之间的信任,这种信任可以激发投资者对重点公司的投资意愿[171]。

第二,高管使用社交媒体能够增加投资者的知名度。当高管的关注度相当高时,他们会非常注意投资者的期望,因为当投资者对他们的期望落空时,他们的公众形象和未来职业生涯将受到影响[290]。因此,这类高管有很大的动机来改善市场对并购公告的反应。

第三,高管对社交媒体的使用为投资者提供了一种高效率、高即时性、高性价比的渠道,帮助投资者获取有关并购方企业值得信赖的和有价值的相关信息,从而减少信息的不对称。现有研究表明,低信息不对称与高收购方价值创造有关[291,292]。使用社交媒体的高管若连续任职,则能减少信息的不对称,继而可能会减弱投资者对并购方企业并购公告的负面反应,并导致并购公告收益率的提高。总的来说,这类高管的存在可以增强投资者对并购交易的积极看法,并说服他们投资并购方企业。因此,本研究提出以下假设:

假设 2:收购方高管使用社交媒体能提高并购方企业并购公告的收益。

4.3.3　社交媒体行为参与的调节效应

如果假设 1 和假设 2 成立,当使用社交媒体的高管有能力影响投资者对并购方企业的看法时,这些关系将更加凸显。近年来,有关"参与"的研究文献表明,战略领导人(如 CEO)在社交媒体上的参与可以极大地提高他们在投资者中的亲和力和可靠度,这也会增加公众的信任和满意度[293]。相当数量的文献从认知、情感和行为角度对"参与"进行了概念化[249,294-298]。本研究使用行为方法调查高管在社交媒体中的参与度,并采用了 Schivinski 等人[249]最初的定义,即用户

"与社交媒体互动并参与媒体内容的消费、贡献和创作"的程度。在本书的研究中,社交媒体行为参与度评估的是高管在社交媒体上的活跃程度和参与度。高行为参与度可以识别出那些在社交媒体上花费大量时间和精力,并与利益相关者进行密集、广泛互动的高管;低行为参与度则意味着这部分高管在社交媒体上不太活跃。

社会存在理论还表明,社会存在度高的个人认为自己积极参与社交媒体环境[277],这种参与能进一步提高他们在社交媒体中的行为参与度,并最终促进与中介受众的关系[299]。当使用社交媒体的高管高度参与社交媒体时,他们可能倾向于与利益相关者进行更密集、更广泛的互动,从而与各种利益相关者(如商业伙伴和投资者)建立更好的关系。与利益相关者关系更好的高管往往在公司并购决策中拥有更大的发言权,并可以提高企业公告的收益。相反,当高管对社交媒体的参与度较低时,他们通常与利益相关者的关系较差,被认为在公司并购决策中不太重要,并有可能降低企业公告的收益。因此,本研究提出以下假设:

假设 3:当高管在社交媒体上的行为参与度较高时,收购方高管使用社交媒体对并购方企业并购可能性(假设 1)和公告收益率(假设 2)的影响比他们参与度较低时更强。

4.4　数据获取与研究设计

4.4.1　数据获取

本章选择 Twitter 作为研究的社交媒体平台,Twitter 在传播信息[300]、传递价值观以及与利益相关者保持良好关系方面发挥着重要作用[268]。为了找到收购方高管的 Twitter 账号,首先我们从 ExecuComp 数据库中下载了所有高管的名单,包括全名、性别、职位、任期、年龄和薪酬等信息。研究的样本涵盖了 2008 年至 2017 年在标普 1500 上市的企业,其次,我们从 Crunchbase 网站获取了这些公司高管的个人 Twitter 账号。Crunchbase 能够提供高级管理人员的商业信息,包括高管的全名、Facebook 账号、Twitter 账号、LinkedIn 账户、个人投资和过去的工作。然后,我们将高管的姓名、照片、性别和公司信息与 Twitter 上相应的内容进行了核对,以确定该账号确实属于该高管。接着,我们删除了不活跃的账号。我们在样本期内确定了 285 家公司的 504 名高管拥有激活的 Twitter 账号。在这 504 位社交高管中,有 132 位是 CEO,43 位是 CFO,245 位是(副)总裁,其余 84 位担任其他高级职位。接下来,我们通过 Twitter API 获取了每位社交高管的以下信息:账号标识符、简介、注册日期、推文数量、转发数量以及推文/转发内容。我们一共提取了 1 377 184 条推文和 890 256 条转发。

在并购和财务数据方面，我们将从 ExecuComp 和 Twitter 获得的社交高管个人数据与 Thomson Reuters 的 M&A 数据库进行了匹配[291]，并限定并购方企业必须是 S&P 1500 指数的上市公司，且在纽约证券交易所或纳斯达克上市[169]。公司财务数据和股票回报数据分别来自 COMPUSTAT 和 CRSP。在约束了所有有效数据后，我们得到了 906 个并购交易。

4.4.2　研究变量设计

4.4.2.1　因变量

本研究有两个因变量，分别为并购可能性和并购公告收益。其中，并购公告的可能性反映了收购方在一年内决定开展并购的程度[289]。我们的衡量方法遵循以前的研究[288,291]，采用并购可能性来捕捉并购方企业的并购决策。我们将其表示为一个虚拟变量，如果一家企业在特定年份宣布了并购交易，则等于"1"，否则等于"0"。

并购公告的收益也是一个重要的因变量，本章采用事件研究法来衡量收购方并购公告的收益[108]。事件研究法（event study methodology）是一种金融经济学中用来衡量特定事件对公司股票价格影响的统计技术。这种方法主要用于研究和量化事件（如合并和收购、产品发布、重大新闻发布等）对股票价格的影响。Khatib 等人[291]使用（−3，+3）事件窗口的收购方累积异常收益来捕捉收购方并购公告收益。本章研究遵循他们的研究，利用市场模型在（−3，+3）事件日内的累计异常收益（cumulative abnormal returns，CAR）来衡量收购方从并购公告中获得的财务收益。异常股票收益是根据市场模型[301]预期回报与实际回报之间的差异计算得出的，其表示如下：

$$AR_{i,t} = R_{i,t} - E(R_{i,t}) = R_{i,t} - [b_0 + b_1 \times E(R_{m,t})] \qquad (4-1)$$

其中，$AR_{i,t}$ 指的是企业 i 在第 t 天的异常收益，$R_{i,t}$ 是实际股票收益，$E(R_{i,t})$ 是通过线性回归定价的预期股票收益，$E(R_{m,t})$ 表示市场指数的收益，b_0 是常数，b_1 表示特定股票与市场指数收益之间的系数。企业 i 从第 $t-3$ 天到第 $t+3$ 天（t 表示并购公告日）的累计异常收益计算如下：

$$CAR_{i,t-3,t+3} = \sum_{-3}^{+3} AR_{i,t} \qquad (4-2)$$

4.4.2.2　自变量

高管使用社交媒体是本研究需要测量的自变量，这里将其视作一个虚拟变量，如果一家企业的相应高管在某一年创建了自己的 Twitter 账户，则该变量等于"1"，否则为"0"。

4.4.2.3　社交媒体行为参与

社交媒体行为参与包括三个被动到主动行为层面：消费、贡献和创造[296,297]。

消费是指被动的社交媒体活动(例如阅读帖子和关注他人)。贡献涉及与他人的互动(例如分享和转发)。创作则是行为参与的最高级别,包括主动创建和制作内容(例如发布推文和上传视频)。本研究重点关注主动行为参与的层次,即贡献和创造,因为这些在 Twitter 上的活动可以实现社交高管在关键利益相关者中的社会影响力或个人品牌塑造的目标。

Grover 和 Ka 根据 Twitter 帖子的转发和点赞数量计算了公众社交媒体行为参与度[302]。由于我们的研究重点关注社交高管的行为参与,我们可以借鉴这种计算方法。特别是,我们将社交高管的行为参与封装为多种活动,包括转发和推文的总数量。转发的总数量反映了高管与他们的关注者分享与价值相关的信息的程度。这表明了他们的行为参与的贡献水平。推文的总数量表示高管在社交媒体平台上主动和信息丰富的程度。这表明了他们的媒体参与的创造水平。

4.4.2.4   控制变量

现有的文献表明,企业规模[160]、市净率、盈利能力[106]、杠杆率[150]和流动性[162]以及企业是否来自高科技行业[288]会影响并购强度和/或股票回报。因此,我们需要控制这些企业层面的特征。企业规模按照收购方总资产的自然对数计算;市净率是收购方的股权市值与股权账面价值之比;盈利能力以总资产收益率衡量;杠杆率是指短期和长期债务(流动负债中的长期债务)的账面价值与总资产的比率;流动性由总流动资产与总流动负债之比估算;高科技行业(High Tech)是一个虚拟变量,如果公司来自高科技行业,则等于"1",否则等于"0"。

与此同时,现有研究提供了有力的证据,表明年轻、男性、低薪酬的 CEO 比年长、女性和高薪酬的同行更有可能进行并购[45,106,303],并且 CEO 任期与并购公告收益呈倒 U 形相关[258]。因此,我们还控制了高管的年龄、任期、性别和薪酬。年龄按高管年龄的自然对数计算;任期以高管担任该特定职位的年数的自然对数来衡量;性别是一个虚拟变量,其中 1 表示男性,0 表示女性;薪酬是高管在交易前一年的总薪酬(以百万美元计)的自然对数。

此外,大量研究显示,交易价值、相对规模、交易状态、支付方式和交易态度都会显著影响公司的异常股票收益[160,169,291],因此,探究还控制了这些特征。首先,本研究控制并购交易的交易价值(以百万美元计)和相对规模,因为 El Khatib 等人发现这两个因素与公司的异常股票收益率呈负相关[291]。相对规模是通过目标市场价值与收购方市场价值的比率计算得出的[291]。交易状态是一个虚拟变量,"1"表示交易已完成,"0"表示未完成[292]。此外,由于现金交易通常伴随着更大的并购收益,故将支付方式作为一个虚拟变量包含在内,以捕捉交易状态,将现金报价记为"1",其他方式记为"0"[169]。此外,目标公司董事会和管理层是否对并购方企业持友好态度,对投资者对并购公告的反应产生显著影响[169]。因此，我们将控制并购交易的态度，表示为一个虚拟变量，其中"1"表示友好态度，"0"表示其他态度。最后，由于收购方与目标方的相关性与公司价值创造呈正相关[304]，本研究考虑了行业相关性的可能影响，包括一个虚拟变量，如果收购方和目标方具有相同的两位数 SIC 代码，则为"1"，否则为"0"[291]。

表 4-1 给出了本研究涉及的变量的中英文对照。

表 4-1　变量中英文对照

变量类别	变量名称	中文对照
因变量	*M&A Likelihood*	并购可能性
	M&A Announcement Returns	并购公告的收益
自变量	*Presence of Social Executives*	高管使用社交媒体
调节变量	*Social Media Behavioral Engagement*	社交媒体行为参与度
控制变量	*Firm Size*	企业规模
	Market-to-Book Ratio	市净率
	Profitability	盈利能力
	Leverage	杠杆率
	Liquidity	流动性
	High Tech	高科技行业
	Age	年龄
	Tenure	任期
	Gender	性别
	Total Compensation	薪酬
	Transaction Value	并购交易价值
	Same Industry	并购双方来自同一行业
	Status	并购状态
	Means of Payment	支付方式
	Deal Attitude	并购态度
	Relative Size	相对规模

4.4.3　描述性统计分析

表 4-2 中提供了本章研究的关键变量的详细统计数据。统计结果显示，从公司规模来看，样本中的公司规模差异很大，从几千万到几十亿不等。市场—账

面比率方面,各公司之间存在明显的差异,平均市场—账面比率为负值。在盈利能力方面,各公司之间差异不大。在杠杆率方面,样本中的公司平均杠杆率为0.20。流动性方面,平均流动性为2.50,同时也有少数企业具有极高的流动性,样本之间的流动性存在差异。在高科技行业方面,非高科技行业的企业占多数。高管年龄方面,样本中高管年龄差异较大,平均年龄约为51岁,而最年轻的高管仅有28岁。高管任期方面,高管之间差异显著,样本中高管平均任职2.27年。高管性别方面,男性高管数量明显多于女性高管。高管补偿方面,各公司之间差异也较为明显。

在累计异常收益方面,各公司之间的差异并不太大。交易价值方面,各公司之间的差异较大,最高可达2 100亿。并购对象方面,选择并购同行业公司的企业居多。交易状态方面,样本中未完成并购交易的企业占多数。支付方式方面,采用现金支付的企业占多数。交易态度方面,交易态度不友好的企业较多。

在高管Twitter数据方面,样本之间的差异性较大。发布推文数最多的高管发布过186 177条推文,而也有高管未发布过任何推文;在转发方面,样本中高管最多转发过112 311条推文。

表 4 - 2　描述性统计

变量	样本数	均值	标准差	最小值	最大值
面板 A: 对应表 4 - 3 的第 1 栏数据					
M&A Likelihood	5 270	0.14	0.35	0	1
Log(1+No. of Executive Tweets)	5 270	0.36	0.81	0	4.29
Firm Size（millions）	5 270	44 122.95	232 955.6	13.86	2 573 126
Market-to-book Ratio	5 270	−4.87	83.93	−2 030.23	1 882.36
Profitability	5 270	0.05	0.11	−2.07	1.63
Leverage	5 270	0.20	0.19	0	1.57
Liquidity	5 270	2.50	1.97	0.11	26.72
High Tech	5 270	0.22	0.42	0	1
Age	5 270	51.39	4.56	28	82
Tenure	5 270	2.27	2.98	0	50
Gender	5 270	0.92	0.13	0	1
Compensation（in millions）	5 270	3.31	4.44	0.00	85.54

（续表）

变量	样本数	均值	标准差	最小值	最大值
IMR	5 270	1.18	0.12	0.75	2.00
面板 B：对应表 4-3 的第 2 栏数据					
CAR(-3,+3)	906	0.02	0.12	-0.57	0.86
Log(1 + No. of Executive Tweets)	906	0.53	0.94	0	3.76
Transaction Value (millions)	906	1 316.10	7 932.40	1	210 000
Same Industry	906	0.95	0.21	0	1
Status	906	0.22	0.41	0	1
Means of Payment	906	0.91	0.28	0	1
Deal Attitude	906	0.12	0.33	0	1
Relative Size	906	0.90	0.30	0	2.87
Firm Size (millions)	906	12 138.13	28 277.58	21.86	207 000
Market-to-book Ratio	906	-13.77	113.34	-2 030.23	761.33
Profitability	906	0.06	0.11	-0.85	1.63
Leverage	906	0.15	0.16	0	0.84
Liquidity	906	2.70	1.83	0.14	13.95
High Tech	906	0.27	0.44	0	1
Age	906	50.66	4.74	38	72
Tenure	906	2.51	4.02	0	48
Gender	906	0.92	0.14	0	1
Compensation (millions)	906	3.08	4.36	0.11	45.89
IMR	906	0.80	0.23	0.25	1.56
面板 C：Twitter 账户数据					
No. of Tweets	285	3 056.52	9 409.21	0	186 177
No. of Retweets	285	1 703.11	7 875.87	0	112 311

4.4.4　研究设计

4.4.4.1　双重差分模型概述

双重差分模型(difference-in-difference，DID)是一种经常被用于公共政策或项目实施效果定量评估的准实验研究模型,这种模型的理论框架建立在"自然实验(Natural Experiment)"的基础上[305]。

DID 是一种尝试利用对照组实际未经处理的结果变化作为实验组倘若未经处理的结果变化的反事实来分析因果效应的方法。这种模型通常包含四个要素:冲击事件、实验组、对照组和时期。在这里,对照组指的是未接受政策干预的群体,实验组则为接受政策干预的群体。通过比较这两个群体,我们可以估计政策干预的效果[306]。对照组通常被选择为与实验组在其他方面相似的群体,例如相同的地区、年龄组、性别分布等。这样可以在控制其他影响因素的同时,尽可能地减少其他因素对政策干预效果的干扰[307]。

DID 模型的经典构造可以表示为如下形式:

$$Y_{it} = \alpha + \delta D_i + \lambda T_t + \beta(D_i \times T_t) + \varepsilon_{it} \qquad (4-3)$$

其中,Y_{it} 为结果变量,D_i 为干预分组虚拟变量,T_t 为干预时间虚拟变量,$D_i \times T_t$ 为两者交互项,δ、λ 和 β 为各项前的系数,ε_{it} 为随机误差项。双重差分法通常涉及两组人群与两个时期。实验组人群在第一个时期未接受处理或干预,在第二个时期则受到处理或干预;对照组人群则在两个时期都未接受处理或干预。将个体 i 在时期 t 接受干预定义为定义 $D_{it}=1$,未接受处理定义为 $D_{it}=0$。一般将在实验组接受干预前的时期(pre-treatment period)记为 $T=0$,干预后的时期(post-treatment period)记为 $T=1$。其中,对实验组个体有 $D_{i1}=1$,对对照组个体有 $D_{i1}=0$,对所有个体 i 有 $D_{i0}=0$[308]。

DID 模型要求满足三个基本的假设条件:

(1)干干预手段只影响实验组的相关因素,而不影响对照组的相关因素;

(2)实验组和对照组中的关键因素在干预期间保持稳定,不发生改变;

(3)平行趋势条件,即在没有接受处理或干预的情况下,实验组个体的 Y_{it} 应与对照组个体的 Y_{it} 具有相同的时间变动趋势。平行趋势是双重差分法能够正确识别因果效应的重要前提条件,尽管实验组和对照组在干预开始前可能有不同水平的结果,但他们在干预前结果方面的趋势应该是相同的。这意味着,如果没有干预,实验组和对照组的结果预计将以相同的速度发生变化。由于实验组个体在处理时点后的反事实结果(实验组没有接受干预的 Y_{it})无法观察到,平行趋势假设本质上是无法直接检验的。因此,研究者通常退而求其次,通过检验可观察的实验组和对照组事前趋势是否相同来间接地检验平行趋势假设。如果实验组和对照组的事前趋势平行,那么研究者就有一定的信心认为事后趋势也是平行的。

只有当研究的干预手段满足以上三个假设条件时,我们才能确信实验组与对照组之间的差异是由干预引起的,而非其他因素造成的。在满足这些条件的基础上,运用 DID 模型进行定量研究才能得到更加准确可靠的结果[309]。

在干预效果评价方面,DID 模型巧妙地将"前后差异"和"有无差异"结合起来,一定程度上控制了除干预因素之外的其他因素的影响。同时,模型通过引入可能影响结果变量的其他协变量,进一步控制了实验组和对照组中存在的一些潜在影响因素,以弥补"自然实验"在样本分配上的随机性不足,从而使我们能够对干预效果进行真实的评估。

4.4.4.2　双重差分模型在本研究中的应用

本研究利用 DID 模型探索企业高管是否使用社交媒体会对收购结果产生影响。如上所示,DID 方法的核心假设是平行趋势假设,因此我们进行了平行趋势安慰剂测试和使用社交媒体的高管的动态测试,以确保 DID 在研究环境中的有效性(详情请见下文 4.6.1 和 4.6.2)。这两项测试都证实,企业高管使用社交媒体会对并购活动产生影响。

研究中的实验组由 285 家标普 1500 指数中的公司构成,这些公司在样本期间有一名或多名高级管理人员开始使用社交媒体,如果高管在其任期内未激活 Twitter 账号,则会删除该记录。考虑到一家公司在 2008 至 2017 年间可能有多名高管开始使用 Twitter,我们只考虑了首位开始使用 Twitter 的高管。实验的对照组是通过倾向性评分匹配确定的,由同样 285 家标普 1500 指数中的其他公司构成。这些公司在样本期间并未雇佣使用社交媒体的高管,但在其他特征(如公司规模、市值账面比、盈利能力、杠杆率、流动性、高管性别、年龄和任期等)上与实验组相似。

倾向性评分匹配(propensity score matching,PSM)是一种统计技术,主要用于观察性研究中处理选择性偏见问题。它试图模仿随机实验的设置,使处理组和控制组在观察到的重要协变量上具有相似的分布。倾向性评分是个体接受处理的概率,由所有观察到的预处理协变量决定。

具体步骤如下:

(1)建立逻辑回归模型:将处理状态(例如,是否使用社交媒体)作为因变量,所有观察到的预处理特征(例如,公司规模、盈利能力等)作为自变量,得到每个样本接受处理的概率——倾向性评分。

(2)匹配:基于倾向性评分,将处理组中的个体与控制组中倾向性评分最接近的个体配对,形成匹配的样本对。常见的匹配方法包括最近邻匹配、卡尔 iper 匹配、基于卡尔 iper 的最近邻匹配等。

(3)评估匹配结果:检验匹配后的样本在所有观察到的预处理特征上是否平衡,即是否不存在显著差异。如果满足,说明匹配有效;如果不满足,可能需要调整匹配策略。

(4)估计处理效应：在匹配后的样本上，比较处理组和控制组的平均结果，得到处理的平均效应。

4.4.4.3　本研究设计的双重差分模型

为了估计高管使用社交媒体对并购可能性（假设1）的影响，本研究构建了以下 DID 模型：

$$Pr\{Deal=1\mid X_{i,t}\}=\alpha_i+\gamma_t+\beta\,Treatment_i\times SMPresence_{i,t}+\delta X+\varepsilon_{i,t}$$

$$(4-4)$$

其中，因变量 $Pr\{Deal=1\mid X_{i,t}\}$ 是一个虚拟变量，当公司 i 在 t 年宣布并购交易时，该变量值则为"1"，否则为"0"。研究主要关注交互项 $Treatment_i\times SMPresence_{i,t}$。其中，如果公司 i 在样本期间雇佣了或将雇佣使用社交媒体的高管（若公司 i 属于实验组），则 $Treatment_i$ 取值为"1"，否则为"0"（若企业 i 属于对照组）。如果公司 i 的相应高管在 t 年已经在 Twitter 上创建了账户，则 $SMPresence_{i,t}$ 为"1"。在控制了其他特征匹配的公司在同一时期内的变化后，系数 β 就能衡量高管开始使用社交媒体的效果。我们忽略了单独的 $Treatment_i$ 和 $SMPresence_{i,t}$ 变量，因为它们已分别包含在公司和年度的固定效应中。其中，α_i 和 γ_t 分别为企业和年度固定效应，$\varepsilon_{i,t}$ 是一个误差项。

X 包括一组控制变量，用于考虑公司的具体特性和高管特质，包括 $FirmSize_{i,t-1}$、$Market\text{-}to\text{-}bookRatio_{i,t-1}$，$Profitability_{i,t-1}$，$Leverage_{i,t-1}$，$Liquidity_{i,t-1}$ 和 $HighTech_i$。高管特质的控制变量包括 Age_t、$Tenure_t$、$Gender$ 和 $TotalCompensation_{t-1}$。此外，本研究引入了一个新变量 $\log(1+No.ofExecutiveTweets_{t-1})$，以考虑在过去一年中使用社交媒体的高管在 Twitter 上的活跃度可能对企业并购交易的影响。由于样本数据的非随机选择性，选择偏差问题可能产生影响[310]。为解决这一潜在问题，本研究采用了 Heckman 两阶段法，将逆米尔斯比率（Inverse Mills Ratio, IMR）纳入 DID 模型[310]。IMR 是用来度量选择偏差的一个重要指标。在第一阶段，我们使用一系列滞后的独立变量（包括高管性别、年龄、任期、总薪酬、高科技、公司规模、市场—账面比率、资产收益率、杠杆率和流动性等）来预测高管是否会使用 Twitter。此阶段得出的 IMR 揭示了高级管理人员在特定年份使用 Twitter 的概率。在第二阶段，通过将 IMR 纳入 DID 模型，我们进行了选择偏差的修正。

4.5　实证结果分析

表 4-3 中的第 1 列展示了收购方高管使用社交媒体对收购方并购可能性的（假设1）影响。可以看出，$Treatment\times SMPresence$ 的系数为正，且具有统计学

意义（$\beta=0.293$，$p<0.01$）。这表明，如果一名收购方的社交主管（即使用个人社交媒体的高管）在一年中激活了他们的 Twitter 账户，该公司收购另一家公司的倾向性会增加 29.30%。这表明，收购方高管使用社交媒体可以很大程度上提高公司发起并购的倾向性。因此，假设 H1 得到了支持。

假设 H2 指出，收购方使用社交媒体的高管会提高并购方企业并购公告的收益。表 4-2 的第 2 列为这一假设提供了支持。正如预期的那样，$SMPresence$ 的系数为正且具有统计学意义（$\beta=0.083$，$p<0.05$），表明使用社交媒体的高管增加 1% 将增加公司公告收益 8.3%（$p<0.05$）。这一结果表明，公司中使用社交媒体的高管可以使投资者对并购公告产生积极的认识，从而导致收购方创造更大的价值。

表 4-3　使用社交媒体的高管与并购战略的关系

变量	并购可能性（1）	并购公告收益（2）
$Treatment \times SMPresence$	0.293 *** （0.032）	
$SMPresence$		0.083 ** （0.036）
$Log(1+No.\ of\ Executive\ Tweets)$	0.076 ** （0.035）	−0.028 （0.036）
$Firm\ Size$	0.090 （0.081）	0.099 （0.119）
$Market\text{-}to\text{-}book\ Ratio$	−0.022 （0.041）	−0.051 （0.041）
$Profitability$	−0.085 （0.178）	−0.055 （0.035）
$Leverage$	0.213 （0.050）	0.032 （0.140）
$Liquidity$	0.046 （0.080）	0.009 （0.039）
$High\ Tech$	−0.187 （0.529）	0.034 （0.042）
Age	−0.414 （0.630）	−0.045 （0.036）
$Tenure$	−0.476 （0.612）	0.427 （0.047）
$Gender$	−0.052 （0.056）	0.006 （0.063）
$Compensation$	−0.685 （0.826）	0.079 （0.045）
$Transaction\ Value$		−0.025 （0.048）
$Same\ Industry$		−0.012 （0.039）
$Status$		0.033 （0.040）
$Means\ of\ Payment$		0.099 ** （0.042）
$Deal\ Attitude$		−0.040 （0.059）
$Relative\ Size$		−0.005 （0.054）

（续表）

变量	并购可能性（1）	并购公告收益（2）
Constant	−6.452（10.557）	−0.002（0.783）
IMR	−7.026（8.821）	0.002（0.976）
Firm Fixed Effects	Yes	Yes
Year Fixed Effects	Yes	Yes
#Obs.	5 270	906
Pseudo-R²	8.37%	
Adj.R²		13.48%
Wald χ²	209.35 ***	59.2 ***

注:标准误显示在括号中。 * , ** ,和 *** 分别表示 10%、5%和 1%水平的显著差异。

接下来,本研究分析了高管社交媒体行为参与度的调节作用,并使用这些高管社交账号的推文数和转发数来进行度量。更高的行为参与度意味着社交高管通过积极的贡献(例如,转发)和创造(例如,发布大量推文)活动与利益相关者进行交互。根据 Schivinski 提出的截断方法[297],本研究根据高管的推文总数和转发总数分成三个子样本(最高十分位数用于高参与度,最低十分位数用于低参与度,其余十分位数用于中等参与度)。对于每个指标,我们分别对每个子样本运行回归模型,并研究收购方社交高管的存在对并购方企业的并购可能性和公告回报的影响,在社交高管的参与度高时是否比参与度低时更强。表 4-4 中的结果表明,发布最多推文和转发的社交高管在并购投资方面的改善最为显著。这意味着社交高管的存在、公司的并购可能性以及公告回报之间的积极关系,对于参与度高的社交高管来说,比对于参与度较低的高管更强。例如,我们假设社交高管的存在对并购可能性的积极影响会随着参与度的增加而增加(表 4-4 第 1 列)。推文和转发的第九十分位子样本中的社交高管代表了参与度高的高管,而第一十分位子样本中的社交高管代表了参与度较低的高管。可以看到,第九十分位的推文和转发的 *Treatment × SMPresence* 的交互项为正,且具有统计学意义($\beta = 0.729, p < 0.01; \beta = 0.721, p < 0.01$)。相反,第一个十分位的推文和转发的 *Treatment × SMPresence* 的相互项是正的,但不具有统计学意义。因此,第九十分位子样本中的系数显著高于中等和第一十分位子样本中的系数,表明当这些高管在 Twitter 上的参与度高时,高级管理人员的社交媒体存在对并购可能性的积极影响会增加。我们观察到并购公告回报的结果也相似。因此,假设 H3 得到了支持。

表 4 - 4　高管社交媒体行为参与的调节效应

变量	并购可能性（1）	并购公告收益（2）
	$Treatment \times SMPresence$ 的系数	$SMPresence$ 的系数
面板 A：推文总数		
9th Decile	0.729 *** （0.107）	0.382 ** （0.107）
♯Obs.	527	91
Medium	0.426 * （0.110）	0.152 * （0.118）
♯Obs.	4 216	724
1st Decile	0.176 （0.105）	0.139 （0.124）
♯Obs.	527	91
面板 B：转发总数		
9th Decile	0.721 *** （0.104）	0.382 ** （0.108）
♯Obs.	527	91
Medium	0.421 * （0.111）	0.152 （0.113）
♯Obs.	4 216	724
1st Decile	0.133 （0.121）	0.139 （0.124）
♯Obs.	527	91

注：高参与度：处于第九十分位的推文数（转发数）；中等参与度：处于 11%～90% 的推文数（转发数）；低参与度：处于第一十分位的推文数（转发数）。标准误显示在括号中。 * , ** , 和 ** * 分别表示 10%、5% 和 1% 水平的显著差异。

4.6　稳健性检验

由于本研究的实证结果有可能受到其他几个方面的影响，本研究使用了三种替代检验以确保主要分析中发现的稳健性。

4.6.1　平行趋势假设之安慰剂检验

安慰剂检验是医学和心理学研究中的一种实验设计，旨在评估某种治疗或干预措施的效果是否真正超过了无治疗的效果。在安慰剂检验中，被试被随机分配到接受实际治疗（如药物、心理疗法等）或接受安慰剂（无治疗效果的虚假处理）的组别。实验过程中，被试不知道自己所接受的是实际治疗还是安慰剂，这种双盲设计可以减少主观偏见。通过对比实际治疗组和安慰剂组的效果，研究者可以判断治疗是否真正有效,而不是仅仅由于心理上的期望效应或其他非特定因素导致的改善。通常,研究者会使用统计学方法来进行数据分析,例如 t 检验或方差分析,以确定治疗效果的显著性水平。如今,安慰剂检验也被用来检验经济政策效果的稳健性,其核心思想是设定虚拟的实验组或政策时间进行估计,以检验是否还能得到政策效应。如果得到了政策效应,那么可能说明在基准回归中观察到的政策效应是不可靠的,即回归结果可能是由其他不可观察的因素引起的,而非我们关注的政策效应。

本章的实验采用了针对平行趋势假设的安慰剂测试,以确保 DID 方法的有效性。在测试中,为了应对可能会影响 DID 方法的其他因素——也就是说,主要分析中观察到的结果可能是由于实验前实验组和对照组之间的差异[311]——本研究通过对实验前的数据进行安慰剂治疗来进行伪检验。具体而言,本研究将预处理期分为两部分,并创建一个新的变量 $After\ SMPlacebo_{i,t}$,这是一个虚拟变量,在预处理期的前半部分值为 1,后半部分值为 0。表 4 - 5 中的 "$Treatment \times AfterSMPlacement$"证明了,在高管采用 Twitter 之前,实验组和对照组的公司之间没有系统性的差异。安慰剂测试的结果证实,我们在主要分析中观察到的效应是由社交媒体高管的存在引起的。

表 4 - 5 平行趋势假设之安慰剂检验

变量	并购可能性
$Treatment \times AfterSMPlacement$	0.211 (0.076)
$Controls$	Yes
$Firm\ Fixed\ Effects$	Yes
$Year\ Fixed\ Effects$	Yes
#Obs.	2 097
$Pseudo\text{-}R^2$	10.57%
$Wald\ \chi^2$	106.17 ***

注:标准误显示在括号中。 * , ** ,和 *** 分别表示 10%、5%和 1%水平的显著差异。

4.6.2 平行趋势假设之高管使用社交媒体前后的动态趋势

本章的另一个平行趋势检验为检测使用高管社交媒体前后的动态趋势。本研究通过调查开通 Twitter 账户的动态,来确定高管社交媒体行为开始发挥作用的确切时间。参照 Angrist 和 Pischke 的做法[312],本研究根据高管开通 Twitter 账户前 5 年和开通后 5 年的并购可能性,绘制了实验组和对照组 DID 模型中因变量的平均值。这样能够验证观察到的效果是否是由预处理因素引起，并确切观察到影响发生的时间[311]。

图 4 - 1 显示，在高管开始使用社交媒体之前，实验组和对照组之间的两条曲线是相似的，但在高管的 Twitter 账户激活后，它们呈现出不同的趋势。因此，平行趋势假设仍然成立。

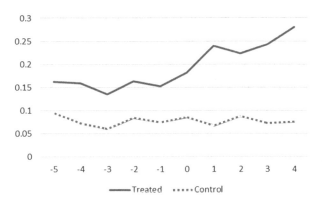

图 4 - 1　高管使用社交媒体前后的并购可能性

4.6.3　互为因果检验

互为因果问题有时也被称为联立性问题或反向因果问题（reverse causality），即当因果推断中因变量也可以反过来解释自变量时，该推断便存在互为因果问题。"互为因果"一词简单地意味着过程 A 是过程 B 的原因，随后，过程 B 是过程 A 的原因，这种反馈可能在因果链中重复。尽管这种相互影响的因果细节可能因情况而异，但互为因果从根本上讲是一个简单的想法：两个因果过程是相互联系的，因为它们是耦合过程，其中一个的状态是另一个的函数（反之亦然）。总之，互为因果可以视为一种因果关系，其中两个过程相互影响，它会使解释变量与误差项相关，并造成内生性问题。

针对互为因果引起的内生性问题，目前文献中常使用工具变量法、固定效应模型以及近年新发展的动态面板数据模型来解决。工具变量法（instrumental variable）的实质是通过工具变量将存在内生性问题的解释变量分成外生部分和内生部分两部分。第一阶段将工具变量作为自变量，将原来的内生解释变量 x 作为因变量进行回归，得到 x 的拟合值（外生部分）；第二阶段用因变量 y 对第一阶段回归得到的拟合值进行回归，即可达到对内生解释变量 x 进行修正的目的[313]。在选择工具变量时要符合两个条件：一是与自变量 x 相关（相关性），二是与误差项 ε 不相关（外生性）。

固定效应(fixed effect)模型是指先对方程进行固定效应转换,然后再进行估计的方法[314]。所谓的固定效应转换是指对面板数据中的各个样本 i(例如公司 i)的历年数据取均值,然后用得到的均值变量替代原方程中的各个变量构成一个新的方程,最后用原方程减去新方程完成变换。在使用固定效应模型方法时需要注意两个问题:一是该方法只能用于面板数据,否则固定效应转换后,各变量的值都为 0;二是该方法无法对不随时间变化的变量进行估计,因为这些变量在固定效应转换时已经被消掉了,即使放入模型也会被自动排除出去。

动态面板数据模型(dynamic panel model)是将被解释变量的滞后值作为解释变量,其基本建模策略是引入被解释变量的滞后值或一阶差分滞后值作为工具变量。在基于工具变量的建模策略下,估计过程中多采用两阶段最小二乘(2SLS)和 GMM 等方法[315]。

在本研究中,计划进行并购的公司可能更倾向于选择使用社交媒体的高管,因为这类高管与并购能力之间可能存在积极的关联[269]。为了解决这一互为因果问题,本研究采用了动态面板模型。如表 4 - 6 中的结果所示,公司不太可能有意雇佣使用社交媒体的高管来增加并购投资。由此,互为因果问题得到了缓解。

表 4 - 6　互为因果检验

变量	并购可能性
$Treatment \times SMPresence$	0.249 ** (0.025)
$M\&ALikelihood_{-1}$	0.276 *** (0.073)
$M\&ALikelihood_{-2}$	0.301 *** (0.076)
$Controls$	Yes
$Firm\ Fixed\ Effects$	Yes
$Year\ Fixed\ Effects$	Yes
#Obs.	5 270
$Pseudo\text{-}R^2$	9.16%
$Wald\ \chi^2$	299.85 ***

注:标准误显示在括号中。* ,** ,和 *** 分别表示 10%、5% 和 1% 水平的显著差异。

4.6.4　高管是否使用 Facebook

除了 Twitter,Facebook 也是一个重要的信息创建、修改和传播平台。部分学者可能会认为，如果使用社交媒体的高管选择 Facebook 作为自我表达的平台，可能会对关于选择 Twitter 的高管的研究产生干扰。考虑到这一点，我们发现在实验组的公司中，285 名使用社交媒体的高管中有 96 人开通了 Facebook 账户。因此，本研究根据高管是否使用 Facebook 的情况构建了一个新的虚拟变量（如果有 Facebook 账户则为"1"，否则为"0"）。在控制了社交高管的 Facebook 使用情况后，实证结果仍然稳健（详见表 4-7）。

4.6.5　社交高管是否为 CEO

此外，社交高管的显著效应可能是由于 CEO 们由于在公司策略中充当最具影响力的决策者角色[35,291]。因此，本研究引入一个新的虚拟变量，CEO 职位（如果高管是 CEO 则为"1"，否则为"0"），来控制 CEO 单边影响。这个分析得出的结果与主要分析的结果一致（详见表 4-7）。

表 4-7　高管是否使用 Facebook

变量	并购可能性(1)	并购公告收益(2)
面板 A：控制高管使用 Facebook 情况		
$Treatment \times SMPresence$	0.293 *** （0.031）	
$SMPresence$		0.162 ** (0.074)
$Facebook\ Adoption$	0.133 (0.119)	−0.005 (0.077)
#Obs.	5 270	906
$Pseudo\text{-}R^2$	8.40%	
$Adj.R^2$		13.49%
$Wald\ \chi^2$	210.74 ***	59.2 ***
面板 B：控制高管的职位		
$Treatment \times SMPresence$	0.284 *** （0.31）	
$SMPresence$		0.166 ** （0.086）
CEO	0.254 ** （0.112）	0.036 (0.084)
#Obs.	5 270	906
$Pseudo\text{-}R^2$	8.54%	
$Adj.R^2$		13.57%
$Wald\ \chi^2$	212.78 ***	29.0 *

Note：Standard errors are reported in parentheses；*，**，and *** indicate significant difference at the 10%，5%，and 1% levels，respectively.

4.7　本章小结

本章探究了收购方高管使用社交媒体对企业并购结果的影响。研究结果表明,这类高管能够通过他们的社交媒体帖子影响并购方企业的并购结果,因为这些帖子为投资者提供了丰富、有用且易于获取的信息。具体而言,高管对社交媒体的使用可以显著提高并购方企业并购公告的收益和完成交易的可能性。与此同时,这类高管倾向于选择高风险的并购投资,从而产生高财务收益。本研究还发现,这些关系取决于高管的社交媒体行为参与,他们常常在 Twitter 上进行密集的内容共享(即转发推文)和内容创建(即发布推文),这些行为参与提高了企业采取并购举措的可能性,并使投资者增强了该企业并购交易的积极认知,从而提高了企业绩效。

4.7.1　理论贡献

本研究丰富了高层梯队理论、社会存在理论、管理社交媒体采用以及企业并购的文献。第一,我们通过引入并验证了一种新的高管特征——使用社交媒体的高管的存在(the presence of social executives),以及其对企业绩效,特别是并购结果的影响,进一步拓展了高层梯队理论。尽管以往的研究已通过研究高管的个人特征,如性别[106]、年龄[45,105],教育水平[35],人格[175]和经验[316,317]等丰富了高层梯队理论,但这些特征并不能充分解释当今社交媒体时代的企业战略的变化。本研究提出了有关高管的一种新型的异质性特征——社交媒体存在(social presence),并阐明了使用社交媒体高管的存在如何影响并购方企业的并购结果。这种异质性特征使企业决策者能够获得有关企业关键利益相关者的宝贵信息,从而导致更明智的并购决策,进而提高企业绩效。本章研究发现,收购方高管使用社交媒体可以显著提高企业并购决策的倾向。

第二,本章研究首次强调了高管个人社交媒体账户对并购背景下进行信息披露和传播的重要性。先前的研究提供了有价值的简介,如企业官方社交媒体账户如何增强其识别商业机会和威胁的能力[183]、促进与消费者[184]和投资者的关系[178],并缓解对坏消息的负面市场反应[185]。此外,以往文献研究了运营人员使用在线社交媒体如何改进其工作场所沟通[188]、知识管理[173,197]和工作绩效[188]。然而,以前的研究很少关注高管的个人社交媒体账户带来的巨大企业价值。本章的研究通过证明高管的社交媒体账户可以向投资者提供有价值和独家的信息,从而帮助投资者解读和利用并购公告中的有价值信息,丰富了现有的文献。

第三，本章研究对社会存在理论做出了理论贡献。尽管社会存在理论被广泛应用于计算机媒介交流[274,277]，但大多数研究集中在社交媒体平台上用户的主观幸福感[276]和在线非言语即时行为[274]等主题。与以往的研究不同，本章研究扩展了社会存在理论，以解释企业并购背景下使用社交媒体的高管和其他关键利益相关者之间复杂的人际关系。此外，本研究还有助于研究媒体用户模式（即行为参与）与这类高管内在感受之间的关系。根据我们的实证发现，正如实证结果所显示的，高度参与社交媒体的高管（即那些经常发推文和转发推文的人）往往会感觉到更强的社会存在感，这个全新的发现扩展了现有的社会存在理论。

第四，本章研究揭示了并购决策和后续绩效的新的影响因素。现有研究表明，CEO 的人格特质[35,175]、董事的投资银行经验[108]以及信息不对称[169]等众多因素都影响了并购决策和绩效。我们的研究与前述研究相符，揭示了高级管理层在社交媒体上的存在作为一种新的驱动因素，影响并购的可能性和投资者的反应。此外，为了更好地理解高管使用社交媒体对并购结果的影响，我们研究了这些高管的行为参与（例如，发布和转发推文）对结果的调节作用。这项研究强调了社交高管的行为参与在提升公司并购结果中的重要性。

4.7.2　管理启示

本章的研究对公司、管理者和投资者都有实际意义。

第一，高管使用社交媒体能积极影响企业进行创造价值的并购决策，这意味着企业可以利用高管的个人社交媒体账户作为一种成本效应高的企业沟通工具。通常，并购方企业会聘请各种媒体机构来公布并购事件，而传统的媒体渠道和企业官方社交媒体账户往往十分昂贵。我们的实证结果表明，高管使用社交媒体可以提高投资者对企业的信任，并驱动他们购买和持有目标公司的股票。因此，拥有外部投资战略蓝图（如并购）的公司应鼓励高管开设个人社交媒体账户，并利用这些个人账户与利益相关者直接接触、沟通和合作[268]。此外，本研究有助于企业人力资源管理，特别是企业招聘。通过将社交媒体作为一种新颖有效的标准，公司可以制定适当的招聘策略，以雇用社交媒体使用程度与公司外部投资战略一致的高级管理人员。

第二，由于一些战略领导者没有意识到社交媒体的优势，他们不太愿意通过在线社交媒体与利益相关者进行接触和沟通，而本研究证明他们可以通过开通社交媒体账户和通过在线社交媒体传播各种信息获得可衡量的收益，这有助于改变高管们的看法并促使他们参与到社交媒体中。由于使用社交媒体的高管的行为参与对公司的并购决策至关重要，他们应该通过更频繁的内容贡献（如转发）和内容创建（如发推）来激发高水平的参与，从而与关键利益相关者（如合作伙伴和投资者）建立更牢固的关系、共同价值观和战略决策[268]。实际上，发布在在线社交媒体平台上的高管信息应该是信息丰富、值得信赖且持续更新的。

第三,我们的实证发现为可能并未意识到高级管理者的社交媒体帖子的巨大价值的机构和个人投资者提供了更深入的见解。我们的结果表明,投资者可以利用高管在社交媒体上传播的及时、独家和增值的信息来促进他们的金融投资决策。

4.7.3　局限性和未来研究方向

第一,本研究的样本仅限于标普 1500 指数中最大的美国上市并购方企业,在这些样本中,使用社交媒体的高管对收购方并购结果的影响可能不同于小型、私人和非美国的收购方。未来的研究可在更大的场景中检验本章的假设,以得到适用于更多企业的发现。第二,本章调查了收购方使用社交媒体的高管和并购方企业之间的关系,但没有从被并购方企业角度探索这种关系。如果从被并购方的角度出发,得到的结果可能会有很大不同,因此未来的研究可以扩展到被并购方企业。第三,本章研究记录了使用社交媒体的高管在企业并购战略中的重要性,未来研究可探讨此类高管在其他企业战略中的作用,如品牌、营销和创新等战略。第四,这项研究仅限于高管采用 Twitter 的情况,未深入分析他们的推文内容。这些推文内容仍有非常多值得深挖的信息,因此未来研究可深入探讨高管的推文内容。第五,本章选择 Twitter 作为实证背景,未来的研究可以拓展到多个社交媒体平台(如 Facebook 和 LinkedIn)。

第 5 章

基于深度学习和情感词典的高管情感特征技术基础研究

5.1 引言

随着互联网的迅猛发展和普及,网络用户数量不断攀升,人们对网络的依赖程度逐渐加深,互联网已与我们的日常生活紧密相连。根据中国互联网络中心于 2022 年 8 月 31 日发布的第 50 次《中国互联网络发展状况统计报告》,截至 2022 年 6 月,中国的网络用户规模已达到 10.51 亿,比 2021 年 12 月增加了 1 919 万;互联网的普及率已提高到 74.4%,比 2021 年 12 月提高了 1.4 个百分点。越来越多的人选择通过微博、论坛、购物网站、短视频网站、点评网站、微信等各种平台分享他们的观点和信息,这些信息以指数形式增长。虽然这些信息以文本、图像、音频、视频等非结构化形式存在,但其中包含的发布者对特定事件、人物、产品等的态度、见解、观点和感受,对于分析个人行为具有重要的价值,同时也为他人的决策提供了重要参考。

文本情感分析(sentiment analysis),又称为意见挖掘(opinion mining),是以逻辑学、语言学、心理学理论为基础,通过计算机技术挖掘、处理、分析、总结、判断和推理文本中的主客观性(subjectivity/objectivity)、情感极性(sentiment/valence)、情感(emotion)、观点(opinion)、态度(attitude)。最初的情感分析主要源自人们对带有情感色彩的词汇的分析,例如"善良"是带有褒义色彩的词汇,而"恶毒"是带有贬义色彩的词汇。自 2000 年以来,互联网的迅速崛起推动了情感分析相关的应用和研究的快速发展。互联网,尤其是社交媒体上,用户产生了大量对事件、人物、商品、服务、文化影视作品、组织等的评价信息,这些信息中包含了用户的各种情感和情感倾向,如喜悦、悲伤、愤怒、惊讶、正向情感和负向情感等。基于此,企业或研究者可以通过分析用户在互联网上发布的信息来判断、推理、预测用户的行为,从而帮助他们更科学、合理地做出决策或采取行动。

目前,文本情感分析已涵盖了多个研究领域,如数据挖掘与分析、自然语言处理(natural language processing,NLP)、计算语言学、机器学习和深度学习等,已成为 NLP 和文本挖掘领域的研究热点。同时,它已从计算机科学领域扩展到管理学、经济学、金融学、医学等多个领域,引发了全社会的广泛关注。例如,在管理学领域,企业可以通过收集微博、论坛、购物网站等平台上的大量相关信息,分析消费者对商品或服务的情感、观点、态度和购买意向,以此来调整营销策略,更好地满足消费者需求,从而实现销售额的增长。

根据研究内容,情感分析的主要任务包括情感分类(sentiment classification)和情感信息的抽取(sentiment extraction)。情感分类任务可以进一步划分为二元情感分类、三元情感分类和多元情感分类。二元情感分类,又称为情感极性分类,主要用于判断评论性文本中作者所表达的是积极情感(positive sentiment)还是消极情感(negative sentiment)。多元情感分类则进一步丰富了情感的种类,相比于二元或三元情感分类,多元情感分类能对用户所表达的情感进行更为精细的分类,更接近人们真实情感的表达,因此吸引了越来越多研究者的关注。在多元情感分类中,有一些经典的理论,如 William James 的四种基本情感理论[318]、Paul Ekman 的六种基本情感理论[319]、Robert Plutchik 的情感轮盘(wheel of emotions)理论[320]和 Richard 和 Bernice Lazarus 的十五种情感理论[321]。例如,Ekman 认为人类的情感通过面部情感展现出来,可以由相同的心理因素激发。1972 年,他提出了六种基本情感,包括:愤怒(anger)、厌恶(disgust)、恐惧(fear)、快乐(joy)、悲伤(sadness)和惊讶(surprise)[319]。到了 20 世纪 90 年代,Ekman 又扩展了一些非面部表情所能表达的情感,这些包括:满足(contentment)、窘迫(embarrassment)、愉悦(amusement)、内疚(guilt)、轻蔑(contempt)、感官愉悦(sensory pleasure)、兴奋(excitement)、成就感(pride in achievement)、安慰(relief)、羞愧(shame)和满意(satisfaction)[322]。

现有的情感分类方法丰富多样,主要可归纳为三大类:基于情感词典的分类方法、基于传统机器学习的方法和基于深度学习的方法。词典法是最经典的方法,其基础原理是通过句法分析来识别文本的语义关联、构建领域特定的本体或词典、利用语义规则来计算语义相似度,从而判断文本的情感倾向。尽管情感词典操作简单,依赖于固定词汇和规则来判断文本情感,但由于其只能进行文本的浅层表征并且忽略了词汇上下文特征,以及需要大量的人工工作,因此无法满足复杂自然语言的需求。另一种方法是传统机器学习法,它运用如支持向量机、K 邻近、随机森林等算法,在一个包含了情感评价和文本映射的已标注数据集上训练模型,然后将这个模型应用于目标文本的情感分类。相比词典法,机器学习法减少了人工工作量,避免了词典中词汇数量有限的局限性,能够处理更复杂的文本,且在一定程度上缓解了情感分类的主观性。然而,其分类准确性依赖于初始训练集的准确性,对于训练集以外的单词难以进行有效判断,这降低了情感分类的准确性。近年来,深度学习方法在情感分析领域得到了广泛应用。不同于传统机器学习方法依赖手工或特征选择来识别和提取特征,深度学习算法通过模拟人脑神经网络进行特征学习和自动特征获取,从而实现更高的情感分类准确性。常见的应用于情感分类的深度学习方法包括深度神经网络(deep neural network,DNN)[323]、双向长短期记忆网络(Bi-directional long short term memory,Bi-LSTM)[324]和卷积神经网络(convolutional neural network,CNN)[325]。与前两类方法相比,深度学习显著地减轻了特征工程的负担,通过使用在特定 NLP 任务中学习的低维稠密向量来隐式地表示文本的句法和语义特征,因此它具有更高的准确度、更强的学习能力和模型泛化能力。然而,这种方法需要大量的训练样本,当训练样本数量不足时,分类准确性将大幅度降低。而且,现有的基于深度学习的情感分类方法在获取上下文信息和理解特定领域的语义特征方面仍有待提高,因此在如在线商品评论、餐厅点评、影评、不当言论识别屏蔽、态势预测等各类下游应用场景中的表现还有提升空间。

　　基于此,本章研究提出了一个适用于多元情感分类的深度学习模型,及一个结合了通用数据集和特定领域数据集的情感分类深度学习框架,以满足对准确度和效率更高要求的下游多元情感分析和预测应用。具体而言,该模型由三部分组成:基于 Transformer 模型的上下文编码器(Contextual Encoders)、Message2Vec 模块以及基于 CNN 和情感词典的 Emotion2Vec 模块。其中,Contextual Encoders 能够从大型通用语料库中自动学习上下文和句法信息,以有效克服手动特征工程方法的缺点;Message2Vec 模块能够从特定的语料库中自动学习文档级别的情感特征;Emotion2Vec 则融合了 CNN 模型和经典的情感词典,可以学习特定领域的语义特征和先验情感知识,进而提升文本情感的分类性能。最后,Contextual Encoders、Emotion2Vec 和 Message2Vec 被集成到一个统一的框架中,即 DeepEmotionNet,并将 DeepEmotionNet 与一些经典的深度模型(例如 RoBERTa、LSTM)的性能进行了比较。

　　本章提出的 DeepEmotionNet 多元情感分类框架在理论和实践上都具有重要意义。首先,在理论上,我们所提出的情感分类框架使得情感分析任务更为准确、有效且实用。尽管基于特征的情感分类方法可以从文本中检测出与情感相关的语义特征,但它们需要大量的手工标记工作,并且往往忽略了上下文和句法特征[326],因此这些方法往往无法从动态变化的社交媒体帖子中准确识别情感。近年来,深度学习方法在情感分析领域得到了广泛的应用。尽管现有的深度学习方法可以自动从大型特定领域语料库中学习隐式的上下文和句法特征,但在数据挖掘过程中,它们往往过滤掉了一些文档级和精确的语义情感特征。本章提出的结合深度学习和情感词典的情感分类框架克服了现有方法的这些缺点,它通过将 Contextual Encoders、Emotion2Vec 和 Message2Vec 三个模块集成起来,同时学习文本中的上下文、语义、句法和文档级别的特征,并结合基于情感词典的先验知识,实现了对多元情感更准确、更有效的检测。与此同时,本章提出的 DeepEmotionNet 框架能够从高管的海量社交媒体帖子中高效、准确地获取其中的多元情感,进而有助于实证探究这些多元情感对企业绩效的影响和预测能力,为本书第 6 章的实证研究提供强有力的基础支撑。

5.2　情感分类文献综述

5.2.1　情感概述

　　情感是一个复杂的心理学概念,维基百科对其的定义是"多种感觉、思想和行为综合产生的心理和生理状态"。尽管情感是我们日常生活中常见的现象,但准确的定义却极为复杂,使得哲学家和心理学家在过去的一百多年中对此进行了无尽的争论。在各种研究领域中,情感都有着各自的含义、心理过程和功能。

　　在早期,研究者们把情感视为生理活动的并发现象或副产品,这被称为身体知觉理论。例如,James-Lange 理论将情感的产生归因于外围生理变化,认为"情感是伴随对刺激物的知觉直接产生的身体变化,以及我们对这些身体变化的感受"[327]。具体来说,James-Lange 理论认为,当我们经历某种事件时,我们的身体首先会产生生理反应,如心跳加速、呼吸急促、肌肉紧张等,然后大脑感知到这些变化,并据此产生相应的情感体验。另一些研究者则从进化论的角度认为情感是生物在适应自然环境过程中的进化产物,是由基因编码控制的程序,由环境刺激所引发,强调情感的适应性和动机功能。例如,Izard 主张情感是一种动机系统,与知觉、认知和运动反应相联,形成特定的模式[328]。还有一些学者则将认知评估视为情感反应的核心,认为对外部环境影响的评估是情感产生的直接原因,这解释了为什么同一环境会产生不同的情感感受。Lazarus 就认为情感是对环境中良好或不良信息的生理心理反应的组织,取决于短期或持续的评价[329]。根据 Lazarus 的情感理论,当一个人面对某个事件时,他首先进行一系列的认知评估,以决定这个事件对他的重要性和影响,而他的认知评估的结果直接影响情感体验和情感表达。

　　由于对情感的各种不同认识,学者们在情感的结构上也未形成统一的观点。当前对情感结构进行理论分析和实践探索的主要方法可以分为两大类:分类方法和维度方法。

5.2.1.1　情感分类理论

　　分类方法的观点源于达尔文的进化论思想,其代表人物包括 Tomkins、Izard

和 Ekman 等人。他们认为情感在进化过程中形成，各个情感间相互独立，有着基本的不同结构。每种基本情感都有其独特的生理机制和外部表现，而其他复杂的情感是基本情感的混合产物。比较经典的理论有 William James 的四种基本情感理论[318]、Paul Ekman 的六种基本情感理论[319]、Robert Plutchik 的情感轮盘（Wheel of emotions）理论[320] 和 Richard 和 Bernice Lazarus 的十五种情感理论[321]。在这些研究中，Ekman 的六种基本情感理论是最受认可和广泛使用的情感分类模型之一。

表 5-1 展示了不同学者对基本情感的不同分类。

表 5-1　不同学者的基本情感分类

来源	基本情感分类
Gray[330]	焦虑（anxiety）、快乐（joy）、盛怒（rage）、恐怖（terror）
Iazrd[331]	快乐（joy）、悲伤（distress）、愤怒（anger）、恐惧（fear）、厌恶（disgust）、惊讶（surprise）、兴趣（interest）、害羞（shame）、自罪感（guilt）、蔑视（contempt）
Ekman[332]	愤怒（anger）、厌恶（disgust）、恐惧（fear）、快乐（joy）、悲伤（sadness）、惊讶（surprise）
James[318]	恐惧（fear）、盛怒（rage）、爱（love）和恨（hate）
Mowrer[333]	痛苦（pain）、欣慰（pleasure）
Panksepp[334]	期待（expectancy）、恐惧（fear）、盛怒（rage）、恐慌（panic）
Plutchik[320]	快乐（joy）、信任（trust）、恐惧（fear）、惊讶（surprise）、悲伤（sadness）、厌恶（disgust）、愤怒（anger）、期待（anticipation）
Parrott[335]	愤怒（anger）、恐惧（fear）、快乐（joy）、爱（love）、悲伤（sadness）、惊讶（surprise）
Richard[321]	审美体验（aesthetic experience）、愤怒（anger）、焦虑（anxiety）、同情（compassion）、抑郁（depression）、嫉妒（envy）、惊吓（fright）、感激（gratitude）、内疚（guilt）、幸福（happiness）、希望（hope）、嫉妒（jealousy）、爱（love）、自豪（pride）、轻松（relief）、悲伤（sadness）、羞耻（shame）

1）James 四种基本情感理论

美国心理学之父 William James 提出了最古老的情感理论。James 认为人首先有了生理变化，随后产生情感体验，并提出了四种基本情感，分别是恐惧（fear）、盛怒（rage）、爱（love）和恨（hate）。

2）Ekman 六种基本情感理论

Ekman 认为人的基本情感有六种，包括快乐、惊讶、恐惧、悲伤、厌恶和愤怒。

- 快乐(joy)是一种积极的情感体验,表现为愉快、满足或幸福的感觉。过往研究已经证明,快乐的人在长期看来更有可能获得成功。例如,Peyton 的研究发现,CEO 的愉悦感与企业绩效呈正相关关系[336]。

- 惊讶(surprise)是一种由意外事件引起的短暂情感反应,可以是中性的、愉快的、不愉快的、积极的或消极的。已有研究表明,惊讶会引发对公司未来收益的担忧和悲观情感。

- 恐惧(fear)是在面对并试图摆脱某种威胁,但又无法摆脱时所产生的压抑的消极情感体验。大量心理学和金融学研究证实,恐惧是驱使个体变革或改进的强大动力。在行为金融学领域,交易员的恐惧被视为股票价格趋势的可靠指标,也有研究发现,CEO 的恐惧情感会对企业的运营绩效产生积极影响。

- 悲伤(sadness)是由于失去、失败或分离引发的消极情感反应,这种情感可能包括沮丧、失望、绝望、消沉、孤独和隔离等情感体验。Brinke 和 Adam 的研究发现,CEO 在道歉时适当地表达悲伤情感可以增加投资者对企业的信任并提升企业业绩[337]。

- 厌恶(disgust)是对被认为具有侵犯性、令人反感或不愉快的事物的情感反应。尽管厌恶是一种消极的情感,但 Akansu 等人的研究发现,表现出厌恶情感的高管更有决心承担具有挑战性和不愉快的任务以提高企业的盈利能力[338]。

- 愤怒(anger)是对挑衅、伤害或威胁的强烈反感和抵制的情感状态。在工作场所,负面事件可能引发高管的愤怒情感。当高管在工作场所表现出愤怒时,其他员工可能会认为他们缺乏领导力和效率,因此他们可能以更消极的情感反应对待高管和工作,最终导致企业生产管理功能的障碍[339]。

3) Plutchik 情感轮盘理论

心理学家 Robert Plutchik 提出的"情感轮盘"(wheel of emotions)理论是最具影响力的情感分类法之一。这个理论认为,不同强度的情感可以相互影响,产生新的情感状态。Plutchik 提出,人的基本情感有八种:快乐、信任、恐惧、惊讶、悲伤、厌恶、愤怒和期待。在这八种基本情感的基础上,根据情感强度的差异,又产生了如下八组情感组合,共计 24 种情感。

- 快乐(joy):从宁静(serenity)到狂喜(ecstasy);
- 信任(trust):从接受(acceptance)到钦佩(admiration);
- 恐惧(fear):从忧虑(apprehension)到恐怖(terror);
- 惊讶(surprise):从分散(distraction)到惊异(amazement);
- 悲伤(sadness):从沉思(pensiveness)到悲痛(grief);
- 厌恶(disgust):从无聊(boredom)到憎恨(loathing);
- 愤怒(anger):从烦恼(annoyance)到盛怒(rage);

- 期待(anticipation)：从兴趣(interest)到警惕(viligance)。

Plutchik 认为这些情感就像颜色一样，可以混合形成更复杂的情感。八种基本情感可以组合形成如下更复杂的情感：

- 期待＋快乐＝乐观(optimism)；
- 快乐＋信任＝爱(love)；
- 信任＋恐惧＝屈服(submission)；
- 恐惧＋惊讶＝敬畏(awe)；
- 惊讶＋悲伤＝反对(disapproval)；
- 悲伤＋厌恶＝懊悔(remorse)；
- 厌恶＋愤怒＝鄙夷(contempt)；
- 愤怒＋期待＝挑衅(aggressiveness)。

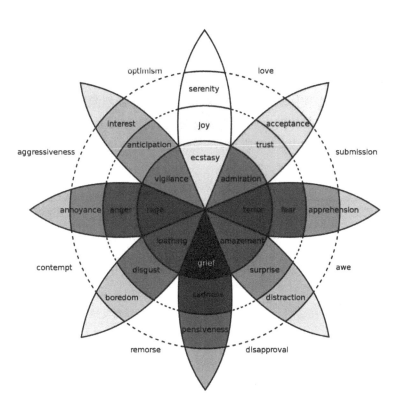

图 5-1　Plutchik 情感轮模型

4) Richard 和 Bernice Lazarus 情感理论

Richard 和 Bernice Lazarus 在 1996 年出版的《激情与理性：理解我们的情感》一书中将情感列表进一步扩大到 15 种，分别为审美体验（aesthetic experience）、愤怒（anger）、焦虑（anxiety）、同情（compassion）、抑郁（depression）、嫉妒（envy）、惊吓（fright）、感激（gratitude）、内疚（guilt）、幸福（happiness）、希望（hope）、嫉妒（jealousy）、爱（love）、自豪（pride）、轻松（relief）、悲伤（sadness）和羞耻（shame）[321]。

5) 其他分类理论

2017 年，来自加州大学伯克利分校的一组研究人员对基于 2 185 个短视频激发的情感进行分组，得到 27 种情感：钦佩（admiration）、崇拜（adoration）、审美欣赏（aesthetic appreciation）、娱乐（amusement）、愤怒（anger）、焦虑（anxiety）、敬畏（awe）、尴尬（awkwardness）、厌倦（boredom）、冷静（calmness）、困惑（confusion）、渴望（craving）、厌恶（disgust）、共情之痛（empathic pain）、狂喜（entrancement）、兴奋（excitement）、恐惧（fear）、恐怖（horror）、兴趣（interest）、快乐（joy）、怀旧（nostalgia）、轻松（relief）、浪漫（romance）、悲伤（sadness）、满足（satisfaction）、性欲（sexual）和惊讶（surprise）。

也有学者根据心理体验的三个关键标准，即具有强烈激励的主观品质、对某些想象或真实事件或物体的反应以及激发特定的行为类型，对比、分类前人所提出的基本情感。具体如表 5 - 2 所示。

表 5 - 2   基本情感比较

情感类型	积极情感	消极情感
与对象属性相关 (related to object properties)	热情（enthusiasm）、兴趣（interest）、好奇（curiosity）	成瘾（habituation）、厌倦（boredom）、冷漠（indifference）
	欲望（desire）、钦佩（admiration）、吸引（attraction）	厌恶（disgust）、憎恶（aversion）、强烈反感（revulsion）
	娱乐（amusement）、惊喜（surprise）	恐慌（panic）、惊慌（alarm）、惊异（surprise）
与未来评估相关 (future appraisal)	兴奋（excitement）、希望（hope）	焦虑（anxiety）、恐惧（fear）、畏惧（dread）

（续表）

情感类型	积极情感	消极情感
与事件相关(event-related)	感恩（thankfulness）、感激（gratitude）	愤怒(anger)、盛怒(rage)
	得意(elation)、快乐(joy)、欢喜（jubilation）、狂喜（triumph）	悲伤(sorrow)、悲痛(grief)
	耐心(patience)	不安(restlessness)、沮丧（frustration）
	自满(contentment)	失望(disappointment)、不满（discontentment）
自我评估相关（self-appraisal）	谦虚（modesty）、谦恭（humility）	傲慢(arrogance)、自豪(pride)
社交相关(social)	慈善(charity)	贪心(greed)、贪婪(avarice)、吝啬(miserliness)、嫉妒(envy)、妒忌(jealousy)
	同情(sympathy)	残酷(cruelty)
精神相关(cathected)	爱(love)	憎恨(hate)

　　总的来说，尽管持此观点的学者们都认同基本情感的存在，但在基本情感的数量和概念上却没有达成共识。同时，随着神经科学的进步，相关研究对分类方法的观点提出了质疑。研究人员发现基本情感并不与特定的神经活动模式相关，不同的基本情感产生了相似的神经生理反应，而不同的神经活动也能出现在相同的基本情感中[340]。同时，某些基本情感之间存在着高度相关，例如研究发现焦虑和抑郁存在显著正相关关系。不同情感之间的相互关联启发了研究者们使用几个基本维度来解析情感的基本结构，即维度方法的观点。

　　5.2.1.2　情感维度理论

　　维度取向观点将情感视为高度相关的连续体，而非区分为独立的基本情感。换言之，情感并不被视为分隔开的、独立的实体，而是模糊的、交织的，并难以划分明确的边界。最初由 Wundt 在 1896 年提出情感的三维理论，认为情感过程由愉快—不愉快、兴奋—沉静、紧张—松弛三对情感元素的两极变化程度构成[341]。Mehrabian 提出了情感状态的三维度模型（如图 5 - 2 所示），即愉悦度—唤醒度—支配度（pleasure-arousal-dominance，PAD）[342]。其中，愉悦度指的是积极或消极的情感状态,唤醒度指的是生理活动和心理警觉的水平,支配度则反映对周围环境和他人的影响力或者反过来受其影响的感受。

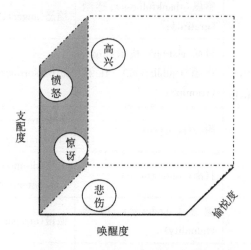

图 5 - 2 Mehrabian 的 PAD 三维度模型

20 世纪 60 年代,Arnold 和 Plutchik 采用强度、相似性和两极性三个维度来描述情感,他们利用一个倒锥体来阐释这三个维度的关系。如图 5 - 3 所示,锥体的截面被划分为八种基本情感,相邻的情感相似,相对的情感对立,锥体自下而上代表情感由弱到强的变化[343]。

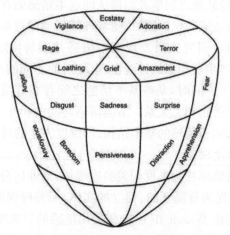

图 5 - 3 Arnold 和 Plutchik 关于情感的倒锥体模型

1980 年 Russell 提出了情感的环形模型[344],也被称效价—唤醒(valencearousal)模型。如图 5 - 4 所示,在这个模型中,愉悦与唤醒分别构成圆环的两个主轴,各种情感在圆环上均匀分布,因此,情感的描述和理解可以通过情感在图表上的位置来实现。例如,高激活度和积极的愉悦度可能对应于兴奋或热情,而低激活度和消极的愉悦度可能对应于悲伤或无聊。

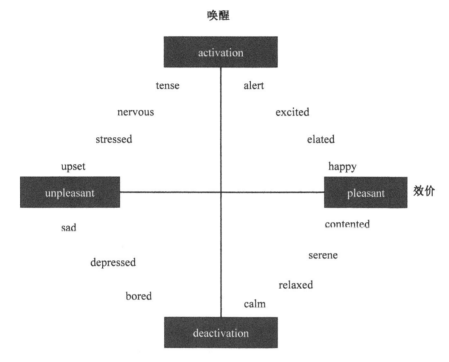

图 5 - 4　Russell 的效价—唤醒模型

Thayer 的研究则反驳了唤醒或激活只是一个双极连续体的观点[345]。他提出的能量—紧张(energy-tension)模型认为,情感状态可以通过两个维度来描述,即能量水平和紧张水平。能量水平指的是个体感到的活力和兴奋程度,而紧张水平则指的是紧张、疲劳和情感疲乏程度。如图 5 - 5 所示,在这个模型中,情感状态可以被描述为四个状态之一:高能量—低紧张、高能量—高紧张、低能量—低紧张和低能量—高紧张。高能量—低紧张状态表示个体感到兴奋和活力,但没有过多的压力和紧张。高能量—高紧张状态表示个体感到兴奋和活力,但同时也感到紧张和压力。低能量—低紧张状态表示个体感到放松和安静。低能量—高紧张状态表示个体感到疲劳和情感疲惫。

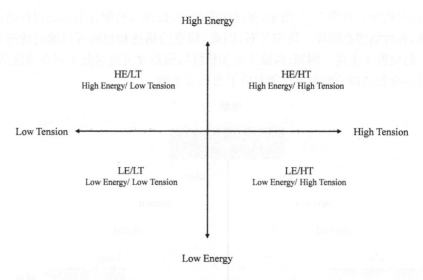

图 5－5　Thayer 的能量—紧张模型

　　总的来说,情感结构的分类说和维度说都各具优缺点,分类说直观简洁,易于理解和操作,但可能忽视了情感之间的复杂交织和关联。而维度说则能更精准地描绘情感之间的相互作用和动态变化,但其分类可能带有一定的主观性,并在操作上较为复杂。

　　虽然在心理学领域对情感的定义和结构尚未形成统一的科学认识,但情感分类这一概念源于计算机科学领域。在此,情感主要用来描述观点中所含的褒贬和中性的情感倾向,而对情感的内在状态和生理表现的关注相对较少。例如,"这家餐馆的味道不错"和"这辆车的续航不行",情感分类的任务就是从这两句话中识别出正面和负面的情感倾向。实际应用中,也可以将其具体分为特定的情感,如快乐、悲伤、愤怒、紧张、惊讶等。

　　对情感分类的研究有助于我们更深入地理解和应对情感信息,尤其是在当前信息化的社会背景下。互联网上储存了大量由用户生成的带有情感倾向的文本数据,充分利用这些数据将推动管理学、政治学、经济学以及与消费者评价信息、公众观点信息等相关的所有领域的进步。

5.2.2　不同层级的情感分类任务

　　情感分类任务可以根据所处的知识领域划分为单领域情感分类和多领域情感分类,也可通过迁移学习实现跨领域情感分类。根据分类材料的种类,可以分为单模态情感分类和多模态情感分类。根据分类的粒度,可以进一步分为文档级情感分类、句子级情感分类和方面级情感分类。下文将分别对这几种不同层级的情感分类任务进行阐述。

5.2.2.1　文档级情感分类

文档级情感分类(document-level sentiment classification),亦称为篇章级情感分类,是一种较为粗粒度的情感分类任务。这一任务主要目标是针对给定的文档,将其持有的观点分类为正面或负面。文档级情感分类并不深入研究文档中的具体实体或属性,而是基于假设,即整篇文档仅针对一个单一实体表达了观点持有者的情感态度。此技术在诸如产品评论、新闻报道、客户服务、舆情监控等领域有着广泛的应用,能帮助各行各业理解客户或用户的需求和反馈,进一步优化产品和服务。

文档级情感分类常被视为一种文本分类问题,传统的监督机器学习算法在处理此类任务时能够取得良好的效果。例如,Pu、Wu 和 Yuan 采用了多种特征方法,提取出含有关键情感倾向的句子,并使用结构化的 SVM 模型对选中的句子进行编码[346]。Khan 等人引入了一种称为 EnSWF 的集成学习方法,对提取的特征进行降维以减少冗余信息对情感分类判断的影响,实验证明此方法在多个数据集上都取得了良好的效果[347]。Choi、Oh 和 Kim 提出了一种基于深度神经网络的义档级句子分类模型,通过门机制自动确定文档中句子的重要程度,在电影评论、酒店评论、餐厅评论和音乐评论等四个不同领域的情感数据集上进行实验,取得了良好的效果[348]。Zhang、Wang 和 Zhang 提出了一种循环注意力 LSTM 神经网络,用于迭代定位覆盖关键情感词的注意力区域[349]。通过逐渐缩小注意力范围和标记数量,利用关键情感词的权重进行文档情感的最终分类。

此外,还有一些学者采用了不同的方法进行文档级的情感分类。例如,高歌、罗珺玫和王宇利用概念层次网络理论(hierarchical network of concepts,HNC)中的概念层次和对偶理论,并根据符号生成规则,将一些新词用符号表示以方便计算情感值[350]。樊娜、安毅生和李慧贤首先通过两层随机模型获取局部文本情感,然后采用加权 K 近邻算法获得文本的全局情感。针对具有主观性质的文本,如产品评论[351]。Pandey 等提出了一种基于 K 值和杜宇搜索的新型启发式算法[352]。

尽管文档级情感分类提供了文档整体层面上的情感倾向,但其具有一定的局限性。例如,它并未考虑情感所评论的对象,对于同时评价多个实体或存在多个主体评价信息的复杂文本数据,其效果可能会受到限制。即使是只评价一个实体,我们在实际应用中也希望得到更细节的信息,比如用户喜欢某个产品的哪些特性,对哪些特性不满意等。因此,随着研究的深入,学者们开始关注更精细的情感分类任务。

5.2.2.2　句子级情感分类

句子级情感分类(sentence-level sentiment classification)将单个句子作为情

感表达的单元,识别其情感倾向。其基本假设是,一个句子最多只表达一种情感。通常情况下,句子级情感分类是一个三分类问题,即判断其是正面、负面还是中性的情感。这类任务也可以看成两个单独的二分类问题:首先进行主客观分类,然后对文本情感倾向进行识别。

主客观分类旨在将句子划分为主观和客观两类,识别出描述客观事实的文本和表达作者观点的文本。主客观分类方法主要包括基于词典的方法和基于机器学习的方法。例如,Wiebe、Bruce 和 O'Hara 使用朴素贝叶斯分类器进行主客观分类,他们使用了一种二值特征,如是否出现代词、形容词、基数词以及情感动词等。此后的相关研究也使用了其他学习算法,并设计了更复杂的特征[353]。Hatzivassiloglou 和 Wiebe 对形容词的特征进行了详细分析,发现使用部分形容词进行分类的效果要优于使用全部形容词[354]。杨武、宋静静和唐继强针对微博文本的表述特点提取主客观线索特征,对 2-POS 模式的最佳选取方式进行研究,最终以特征词和主客观线索作为语义特征,2-POS 模式作为语法特征,采用朴素贝叶斯分类器研究它们对分类结果的影响[355]。

在确定一个句子包含主观信息后,下一步就是判断文本的情感倾向。Qiao 等学者提出了一个语言规则化的情感词库模型,该模型将情感词库、否定词和强度词等语言资源整合到语言规则库中,从而更准确地判断句子中的情感倾向[356]。Socher 等人使用了一种深度学习的方法进行句子级和短语级的情感分类,他们提出的递归神经张量网络(recursive neutral tensor network)在语义组合的准确率上超越了其他监督学习方法[357]。Zhang 等人将深度学习方法与特征表示结合,提出了增强卷积神经网络模型,通过使用朴素贝叶斯和支持向量机对分类结果中置信度较低的数据进行分类,从而提升了分类的准确性[358]。Li 等人提出了一种融合自注意力机制的 BiLSTM 模型,利用丰富的情感资源和情感知识进行建模,形成不同特征通道,同时利用自注意力机制增强情感信息以判断句子情感极性[359]。Rintyarna、Sarno 和 Fatichah 提出了一种命名为句子级特征(SLF)和领域敏感特征(DSF)的文本特征提取方法,该方法在产品评论的句子级和领域级都考虑了单词的语义,从而提高了产品评论的监督情感分析性能[360]。Araújo、Pereira 和 Benevenuto[361]设计了一个用于多语言句子级情感分析的工具,通过将特定语言的输入文本翻译成英语,然后使用为英语开发的最佳方法,取得了较好的效果。

相较于文档级情感分类,句子级情感分类在分析粒度上有了显著的提升。然而,在实际应用中,文本往往非常复杂,例如,当一个句子中出现关于多个实体的情感时,句子级情感分类仍然无法全面地识别文本中的情感倾向。

5.2.2.3　方面级情感分类

方面级情感分类(aspect-based sentiment classification)旨在检测句子中对

于特定方面的情感倾向。在这里,"方面"指的是描述实体的词汇或短语。方面级情感分类任务需要对方面词和情感进行细致的交互考量,因为如果在判断情感时忽略方面信息,可能会导致分类错误。这是因为同一形容词在描述不同方面或在不同领域中描述不同方面时,所表达的情感可能不同。方面级情感分类能更细致地判断句子在特定方面的情感极性,从而使对文本情感的判断更加准确。例如,在对一篇餐厅评论进行评价时,可能的方面包括食物、服务、价格和环境等,而情感可能是积极的、消极的或中立的。方面级情感分类的任务是对文本中的每个方面进行情感分类,以更深入地理解用户对特定产品或服务的观点。

方面级情感分类通常需要经过两个步骤:方面提取和情感分类。前者负责识别并提取出文本中的方面词,而后者则对这些方面的观点进行分类。

传统的机器学习方法由于无法充分利用上下文信息对句子进行建模,因此在方面级情感分类任务中显得力不从心。如今,深度学习模型在方面级情感分类中被广泛使用。这个任务可以被视为一个文本序列处理任务,即按照顺序处理文本,并挖掘文本序列中的位置和长期依赖关系作为情感分类的依据。针对这种序列任务,循环神经网络和长短期记忆网络等模型有较好的效果,Tang 等人首次将 LSTM 模型引入这个任务中,并将方面词扩展到其中,从而显式地学习方面目标与句子中其他词汇的语义联系[362]。Zhang、Zhang 和 Vo 利用双向循环网络(Bi-RNN)模拟方面词与其上下文之间的交互,以更好地表示句子上下文和方面词[363]。刘全等人提出了一种结合区域卷积神经网络和分层长短期记忆网络的深度分层网络,通过局部卷积神经网络来保留句子局部特征及不同句子间的序列关系,并利用分层长短期记忆模型获取评论句子的情感特征信息。这个方法能有效地捕捉到方面词在句子中的局部特征信息以及在整个文本评论中的长距离依赖关系[364]。

随着注意力机制的提出,我们可以通过计算方面词和上下文的语义相关性来分配上下文的注意力权重,这有助于减少无关词的干扰,并更好地建模方面词和上下文词之间的依赖关系。Fan 等学者利用多粒度注意力机制整合句子和方面词的交互信息,得到句子的整体表示[365]。Tang 等人设计了一个双注意力网络,以识别相互冲突的观点[366]。Huang 等人出了一个具有方面特定上下文位置信息的方面级情感分析模型。他们通过设计两个非对称的上下文位置权重函数,根据方面词在句子中的位置来调整上下文词的权重,以缓解方面词两侧词汇数量差异对句子的干扰[367]。该模型通过单句级和多句级的双向 GRU 层,将文档中每个句子的上下文关联以及它对单个句子的方面情感极性的影响进行提取。

5.2.2.4　跨领域情感分类

在执行特定领域的情感分类任务时,需要大量的标注数据。然而,数据标注需要大量的人力和物力投入。因此,研究者们尝试利用其他领域的标注数据,通过提升模型的泛化能力,来减轻对特定领域标注样本的依赖。但情感分类任务对所处领域的训练数据极其敏感,一个领域内的分类器通常无法在其他领域取得良好效果。这是因为不同领域的词汇和语言特征各不相同,甚至有可能出现同一词语在不同领域表达不同情感倾向的情况。跨领域情感分类任务需要通过迁移学习的方法,从已有的相关任务中获取知识以改进新任务。迁移学习,也称为知识迁移、多任务学习、知识融合等,旨在将知识从不同但相关的领域、任务和分布之间迁移。

通常,我们将有标注数据的原始领域称为源领域,待评估的新领域称为目标领域。根据源领域和目标领域是否有标注样本,迁移学习可以分为三类:目标领域有少量标注样本的被称为归纳迁移学习;只有源领域有标注样本的称为直推式迁移学习;源领域和目标领域都没有标注样本的称为无监督迁移学习。根据学习方法,迁移学习可以进一步分为四类:基于样本的迁移学习、基于特征的迁移学习、基于关系的迁移学习以及基于模型的迁移学习。

Lu 等人提出了一个名为 naive tensor subspace learning 的迁移学习算法,该算法基于张量的 Tucker 分解[368]。余传明提出了一种跨领域深度循环神经网络(cross domain deep recurrent neural network, CD-DRNN)模型[369],该模型在标注资源丰富的源领域中进行学习,并将目标领域的文档投影到与源领域相同的特征空间,以此完成跨领域情感分析任务。他们以亚马逊的书籍、DVD 和音乐类目下的中文评论作为实验数据。Zhao、Wang 和 Li [370] 将一种名为多源域适应与联合学习(multi-source domain adaptation with joint learning, MDAJL)的框架应用到多源跨域情感分类任务中,他们采用软参数共享策略在不同任务之间共享参数,并开发了一种称为类细化最大均值差异的新方法。这种方法在中英文跨域分类任务上取得了更高的性能。

虽然迁移学习在解决跨领域情感分类任务上取得了一定成果,但其在很多重要问题的研究上还不够深入和完善。由于领域间的差异性,只有部分领域的知识适合转移到目标领域,同时,不同领域的相似度通常依赖于经验衡量,缺少统一且有效的相似度测量方法。

5.2.2.5 多模态情感分类

从信息来源的角度来看,信息可以来源于文字、声音、图像、嗅觉和触觉等多种渠道,每一种信息来源都可以被视为一种模态。随着网络的发展,越来越多的用户开始选择多媒体的方式来表达他们的态度和情感,如"文字+语音""文字+图像""文字+视频"等,这使得传统的单一模态情感分类方式无法充分识别复杂的情感信息。相反,多模态情感分类整合了多种信息来源,从而提高了情感分类的准确性。

随着用户情感表达方式的多样化,包含图文多模态内容的信息越来越多,因此图文情感分析也引起了越来越多的研究者的关注。目前,图文情感分析领域已经出现了大量的研究成果,涉及的技术方法主要分为基于机器学习的方法和基于深度学习的方法。例如,Schmidt 和 Stock 从机器学习的角度研究了文本情感和图像情感之间的紧密联系[371]。自此之后,应用机器学习解决图文情感分析任务成为这个领域的新方向。Yuan 等人在低级特征上训练了 SVM,生成了 102个中级图像属性,完成了情感推断[372]。You 等学者提出了卷积神经网络的跨模态一致性回归模型,分别对图像和文本特征进行了训练和提取,用于 Twitter 和 Getty Images 图像与文本情感分析任务,最终获得了 86％的分类准确率[373]。

然而,研究者们并不满足于仅使用图像和文本的信息,他们开始关注与之相关的其他媒体资源,如伴随的语音、音频等,以期能够整合多种媒体信息,对视频情感进行更全面、准确的理解。例如,Yu 和 Tao 提出了一种对语音和文本的多模态情感表达的研究方法[374]。Sebe 等人描述了视觉和音频双模态情感分析问题,并提出了使用概率图模型的方法,如应用贝叶斯网络以概率的方式融合面部表情特征和言语特征[375]。Morency、Mihalcea 和 Doshi 等采用隐式马尔可夫模型(HMM)融合了文本特征、视觉特征和音频特征,处理了三模态情感分析任务,并建立了一个 YouTube 视频情感数据集用于实验评估[376]。Poria、Cambria 和 Gelbukh 在深度卷积神经网络作为文本、视频和音频的特征提取器之后,将这三种特征拼接起来并训练了一个多核学习分类器,从而获得了多模态情感分数。对每个特征单独训练分类器后,采用最大投票机制进行决策融合,得到最终的情感类别[377]。

5.2.3　常见情感分类模型

本节将对当前常见的情感分类模型进行深入的探讨和总结。首先,我们将介绍基于问卷的情感分类方法,这是一种传统的、直接从用户反馈中获取情感倾向的方式。接下来,我们将详述基于词典的情感分类方法,该方法主要依赖于预先定义的情感词典来识别和分类文本中的情感。然后,我们将深入探讨基于传统机器学习的情感分类方法,这种方法通过构建和训练特定的机器学习模型来进行情感分类。最后,我们将展示基于深度学习的情感分类方法,这是近年来兴起的一种情感分类方法,其通过训练复杂的神经网络模型来捕捉和理解更深层次的情感信息。这些分类方法各有特点,可以根据不同的应用场景和需求进行选择和使用。

5.2.3.1　基于问卷的情感分类方法

基于问卷的情感分类方法是一种常见的研究方法,用于评估参与者在特定情境下的情感体验。这些问卷通常要求被试者根据自己的感受或反应,对不同情感状态进行描述或评分。

以下是一些常见的基于问卷的情感分类方法:

(1)情感自评量表(self-report questionnaires):参与者根据他们自己的感受,使用词语或句子来描述他们当前的情感状态。这些问卷通常包含广泛的情感范畴,如快乐、悲伤、愤怒、恐惧等。例如,受访者可能被要求描述自己目前的情感状态,如"我感到紧张",然后研究者会要求受访者用四个等级来描述其"紧张"的程度,如,"0"代表完全不紧张,"1"代表稍感紧张,"2"代表中等程度紧张,"3"代表非常紧张。通过这样的方式,就可以定量地了解到受访者的焦虑程度。Klonsky 等学者提出了一种新的情感自述报告测量工具——多维情感问卷(MEQ)[378]。MEQ 被设计用来综合测量情感体验,包括:总体的积极和消极情感反应;情感反应的三个组成部分(频率、强度和持久性);十种不同的情感(包括五种正面和五种负面);以及调节这些情感的能力。Harmon-Jones 和 Bastian 开发了一种敏感于不同情感状态的情感测量工具,即离散情感问卷(discrete emotions questionnaire,DEQ),它可以测量八种不同的情感状态:愤怒、厌恶、恐惧、焦虑、悲伤、快乐、放松和欲望[379]。Burić 等人针对教师群体,开发了一种结合心理测量和特定情境的多维自述报告工具,目的是评估教师在工作和职业生活中的特定情感体验。该工具包括了用于评估快乐、自豪、爱、疲劳、愤怒和绝望等情感的量表[380]。此外,常用的情感量表包括表包括"情感体验量表"(experience sampling method,ESM)、"正性与负性情感体验问卷"(positive and negative affect schedule,PANAS)等。

(2)情感识别问卷(emotion recognition questionnaires):这类问卷评估个体对不同情感表情的识别能力。被试需要判断或标识特定情感表情(例如,高兴、悲伤、生气、恐惧等)。这些问卷对于了解个体对他人情感的敏感度和沟通能力很有价值。

(3)情感调节问卷(emotion regulation questionnaires):这类问卷评估个体应对情感的方式和策略。参与者需要报告他们在情感激发或情感体验后采取的行为,以及这些行为对他们情感的影响。这些问卷有助于研究情感调节对心理健康和应对能力的影响。

(4)情感知觉问卷(emotion perception questionnaires):这类问卷评估个体对他人情感的感知和理解能力。参与者需要解释或识别其他人情感表现(例如,面部表情、语调、肢体语言等)。这些问卷有助于研究人际交往和情感理解能力。

虽然基于问卷的情感分类方法实施起来简单且方便,但其精确度难以保证。这是因为每个人对情感的感知和标准是不同的,甚至同一个人在不同的时间和状态下也可能有所不同,因此其可信度常常受到质疑。

5.2.3.2　基于词典的情感分类方法

基于词典的情感分类方法是一种计算机辅助的情感分析技术,它利用情感词典或词汇资源来自动识别文本中的情感内容。基于词典的情感分类方法,其基本思想是将需要进行情感分析的文本中的情感词汇与预定义的情感词典进行匹配,并按一定的规则判断其情感极性,最终汇总以确定文本所表达的情感极性。

图 5-6 列出了基于情感词典的情感分类步骤,具体如下。

(1)构建情感词典:首先,需要准备一个情感词典或情感资源。情感词典是一个包含单词或词组以及与之相关情感极性(如积极、消极或中性)的数据库。这些情感极性通常通过人工标注或者其他自动化方法得到。

(2)文本预处理:接下来,需要对待分析的文本进行预处理。这包括去除停用词(如"and""the""is"等)和标点符号,并进行分词处理,将文本拆分为单独的词语或短语。

(3)情感词典匹配:预处理后的文本,对其中每一个词汇在情感词典中查找是否存在,如果存在,则关联相应的情感极性,并记录其情感倾向。

(4)计算情感得分:对于一些情感分类方法,情感得分是通过将文本中所有匹配到的情感词的情感极性进行加权平均得到的。这将为文本赋予一个综合的情感得分,以代表整体情感倾向。

(5)情感分类:基于情感得分,文本可以被分类为积极、消极或中性。

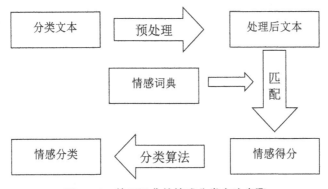

图 5-6　基于词典的情感分类方法步骤

词典方法在情感分类任务中广泛应用。陈晓东汇总整理了现有的情感词汇资源,并运用了扩展的情感倾向点互信息算法(semantic orientation pointwise mutual information,SO-PMI)对新浪微博语料进行实验,成功地自动获取领域情感词,构建了一个面向中文微博的情感词典,并在实验中取得了优良的效果[381]。杨超等人则利用了 HowNet 和 NTUSD 这两种资源对现有情感词典进行了扩展,创建了一个新的、具有倾向程度的情感词典,并基于扩展的情感词典,开发出了一个半自动化的网络舆情分析系统[382]。万岩基于情感词汇本体库,扩充了表情符号、网络用语、单字情感词等多种情感词汇,并结合语义规则建立了微博情感分析模型[383]。

基于词典的方法的核心模式是"词典+规则",主要依据情感词典来判断评论的情感极性,同时考虑评论数据中的句法结构,设计相应的判断规则。早期的情感词典构建主要依靠主观评价,例如,Osgood 等人在 1962 年开发了情感意义标记法(semantic differential),通过对比评价如"好"与"坏"、"快"与"慢"等关键词汇,构建了一个包含多个情感维度的情感词汇表。随着计算机和 NLP 技术的发展,学者们开始利用大规模语料库和计算方法,创建更全面准确的情感词典,同时考虑更复杂的表达方式,如多语言、网络词汇、表情符号等。例如,栗雨晴等人构建了双语多类情感词典,并提出了基于双语词典的情感分析方法[384]。Asghar 等人整合了表情符号、修饰语和领域特定术语来分析在线社区发布的评论,克服了以往方法的局限性,和基准方法相比,在考虑表情符号、修饰词、否定词和领域特定术语后,情感分析性能得到了提高[385]。Vilares 等人为解决 Twitter 上多语言极性分类问题引入了带有情感标签的代码转换 Twitter 语料库[386]。

目前,在英文领域,较有代表性的情感词典有 NRC emotion lexicon,General inquirer lexicon,Sentiment lexicon,SentiWordNet 等。在中文领域,情感词典有知网情感词典(Hownet),哈尔滨工业大学整理的《同义词词林扩展版》,台湾大学整理的中文情感词典(NTUSD)和大连理工情感词典等。下面介绍几种常用的情感词典。

知网情感词典是一种基于知网词库的中文情感分类工具,由中国科学院计算技术研究所和北京大学信息科学技术学院等机构合作开发。该词典包含了超过 50 万个中文词汇,并为每个词汇标注了其积极、消极、中性情感倾向。知网 Hownet 情感词典采用了"义原"(semantic primitive)的概念来表示词汇的情感倾向。义原是语言的最小意义单位,包含了一个词的语义信息和情感倾向等。通过对义原的情感倾向进行累加或平均,可以得到一个词的整体情感倾向。知网 Hownet 情感词典的情感分类标注基于人工标注和 NLP 技术,结合了大量文本数据和情感心理学理论,具有较高的准确性和可靠性。该词典不仅包含了常见的名词、动词、形容词等词汇,还包括了一些专业术语和网络用语等。

NRC 情感词典是一种广泛应用于英语情感分类的工具,由加拿大国家研究

委员会(National Research Council of Canada)所开发[387]。该词典收录了超过
14 万个英语词汇,并对每个词汇在八个情感维度上进行标注,包括愤怒、恐惧、悲
伤、快乐、惊奇、厌恶、信任和反感。NRC 情感词典的情感分类依托人工标注和
NLP 技术,结合大量的文本数据和情感心理学理论,确保了较高的准确性和可靠
性。该词典不仅包含常见的名词、动词、形容词等词汇,还涵盖了专业术语和网
络用语等。NRC 情感词典在英语情感分类任务中被广泛应用,如情感分析、舆
情监测、品牌口碑分析等。同时,该词典也常被用于其他英语 NLP 任务,如文本
分类、关键词提取等。

　　大连理工情感词典由大连理工大学计算机科学与技术学院等机构合作开
发,作为一种中文情感分类工具。该词典收录了超过 7 万个中文词汇,并对每个
词汇的积极、消极、中性情感倾向进行了标注。大连理工情感词典的情感分类依
托人工标注和 NLP 技术,结合大量的文本数据和情感心理学理论,确保了较高
的准确性和可靠性。该词典不仅包含常见的名词、动词、形容词等词汇,也涵盖
了一些专业术语和网络用语等。此外,大连理工情感词典对情感词汇进行了情
感强度的划分,将情感词汇分为强烈、一般和弱化三个级别,这样的划分更好地
反映了情感词汇对情感表达的影响程度。

　　基于词典的情感分类方法虽然简单易用,但它高度依赖于情感词典和判断
规则的质量,而这两者都需要大量的人力进行设计,限制了其应用的广度。在信
息时代,网络新词和旧词新义层出不穷,词典和规则需要不断更新才能适应新的
语言环境。同时,基于情感词典的方法在处理一些复杂的情感表达,如讽刺、双
关或隐含的情感表达时,表现出的准确度较低。例如,对于"这台电视机刚买回
来就坏了,它质量可真好!"这样需要依赖上下文内容进行分析的情感表达,基于
词典的情感分类方法往往难以准确处理。因此,需要结合或采用其他情感分类
方法,以提高情感分类的准确性和鲁棒性。

5.2.3.3　基于传统机器学习的情感分类方法

　　在大数据迅猛发展的今天,我们面临着海量的非结构化数据。仅凭人工处
理和分析这些数据已经不再现实。因此,我们需要利用机器学习和深度学习等
技术,从复杂庞大的数据中提取、处理和分析我们所需的信息。

　　基于机器学习的情感分类方法是一种使用机器学习算法从大量文本数据中
学习情感分析模型,实现情感分类的方法。这种方法的核心思想是通过对大量
标注的文本数据进行机器学习,自动学习文本的情感特征,从而构建一个情感分
类器。

　　图 5-7 展示了基于传统机器学习的情感分类方法的通用步骤。

　　(1)数据预处理:数据预处理的目的是规范化输入数据,从中精准地提取出

与后续分析密切相关的主要信息,剔除与目标任务关联度不强的内容。在数据预处理阶段,主要进行分词、词性标注、删除停用词、去除标点符号、清除乱码、移除表情符号以及删除链接等操作。这些操作均有助于减少无效信息,增强文本数据质量,以便更好地进行例如情感分析等高级处理。

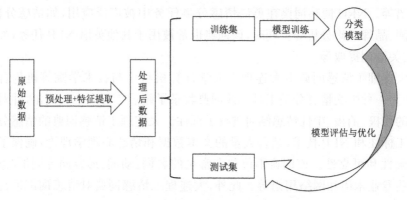

图 5-7　基于机器学习的情感分类方法步骤

(2)特征提取:在对文本进行预处理后,我们往往会得到一个高维度且稀疏的特征集合。如果我们不对这些特征进行精选,将大幅度延长计算时间并可能严重影响分类的精度。因此,特征选择(feature selection)的过程就显得至关重要,其主要目的在于从原始的高维特征集中筛选出一部分有意义且对模型有利的特征子集。这样做有助于提高信息处理效率,增强模型的泛化能力,并避免由于过拟合引起的模型预测性能下降的问题。在情感分类任务中,文本数据需要被转换成适用于机器学习算法的特征向量。常用的特征提取方法包括词袋模型(bag-of-words)、TF-IDF(term frequency-inverse document frequency)和N-grams等方法。这些方法都能有效地将文本数据转换为数值向量形式,从而方便后续的分类算法进行处理。

(3)数据标记:数据标记是指给每个文本样本赋予情感类别标签,通常分为积极、消极或中性。这些标签是训练监督学习模型所需的目标输出。

(4)训练集和测试集划分:将数据集划分为训练集和测试集,训练集用于训练分类器,测试集用于评估分类器的性能。通常,大部分数据用于训练,一小部分用于测试。

(5)选择分类算法:选择适合情感分类任务的传统机器学习算法,如朴素贝叶斯、支持向量机、决策树、随机森林等。每种算法都有其优缺点,根据数据集的大小和特点来选择合适的算法。

(6)训练分类器:使用训练集对选择的分类算法进行训练。训练过程就是通过将特征向量与相应的情感标签输入分类算法中,使其掌握学习特征与情感类别之间的关系。

(7)模型评估:使用测试集对训练好的分类器进行评估。常用的评估指标包括准确率、精确率、召回率、F1 值等。这些指标可以帮助了解分类器的性能表现。

(8)调优和优化:根据模型评估的结果,可以进行分类器的调优和优化,例如调整特征提取方法、调整分类器的超参数等,以进一步提高情感分类的性能。

(9)应用模型:一旦模型训练和优化完成,就可以将其应用于新的文本数据,对其情感进行分类。

执行文本情感分类的机器学习关键环节包括文本特征的呈现以及分类模型的选择。在有监督学习算法中,每篇文章被转化为一个特征向量进行表示,特征的选择直接决定情感分类器的性能。常用的特征包括一元词(unigram)、多元词(n-grams)、词性(part-of-speech,POS)、词关系特征、基于规则的特征、结合情感词典的特征以及社交网络特征等[388]。Ng、Dasgupta 和 Arifin 发现,在一元词特征中加入二元词和三元词能提高 SVM 的分类性能。然而,仅使用一元词、二元词或三元词作为特征,随着阶数的增加,分类准确率反而有所降低[389]。Subrahmanian 和 Reforgiato 专门研究了"形容词—动词—副词"的组合特征对文本情感倾向判断的影响[390]。徐军、丁宇新和王晓龙选择形容词和名词作为特征项,得到了较高的准确率[391]。周杰、林琛和李弼程对网络新闻评论数据进行了词性特征对文本情感分类结果的比较,结果显示,名词和动词的分类效果好于形容词和副词[392]。Sperious 和 Wang 运用 Twitter 中的粉丝图谱的标签传播得到了较高的分类准确率[393,394]。Tan 等人将社交关系运用于用户级别的情感分类[395]。Zhao 等人将社会学知识应用于处理有噪音的短文本的有监督的文本情感分类[396]。

分类模型的训练有关分类的准确率不仅与特征提取有关,还与文本分类模型的训练密切相关。Soelistio 和 Surendra[397] 提出了一种使用朴素贝叶斯分类法分析数字报纸情感极性的简单模型,将其应用于数字报纸的政治情感分析,从数字新闻文章中获取有关特定政治家积极或消极的情感信息。Wikarsa 和 Thahir 研究了一种使用朴素贝叶斯方法对 Twitter 用户进行情感分类的应用[398]。Dey 等人利用朴素贝叶斯算法和最近邻算法对电影评论和酒店评论进行情感分析,发现在电影评论中朴素贝叶斯比最近邻效果好,但在酒店评论中,两者准确度差别不大[399]。Fei、Wang 和 Zhu[400] 了解决词典中存在的词语有时不能在特定语境中表达情感倾向的问题,提出了一种基于最大熵分类模型的方法以识别给定评论语句的情感词。Batista 和 Ribeiro 在 2013 年提出了一种基于二元最大熵分类器的策略,用于西班牙语 Twitter 数据的自动情感分析和主题分类[401]。Suttles 和 Ide 根据统计学方法从中英文情感分析中得出藏语句子情感分析方法,建立了基于最大熵模型的藏语句子情感分析系统,并对该系统进行了测试[402]。Pavitha 等人介绍了一种电影推荐系统的方法,该系统使用机器学习对选择的电影评论进行情感分析[403]。分别使用两种有监督的机器学习算法朴素贝叶斯分类器和支持向量机分类器以提高准确性和效率。通常情况下,情感可分为消极、积极和中性三类,但情感是复杂的,有时我们也希望获得更加准确的情感分类,如"开心""愤怒""难过""厌恶"等。Roberts 等学者使用一个从 Twitter 上收集的语料库,分别注释了七种情感:愤怒、厌恶、恐惧、喜悦、爱、悲伤和惊讶。他们使用此语料库训练一个分类器,以实现自动发现推文中的情感[404]。

与基于词典的情感分类方法相比,基于机器学习的方法能自动学习特征和分类规则,更适用于大规模数据集和复杂的情感分类任务。但此方法需要大量的标注数据和计算资源,这意味着大量的人力成本;另外,此方法需要选择适当的特征提取方法,这类方法仍依赖于人工设计,且在不同的领域其推广能力较差。

5.2.3.4 基于深度学习的情感分类方法

深度学习是一种前沿的机器学习技术,它依赖于神经网络的深层结构对大量数据进行模型训练和预测。深度学习算法在处理大规模、高维度的数据上表现卓越,且在诸如图像识别、NLP、语音识别等多个任务上已取得了显著成效。神经网络作为深度学习的基石,是由众多神经元层所组成的计算模型。每一个神经元层对输入数据进行特定的数学转换,并将结果传递给下一层,最终输出预测结果。在深度学习中,"深度"一词指的是神经网络中的层数,这使得算法能学习并处理更为复杂和抽象的特征,从而提高预测的准确性。通常,基于深度学习的情感分类方法需要经历以下步骤(见图 5-8)。

(1)数据预处理:对数据进行分词、移除停用词、词形还原和序列化等预处理操作,以将文本转化为可以处理的数字形式。

(2)选择模型架构:选取适合的神经网络模型。常见的模型有卷积神经网络、循环神经网络以及长短期记忆网络等。

(3)特征提取:通过嵌入层(embedding layer)将数字化的文本转换为向量表示,利用卷积层或循环层等进行特征提取。

(4)模型训练:使用训练数据集对神经网络模型进行训练,并对模型参数进行调整,以提高模型的性能。

(5)模型评估:利用测试数据集评估模型的性能,通常会参考准确率、召回率、F1 值等评估指标。

（6）模型优化：根据模型评估的结果，进行模型优化。这可能包括调整网络结构、调整超参数、使用正则化技术等。

（7）模型应用：将训练好的模型应用于新的文本数据，进行情感分类。

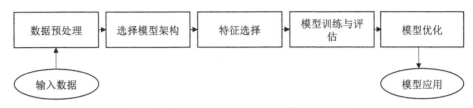

图 5 - 8　基于深度学习的文本情感分析流程

本节接下来介绍基于深度学习的文本情感分析所涉及的 NLP 相关的常见技术知识，包括向量表示方法、神经网络模型、预处理语言模型以及常见的深度学习框架。

1）Word2vec

Word2vec（word to vector），即"词向量"，是由 Google 研究团队中的 Tomas Mikolov 等人在 2013 年提出的一种基于全连接神经网络的模型[405]。Word2vec 的基本思想是使用神经网络将一个个的词编码为词向量，将文本中全部的词向量求和，接着根据求和的结果计算出词向量的平均值，以此作为该文本的特征向量。Word2vec 的核心思想是利用神经网络将每个单词编码为词向量，然后将文本中的所有词向量进行求和，并根据这个总和来计算词向量的平均值，这个平均值就被作为该文本的特征向量。Word2vec 的主要优势在于，它能够有效地解决传统词向量模型所面临的高维稀疏性问题和难以准确捕捉语义的问题。Word2vec 主要包括两种模型：Skip-gram 模型和连续词袋模型（continuous bag-of-words Model，CBOW）。Skip-gram 模型和 CBOW 模型都由三个部分组成，包括输入层、隐藏层和输出层。

Skip-gram 模型的基本思想是在每次迭代中选取一个词作为中心词，然后预测其上下文词出现的概率。Skip-gram 模型的结构如图 5 - 9 所示。

相较之下，CBOW 模型则是通过预测中心词的上下文来预测该位置可能出现的特征词的概率，即 CBOW 模型的输入是特征词的上下文词，输出的是该特征词的概率。CBOW 模型的结构如图 5 - 10 所示。

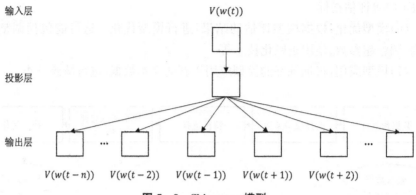

图 5-9　Skip-gram 模型

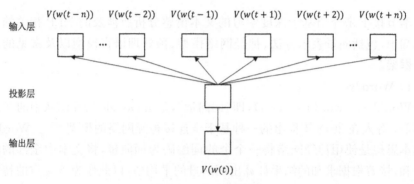

图 5-10　CBOW 模型

尽管 Word2vec 模型在情感分析领域得到了广泛应用,但它也存在一些缺点。首先,由于在 Word2vec 模型中,词与向量之间是一一对应的关系,这使得模型无法解决一词多义的问题。其次,Word2vec 模型只是对单词进行线性相加,并没有考虑到词的顺序,这可能导致一些关键信息的丢失,从而产生预测误差。

2) Doc2vec

继 Word2vec 之后,Tomas Mikolov 等人又进一步提出了 Doc2vec(document to vector)模型[406]。Doc2vec 是一种无监督算法,它能从长文本(如文档、段落或句子)中学习到固定长度的特征表示。相较于 Word2vec,Doc2vec 不仅能生成词向量,而且能训练出段落向量并预测新的段落向量。Doc2vec 的基本思想是将每个独立的文本视为一个大文档的各个段落,并赋予每个文本段落一个独一无二的标识(paragraph ID)。然后,通过加上 paragraph ID,基于 word2vec 进行训练,进而对 doc2vec 模型进行训练。与 Word2vec 相似,Doc2vec 也有两种训练技术:分布式记忆的段落向量(distributed memory model of paragraph vectors,PV-

DM）和分布式词袋版本的段落向量（distributed bag of words version of paragraph vector，PV-DBOW），它们分别类似于 Word2vec 的 CBOW 和 Skip-gram 模型。

　　PV-DM 技术首先将 paragraph ID 映射为一个独立的向量，即段落向量。这个段落向量和每个词向量都作为矩阵的一列。在每次从一句话中滑动采样固定长度的词时，选取其中一个词作为预测词，其他词作为输入词。对应的段落向量和输入词的词向量作为输入层的输入。然后，将段落向量和本次采样的词向量进行拼接或求平均，得到一个新的向量，作为 softmax 输出层的输入，用以预测此次滑动窗口中的预测词。在一个文档或句子的许多训练过程中，paragraph ID 保持不变，共享同一个段落向量。这意味着在预测单词的概率时，会考虑整个句子的语义。训练结束后，我们就会得到所有的词向量和每句话对应的段落向量。在预测新的句子时，段落向量会随机初始化，然后放入模型中，并根据随机梯度下降不断迭代，直到得到稳定的句子向量。在预测过程中，模型词向量、softmax 权重和其他模型参数保持不变，只需要足够的时间，就可以计算出预测的段落向量。PV-DM 的模型结构如图 5 - 11 所示。

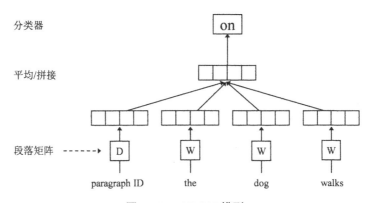

图 5 - 11　PV-DM 模型

　　相对的，PV-DBOW 技术则是一种忽略上下文的方法。在每次梯度下降迭代时，都会从文本中重新采样一个窗口，然后从这个窗口中随机选取一个单词作为预测任务，让模型去预测。PV-DBOW 的模型结构如图 5 - 12 所示。

　　总之，Doc2vec 模型使用无标签数据进行训练，省去了复杂的人工标注数据的过程；解决了传统词袋模型维度过高、无法获取词序信息的问题；而且，它能从长文本中学习到固定长度的特征向量。由于 Doc2vec 模型的这些优点，它在文本分类和聚类领域得到了广泛的应用。

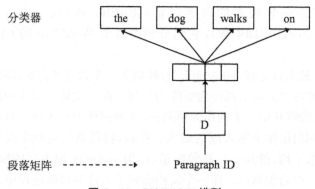

图 5‑12　PV-DBOW 模型

3）卷积神经网络（convolutional neural network，CNN）

卷积神经网络在文本情感分类领域已经被广泛使用和研究，其网络结构和模型原理已在 3.4.2.1 中详细介绍。刘龙飞等学者采用 CNN 对微博情感倾向性进行分析，通过使用字级别和词级别词向量作为原始特征，成功地通过 CNN 提取出有价值的特征。实验结果显示，利用字级别词向量和词级别词向量的 CNN 分别获得了 95.42％和 94.65％的准确率[407]。冯兴杰、张志伟和史金钏提出了一种结合了 CNN 和注意力模型的方法进行文本情感分析，其性能在准确率、召回率和 F1 测度等方面明显超越了传统的机器学习方法和纯 CNN 方法[408]。程燕等人提出了一种基于卷积神经网络和层次化注意力网络的深度学习模型，C-HAN（convolutional neural network-based and hierarchical attention network-based chinese sentiment classification model）[409]。模型首先使用并行化卷积层学习词向量之间的关联和组合方式，然后将结果输入到以双向循环神经网络为基本单元的层次化注意力网络中进行情感判断。该模型在中文评论数据集上的分类准确率达到了 92.34％。Rhanoui 等人提出了一种结合了卷积神经网络和双向长短期记忆神经网络的方法，同时加入了 Doc2vec 词嵌入方法，使模型能够适应长文本的情感分析。实验表明，该模型优于 LSTM、CNN 以及 LSTM-CNN 模型[410]。Priyadarshini 和 Cotton 提出了一种新颖的 LSTM-CNN-网格搜索的深度神经网络模型用于情感分类任务。他们通过网络搜索的方式找到了 LSTM-CNN 模型的最优参数，在多个数据集上都取得了较高的准确率。这些研究都在一定程度上展示了基于 CNN 的情感分类模型的强大性能和广阔的应用前景[411]。

4）循环神经网络（recurrent neural network，RNN）

循环神经网络是一种强大的神经网络结构，能有效处理序列数据，比如文本，非常适用于 NLP 任务，如情感分类。RNN 的独特之处在于其反馈机制，它可以将前一时刻的输出作为后一时刻的输入,这使得 RNN 能够在处理序列信息时考虑到前后文的相关性。在进行情感分类的任务中,RNN 将一段文本(输入)转化为表达特定情感(如正面、负面或中性)的类别(输出)。

RNN 通常包括输入层、隐藏层和输出层。输入层负责将文本数据转换为可供网络处理的向量形式。隐藏层是网络的核心,包含循环单元(recurrent unit,RU),负责捕捉文本中的序列依赖关系。隐藏层的输出会传递给输出层进行分类。输出层通常是全连接层,输出对应各个情感类别的概率分布。在训练 RNN时,常用的算法是时序反向传播(backpropagation through time,BPTT)。在预测阶段,RNN 会根据已经训练好的参数,对输入的新文本进行情感分类。总的来说,循环神经网络在情感分类中的应用,可以根据文本的序列信息,对文本所表达的情感进行分类。

RNN 网络结构如图 5 - 13 所示。

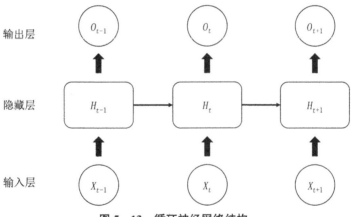

图 5 - 13 循环神经网络结构

循环神经网络在 NLP 中的应用非常广泛。例如,刘金硕和张智采用预训练的词向量作为底层递归神经网络的输入,然后将递归神经网络输出的句子向量以时间顺序作为上层循环神经网络的输入,这种方法有效地融合了两种网络,提高了分类器的准确率[412]。谢铁等人利用深度递归神经网络算法捕获句子的语义信息,并使用"情感训练树图资料库"作为训练数据,以此找出词语的情感信息[413]。Sun、Li 和 Ren 则提出了一种将帖子和相关评论融入微博对话中进行特征提取的方法,并设计了一个定制的深度神经网络模型,该模型与多层受限玻尔兹曼机(Multilayer Restricted Boltzmann Machine)结合,用于初始化神经网络的结构[414]。曹宇慧的研究主要解决了 RNN 在学习长距离依赖信息时的问题,以及 CNN 在全连接分类层无法有效对非线性分布的数据进行情感分类的问题[415]。

5）长短期记忆网络（long short term memory network, LSTM）

我们已经在 3.4.2.2 部分详尽地讨论了长短期记忆网络的网络结构和模型原理。在情感分类中，LSTM 也得到了广泛的应用。例如，周瑛、刘越和蔡俊[416]提出一种基于多注意力机制的 LSTM 模型，被用于微博评论的情感分析。Hu等人在 LSTM 模型的基础上创建了一个关键词库，这能帮助挖掘文本中的隐含语义，从而提高文本极性判断的准确性[417]。梁军等人则是将 LSTM 扩展至基于树结构的递归神经网络，用于捕获文本的深层信息[418]。此外，为了解决传统LSTM 模型中忽略目标词的问题，Tang 等人提出了一种名为 target-dependentLSTM（TD-LSTM）的模型[362]。该模型使用了两个 LSTM，一个从左到右，另一个从右到左，分别对目标词左侧和右侧的信息进行建模。

5.2.3.5 基于预训练语言模型的情感分类方法

深度学习模型在文本情感分类领域的应用已经取得了显著的成就。然而，当处理现今海量的多样化数据时，深度学习的方法还存在一些挑战。当前的深度学习方法高度依赖已标注的数据，然而在 NLP 领域，大规模的标注数据集并不常见。相较于计算机视觉领域，NLP 的数据标注任务更具挑战性，其精确性取决于标注者对文本内容的理解。由于仅依赖少量的人工标注数据，难以驱动大型深度学习模型，这限制了模型的学习能力。

预训练语言模型（pretrained language models, PLMs）的出现开启了 NLP 的新篇章，为解决上述问题提供了重要的策略。预训练模型属于迁移学习的一种，它的基本思想是利用预先训练好的大规模通用语言模型对特定下游任务进行微调，从而避免了大量的人工调参，并解决了训练数据不足的问题。

具体来说，PLMs 在处理情感分类任务时的一般步骤如下。

（1）预训练：模型在大规模无标注的文本数据上进行预训练，学习到词语、短语甚至句子的语义表示。

（2）微调：在预训练的基础上，模型在具有情感标签的数据集上进行微调。在微调过程中，模型的参数会根据具体的情感分类任务进行调整。

（3）预测：模型接收一段待分类的文本，通过前向传播得到该文本的情感分类结果。

早期的预训练语言模型主要用于获取文本的向量表示，如 Word2vec 和Doc2vec 等。然而，现在更受欢迎的预训练语言模型主要用于获取更深层次的语义表示，如 Transformer、ELMo、BERT、GPT、RoBERTa 等。本节将重点介绍Transformer、BERT 和 RoBERTa。

1）Transformer 模型

Transformer 模型是由 Google 公司的 Vaswani 等人在 2017 年针对机器翻

译任务提出的深度学习模型[419]。传统的序列处理模型,如 RNN 或 LSTM,通常会按照序列的顺序,一个接一个地处理序列中的元素,因此这种处理方式存在计算效率低下的问题。而 Transformer 模型则引入了"自注意力"(self-attention)或"变换器"(Transformer)机制,可以同时处理序列中的所有元素,并对每个元素分配不同的注意力权重,从而有效地捕获序列中的长距离依赖关系。

　　Transformer 的整体模型架构如图 5 - 14 所示。

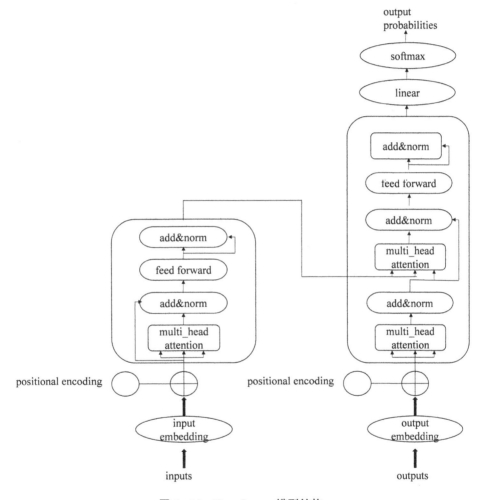

图 5 - 14　Transformer 模型结构

　　Transformer 模型主要由两部分组成:编码器(encoder)和解码器(decoder)。编码器接收输入序列,并生成一系列上下文感知的表示,然后这些表示被解码器用来生成输出序列。原论文中使用了六个编码器和六个解码器。在情感分析任务中,本章研究只用到了编码器,因此以下我们将主要讨论编码器的工作原理。

每个编码器由两个子层构成:自注意力层和位置前馈网络层(position-wise feed forward network,FFN)。在 NLP 任务中,对于任何神经网络架构,识别每个词的位置以及词序是至关重要的。由于 Transformer 的自注意力机制无法捕捉输入序列的顺序,因此,Transformer 引入了位置编码(positional encoding,PE)。具体而言,Transformer 使用正弦和余弦函数作为位置编码,然后将这些编码与对应位置的词向量相加。位置向量的维度与词向量维度一致。PE 计算公式如下:

$$PE_{(pos,2i)} = \sin\left(\frac{pos}{10000^{\frac{2i}{d_{model}}}}\right) , PE_{(pos,2i+1)} = \cos\left(\frac{pos}{10000^{\frac{2i}{d_{model}}}}\right) \quad (5-1)$$

其中,pos 表示单词在文本中的绝对位置,d_{model} 表示词向量的维度,i 表示词向量的第几维度。

人们通常会选择性地关注部分信息,因此文本中不同的信息具有不同的重要性。注意力机制使我们能够将更多的注意力聚焦在关键信息上,同时降低对其他信息的关注度或过滤掉无关的信息。Transformer 模型引入的自注意力机制减少了对外部信息的依赖,使其更擅长捕捉数据或特征的内部关联性。自注意力机制的整个计算过程如下面公式所示:

$$Attention(Q,K,V) = softmax\left(\frac{QK^T}{\sqrt{d_k}}\right)V \quad (5-2)$$

其中,Q、K、V 分别代表着查询(Query,Q)、键(Key,K)和值(Value,V),d_k 是 Q 和 K 中行向量的维度。通过式(5-2)的计算,输出结果中的每一个元素都具有所有单词的信息。公式中除以 $\sqrt{d_k}$ 可以加速模型的收敛速度,且确保注意力不被部分词语主导,加强了模型的泛化能力。

除此之外,使用一个头(head)来尝试提取所有单词的信息通常是有限的,因此 Transformer 模型采用了多头自注意力(Multi-head Attention)机制。将文本映射为矩阵后,我们可以学习到 W^Q、W^K、W^V,并通过线性变换得到新的 Q、K、V 矩阵,然后计算不同的注意力得分,将这些得分进行拼接,形成多头注意力机制。

$$head_i = Attention(QW_i^Q, KW_i^K, VW_i^V)$$
$$MultiHead(Q,K,V) = Concat(head_1, head_2, \cdots, head_h)W^O \quad (5-3)$$

位置前馈网络就是一个全连接前馈网络,每个位置的词经过完全相同的前馈网络。位置前馈网络由两个全连接层构成,第一个全连接层的激活函数为 ReLU 激活函数,第二层则不使用激活函数,其公式如下:

$$FFN(X) = \max(0, X\,W_1 + b_1)\,W_2 + b_2 \qquad\qquad (5-4)$$

其中，X 表示输入，通过位置前馈网络输出的矩阵维度与 X 一致。

2）BERT（bidirectional encoder representation from transformers）模型

BERT 模型是一种基于 Transformer 模型的预训练深度学习模型，由 Google AI 研究院在 2019 年提出[420]。BERT 的主要特点在于它采用双向 Transformer 编码器，这使得模型能够考虑到输入序列的前后上下文信息。

BERT 模型的训练过程包括两个阶段：预训练和微调。在预训练阶段，模型在大规模无标签文本数据上训练，通过两种任务来学习文本的上下文表示，即"遮蔽语言模型"（masked language model）和"下一句预测"（next sentence prediction）任务。在微调阶段，预训练的 BERT 模型在具有特定任务标签的数据集上进行微调，如文本分类、命名实体识别、问答系统等。

BERT 模型结构图如 5-15 所示。

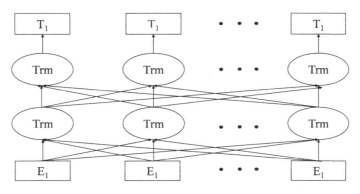

图 5-15　BERT 预训练语言模型

BERT 模型打破了传统序列模型中的序列依赖性，从而更容易地实现计算的并行化。在自然语言处理领域，它展现出了强大的性能，并得到了广泛的应用。例如，方英兰、孙吉祥和韩兵设计并建立了一个结合 BERT、Bi-LSTM 以及 Attention 的情感分析模型，用于对商品评论数据集进行情感倾向性分析[421]。王艺皓等人提出了一种基于 BERT 的深度学习情感分析模型，用于解决粗粒度和细粒度的情感分析问题[422]。实验结果显示，在没有复杂架构影响的条件下，该模型的预测效果明显优于其他语言模型。

此外，Zhao 等人提出了一种基于 BERT 的情感分析和关键实体检测方法，并将其应用于在线金融文本挖掘和社交媒体舆情分析，该方法在两个财务情感分析和关键实体检测数据集上都取得了很好的效果[423]。Hu 等人提出一种情感分析方法,这种方法利用预训练的 BERT 模型学习句子和方面之间的深层关系以及句子中的长期依赖关系,并通过自我批评的强化学习进一步检测观点片段,该方法在处理多向情感句时表现出了显著的优越性[424]。Song 等人通过研究 BERT 的中间层来提高其精细化性能,并在基于方面的情感分析中验证了这种方法的有效性[425]。Pang 等人在 BERT 的基础上,构建了一种名为 ALM-BERT 的方面级情感分析方法,首先使用预训练的 BERT 模型从评论的上下文中挖掘更多的方面级辅助信息,同时构建了一种基于属性的情感特征提取方法[426]。

3) RoBERTa(robustly optimized BERT pretraining approach)模型

RoBERTa 模型是 BERT 模型的一种变体,由 Facebook AI 研究团队开发[427]。RoBERTa 的目标是调整和优化 BERT 的预训练细节以获得更好的性能。

以下是 RoBERTa 模型与 BERT 模型的几个主要区别。

(1)动态遮罩机制:在 BERT 中,所有的预训练数据都使用了相同的 mask 进行预训练,然而在 RoBERTa 中,引入了动态 mask 机制,对于相同的语句,每次预训练会有不同的 mask。

(2)取消了 next sentence prediction(NSP)任务:BERT 模型中有两个预训练任务,即遮盖语言模型和下一句预测。RoBERTa 去除了下一句预测这个预训练任务,因为研究者发现这个任务对于模型的效果改进不明显。

(3)更大的训练数据和批处理大小:RoBERTa 增加了训练的语料库,包括了 Wikipedia、CommonCrawl 等,并使用更大的批处理大小进行训练。

(4)更长的训练时间和更多的步骤:RoBERTa 进行了更多步数的训练并延长了训练时间,以充分利用更大的数据集和批处理大小。

由于这些调整和优化,RoBERTa 在各种 NLP 任务上都实现了较好的性能,包括情感分类、问答、文本分类等任务。然而,需要注意的是,由于 RoBERTa 模型使用了更大的训练数据和更多的训练步骤,因此需要更强的计算能力和更长的训练时间。

5.2.4　情感数据集

情感分类数据集是 NLP 领域中一类重要的数据集。该数据集通常由大量用户评论或者社交媒体文本组成,每个文本都被标注了对应的情感类别,比如"积极""消极"或"中性"或是更具体的情感分类,如"开心""悲伤""愤怒"等。这些数据集通常用于训练和评估情感分类模型,分析用户情感倾向等。目前,已经有很多研究使用情感分类数据集探索了不同的情感分类算法和模型,并取得了一定的研究成果。

表 5-3 汇总了常用的情感数据集。

表 5 - 3　常用情感数据集

数据集名称	数据类型	数据集内容
IMDb	文本数据	英文电影评论
亚马逊情感分析数据集	文本数据	电子商务产品评论
THUCNews	文本数据	新闻文本
Yelp 数据集	多模态数据	商户点评
Multi-ZOL	多模态数据	手机的评论
EmoReact	多模态数据	场景视频
AffectNet	多模态数据	面部表情
Multi-modal movie corpus	多模态数据	电影片段
SEMEVAL-2018 task 1： affect in tweets	多模态数据	Twitter 文本
COCOA	多模态数据	场景图像

　　IMDb 数据集(internet movie database)是一个广泛使用的英文电影评论数据集,由互联网电影数据库提供。该数据集包含了 50 000 条来自 IMDb 网站的电影评论,其中一半被用作训练,剩余一半用作测试。每条评论都被准确地标注为正面或负面情感。这些评论是由不同用户对不同电影撰写的,其中包含了专业影评人的观点,以及普通观众的反馈。每条评论都由评论文本和对应的情感标签组成。IMDb 数据集的文本内容包罗万象,涵盖了各种类型的电影和多种风格的评论,因此具有高度的多样性和代表性。这使得该数据集可以被用来训练和评估各种英文情感分类的算法和模型,包括但不限于朴素贝叶斯分类器、支持向量机,以及深度学习模型等。此外,IMDb 数据集也常被用于进行其他 NLP 任务,如文本分类、情感分析等,因此在 NLP 领域占有重要地位。

　　亚马逊情感分析数据集(Amazon sentiment analysis dataset)是一个由亚马逊公司提供的广泛使用的英文情感分类数据集。该数据集收录了超过 4 万条针对各种产品的亚马逊电子商务评论,其中每条评论都附带了标注为正面、负面或中性情感的标签。此数据集涵盖了多种产品类型,如书籍、电影、音乐、电视节目、电子产品以及其他各类商品,因此,其中的评论内容丰富多样,具有很高的代表性。每条评论都包含了评论文本、星级评价以及对应的情感标签,其中,5 星或 4 星的评价被标注为正面评论,3 星的评价被标注为中性评论,而 1 星或 2 星的评价被标注为负面评论。亚马逊情感分析数据集提供了丰富的文本内容和情感标签,因此可用于训练和评估各种英文情感分类算法和模型,包括但不限于朴素贝叶斯分类器、支持向量机,以及深度学习模型等。由于其内容多样性和大量的样本,这个数据集在情感分析领域具有重要的应用价值。

THUCNews 情感分类数据集是清华大学自然语言处理实验室发布的一个中文情感分类数据集。该数据集包括了 8 万篇新闻文章,分别归类为积极和消极两个类别,每个类别约有 4 万篇文本。这些文本是从庞大的 THUCNews 数据集中精选提取出来的,而后经过人工标注得到了对应的情感标签。THUCNews 情感分类数据集的内容广泛,包含了新闻、评论、报道、专栏等各种类型的文章,其中以新闻报道为主。每篇文章都由标题和正文两部分组成,总共有 163 710 条记录。THUCNews 情感分类数据集具有很高的质量和标注准确度,是一个理想的基准数据集,适用于训练和评估各种中文情感分类算法和模型。其丰富的内容和精准的标注使得该数据集能够在比较研究和性能评估中发挥关键作用,进一步推动中文情感分类研究的进展。

Yelp 数据集是一个包含了餐馆评论和相应商户信息的大型数据集,常被用于情感分析和推荐系统的研究。Yelp 每年都会发布新的版本,提供给研究者进行分析和实验。Yelp 数据集包含了众多城市的商户、用户和商业评论信息。每个商户都有一系列的属性,如类别(例如,意大利餐馆或印度餐馆)、地址、星级评分和评论数量等。用户数据包括用户 ID、朋友、评论数量和第一次评论的时间等信息。评论数据包括评论的文本、日期和星级评分等。数据集的评论部分通常用于情感分析,其中星级评分可以用作情感标签。例如,1 星和 2 星的评价通常被视为负面,而 4 星和 5 星的评价被视为正面。这个数据集特别适合用来训练和测试深度学习模型,如卷积神经网络(CNN)和循环神经网络(RNN)。

Multi-ZOL 数据集是一个由中国信息技术和商业门户网站 ZOL.com.cn 提供的数据集,专门收集和整理了关于手机的评论。这个数据集共收录了 12 587 条评论,涵盖了 114 个品牌和 1 318 种手机,其中包括 7 359 条单模态评论和 5 288 条多模态评论。在这 5 288 条多模态评论中,构成了 Multi-ZOL 数据集的主体。每条多模态评论都包含一个文本部分和一个图像集,以及至少一个最多六个评价方面。这些评价方面包括:性价比、性能配置、电池寿命、外观感觉、拍摄效果和屏幕,共计得到了 28 469 个独立的评价方面。每个评价方面都附带一个 1 到 10 的情感得分,这些得分为情感分析提供了丰富的标签信息。由于 Multi-ZOL 数据集包含了大量的图像和文本数据,以及详细的评价方面和情感得分,因此它是一个非常适合用于训练和评估多模态情感分析模型的数据集。

EmoReact 是一种大规模的视频情感数据集,其目标是进行视频中的情感识别的研究。该数据集包含了不同情感状态的儿童在观看视频时的反应,是首个关注儿童情感反应的大规模数据集。EmoReact 数据集包括约 10 000 个视频，其中包括儿童观看电视节目时的反应，以及他们对特定情感的表达。这些视频中的儿童表达了多种情感，如快乐、悲伤、惊讶、恐惧、愤怒、厌恶等。每个视频都包含多个模态的数据，如视频、音频、面部表情、身体姿势等，这使得研究者可以研究多模态情感识别的问题。此外，这个数据集还包括了情感标签，这些标签是通过人工标注得到的，为每个视频分配了一种或多种情感标签。EmoReact 数据集的发布，使得研究者可以更好地理解和研究儿童的情感反应，对于儿童的情感识别和理解、机器学习模型的开发以及人机交互技术的改进都有重要的价值。

AffectNet 是一个大规模的面部表情数据库，被广泛应用于情感计算和人脸识别领域。AffectNet 包含了约 1 000 000 张带有手动标注的面部表情图像，以及约 400 000 张自动标注的图像，这些图像均来源于互联网。这些图像被标注为八种不同的情感状态：中性、快乐、悲伤、惊讶、恐惧、厌恶、愤怒和蔑视。除此之外，每张图像的面部关键点位置也已经被标注，这在进行面部表情分析时十分重要。此外，AffectNet 还提供了面部表情和其他情感模态的数据，如声音、文字和心率等。AffectNet 数据集已经被广泛应用于情感识别、情感分类、情感生成等任务，并且在多个国际比赛中取得了良好的成绩。总之，作为一个具有高度代表性的多模态情感分析数据集，AffectNet 对于推动情感分析和多模态数据分析的研究具有重要的价值。

Multi-modal movie corpus（MMMC）是一种多模态数据集，主要用于研究电影对话中的情感。MMMC 包含了来自经典电影的多模态数据，如对话文本、音频、面部表情、姿势和镜头信息等。MMMC 中的电影对话已经被标注了情感标签，包括六种基本情感（快乐、悲伤、愤怒、恐惧、惊讶、厌恶）和四种复杂情感（无聊、困惑、兴奋、平静）。每个对话都有一个或多个情感标签，这些标签是由专业标注者进行标注的。该数据集包括几种不同的标注，包括情感、人物角色、对话动作、社会场景等，这使得 MMMC 不仅适用于情感分析的研究，也适用于对话理解、人物角色识别和社会情境识别等相关研究。MMMC 的发布，对于情感计算、电影对话理解以及人机交互等领域的研究都提供了一份宝贵的资源。其大规模和多样性也使得 MMMC 成为这些领域内的一个重要基准数据集。

SEMEVAL-2018 task 1：affect in tweets 数据集是一个专门用于 Twitter 情感分析的数据集，由 SEMEVAL（semantic evaluation）在 2018 年的一个任务中发布。这个数据集不仅包括 Twitter 的文本，还包含相关的图像和音频信息，为研究者提供了丰富的多模态数据。这些数据反映了各种不同情感状态，如愤怒、高兴、悲伤、恶心、惊讶和恐惧等。数据集中的 Twitter 文本来源于不同的主题和时间段，部分由人工标注，部分由自动系统标注。此外，每条推文所对应的图像和音频数据与其文本内容紧密相关。例如，如果 Twitter 文本中提到了某个特定的事件或情境，那么与之相关的图像和音频数据就会被纳入对应的多模态数据中。SEMEVAL-2018 task 1：affect in tweets 数据集在学术界的重要性不言而喻。它为情感分析和多模态数据处理提供了极其丰富和多样的数据源，使得研究者可以在这个基础上进行多模态情感状态的深入研究，从而推动社交媒体情感分析的发展。

COCOA（contextualized and out-of-context affect）是一个用于研究情感理解与上下文关系的多模态数据集，包含超过 5 000 张来自 COCO（common objects in context）数据集的图像，同时配备了对应的文本描述。这些文本描述既包括人工编写，也包括从网络上收集的评论。每一个文本描述都被标记有一种情感标签，其中包括高兴、悲伤、愤怒、惊讶、恐惧、厌恶以及中性等七种不同的情感状态。此外，COCOA 数据集还提供了情感强度标签，描绘了情感状态的强烈程度。这些标签是由多位标注员经过严格的质量控制流程进行标注的，保证了标注结果的准确性和一致性。COCOA 数据集可以用来研究图像与文本之间的情感关系，例如通过文本描述和图像特征来预测情感状态和强度。此外，这个数据集还可以用于评估多模态情感分析算法的性能，比较不同模态数据在情感分析任务中的重要性。COCOA 数据集对于情感计算、自然语言处理以及机器视觉等领域的研究具有重要价值。

5.2.5 常见的深度学习框架

在开发深度学习模型之前，选择适当的深度学习框架是极其关键的，因为它可以极大地提高开发效率。目前，全球主流的深度学习框架包括 TensorFlow、PyTorch、Caffe、PaddlePaddle、MXNet 等。接下来将介绍几个广受欢迎的深度学习框架。

1）TensorFlow

TensorFlow 是 Google 于 2015 年开发的一款内建于机器学习和深度神经网络领域的开源软件库。它是当前深度学习领域最经典、最受欢迎的学习框架之一。TensorFlow 具有强大的可扩展性，并为多种编程语言提供了相应的 API，以便用户使用自己熟悉的计算机语言进行开发。

TensorFlow 框架的主要优点包括：

• 跨平台和可移植性：同样的模型和代码可以同时运行在服务器、PC 以及移动设备上，并可以自由选择在 CPU 或 GPU 上执行。

• 丰富的内建算法：TensorFlow 包含了我们在机器学习中可能用到的大部分算法，包括决策树、朴素贝叶斯分类器、集成学习、聚类算法、主成分分析等。

• 丰富的社区资源：TensorFlow 的文档详尽，几乎对所有函数和参数进行了阐述,极大地方便了用户的使用。在 GitHub 库中,超过 2 000 名贡献者提交了超过 14 000 份数据。

- 良好的编程扩展性:支持 Python、C++、Java、R、Go 等大多数编程语言。
- 适合工业部署:TensorFlow 内置的分布式、Service 等结构,使得企业和个人能够方便地完成模型的训练与部署。

2) Caffe

Caffe(全称 Convolutional Architecture for Fast Feature Embedding)是由加州大学伯克利分校的研究团队于 2013 年提出的深度学习框架。Caffe 使用 C++语言编写,并提供了 Python 和 MATLAB 语言的接口,它以其清晰的接口和高速的计算性能而广受欢迎。

Caffe 框架的优点主要包括:

- 速度快:支持 OpenBLAS、MKL、cuBLAS 和 GPU 计算加速。
- 支持多语言:基于 C++,也支持命令行、Python 和 Matlab 接口。
- 易于上手:功能模块化,轻松实现了对新的数据格式、损失函数和网络层的扩展。

3) PyTorch

PyTorch 是一个 Python 优先的开源机器学习库,以其前沿的设计理念被誉为一个顶尖的深度学习框架。作为科学计算框架 Torch 在 Python 上的延伸,PyTorch 的诞生深受 Torch 和 Chainer 这两个框架的启发。相较于 Torch 的 Lua 语言,PyTorch 选用了更受欢迎的编程语言 Python 作为其开发语言。PyTorch 在封装 Lua 语言的基础上,重新构建了基于 Tensor 的所有模块,并借鉴了 Chainer,新增了最先进的自动求导系统,使其成为当前最流行的动态图框架之一。自推出以来,PyTorch 就迅速受到了广泛关注,并在深度学习领域内取得了极高的流行度。到 2023 年 2 月为止,PyTorch 已经成为仅次于 TensorFlow 的全球第二大深度学习框架,而且其人气仍在不断攀升。

PyTorch 主要具备以下特性:

- 操作简洁,代码可读性强。
- 灵活易用,允许用户在运行时动态构建和修改计算图。
- 支持分布式训练,可以实现在研究和生产环境中的分布式训练和性能优化。
- 生态系统健全,提供了一系列新的工具和软件库,以便处理计算机视觉、自然语言处理等领域的开发。

4) PaddlePaddle

PaddlePaddle 是百度于 2016 年开发的开源、全功能的深度学习框架。

PaddlePaddle 的迭代速度极快,已经经历了基于层设计、基于 OP 以及基于命令式编程的三代深度学习系统的发展,如今其深度学习的表达能力越来越强,为工业界的技术开发人员和学术界的研究人员提供了强大的深度学习平台。

相比于广受欢迎的 TensorFlow 框架,PaddlePaddle 有以下优势:

• 易用性更强:PaddlePaddle 的定位是易用性,相比于偏向底层的 TensorFlow,它更易于使用。大部分任务可以直接使用 PaddlePaddle,只需更换数据、修改部分参数就能执行。

• 更高的运行速度:PaddlePaddle 的代码更简洁,适合工业应用,尤其是一些需要快速开发的场景。

5.2.6 分类任务评价指标

如前文所述,情感分类本质上是一个二元或多元分类任务,需要对模型分类的结果进行评估,以判断模型的优劣从而做出改进。常用的分类模型的评价指标有准确率(accuracy)、精确率(precision)、召回率(recall)、ROC 曲线、F_1 值、macro-F_1 值、micro-F_1 值等。其中,前五个指标是评价一个分类器对二分类问题进行分类预测性能的重要指标,后两个指标则是评价一个分类器对多分类问题进行分类预测性能的重要指标。

在评估二元分类模型的性能时,我们通常会使用一个工具,叫做混淆矩阵(confusion matrix)。混淆矩阵是由两个维度构成的,即样本的实际标签和模型预测出的标签。

表 5-4　混淆矩阵

	预测为正样本	预测为负样本
实际为正样本	true positive（TP）	false negative（FN）
实际为负样本	false positive（FP）	true negative（TN）

如表 5-4 所示的混淆矩阵,在两个维度下交织形成四种可能的情况:

• 真正类(true positive,TP):是指被模型预测为正类的正样本。

• 假正类(false positive,FP):是指被模型预测为正类的负样本。

• 真负类(true negative,TN):是指被模型预测为负类的负样本。

• 假负类(false negative,FN):是指被模型预测为负类的正样本。

1) 准确率

准确率是评估分类器性能最常用的指标之一,其表示分类器正确分类的样本数占总样本数的比例。其计算公式如式(5-5):

$$accuracy = \frac{TP + TN}{TP + TN + FP + FN} \tag{5-5}$$

准确率的取值范围在 0 和 1 之间,值越大表示分类器性能越好。但是,准确率并不能完全反映分类器的性能,特别是当不同类别的样本数量不平衡时,准确率可能会给出误导性的结果。比如,若样本中 99% 都为正样本,那么分类器只需要对所有样本预测为正,就可以得到 99% 的准确率。此时,需要结合其他评价指标来全面评估分类器的性能。

2) 精确率

精准率表示分类器预测为正类的样本中实际为正类的比例。其计算公式如式(5-6):

$$precision = \frac{TP}{TP + FP} \tag{5-6}$$

精确率的取值范围在 0 和 1 之间,值越大表示分类器对于正类的预测越准确。精确率的计算不受真实样本的数量影响,但它也存在一些限制,比如在处理正负样本不均衡的数据时,仅计算精确率可能会给出误导性的结果。

3) 召回率

召回率表示正类样本中被分类器正确预测为正类的比例。其计算公式如式(5-7):

$$recall = \frac{TP}{TP + FN} \tag{5-7}$$

召回率的取值范围在 0 和 1 之间,值越大表示分类器对于正例的预测能力越强。召回率与精确率有时存在一定的矛盾关系,提高精确率的同时可能会降低召回率。在实际应用中,需要根据具体情况综合考虑两者之间的平衡。

4) ROC 曲线(receiver operating characteristic curve)

ROC 曲线是分类器性能的可视化展示,横轴表示假正类率(FPR),纵轴表示真正类率(TPR),ROC 曲线上每一个点对应着分类器在某个阈值下的性能。在 ROC 曲线中,分类器的性能越好,曲线越靠近左上角,即真正类率越高、假正类率越低。如图 5-16 所示,在 ROC 曲线下的面积 AUC(area under curve)可以作为一个综合性能指标,AUC 值越大表示分类器性能越好,最大值为 1。ROC 曲线与精确率—召回率曲线(PR 曲线)有所不同。PR 曲线是以精确率为纵轴,召回率为横轴绘制的曲线,适用于正负样本不平衡的情况。而 ROC 曲线适用于正负样本数量相近的情况,能够更全面地反映分类器的性能。

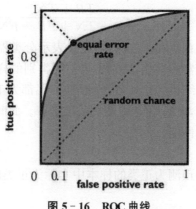

图 5 - 16   ROC 曲线

5) F_1 值(F_1-score)

F_1 值综合考虑精确率和召回率的指标,其计算公式如式(5 - 8):

$$F_1\_score = \frac{2 \times (precision \times recall)}{precision + recall} \quad (5 - 8)$$

F_1 值的取值范围处于 0 和 1 之间,数值越接近 1,说明分类器的性能越优秀。F_1 值是精确率和召回率的调和平均,因此它提供的性能评价比单独考虑精确率或召回率更全面。尤其是在处理不平衡数据,即正负样本数量有显著差异的情况时,F_1 值能更有效地反映出分类器的性能,避免因样本不均衡带来的评价指标偏差。

然后带入 F_1 的求值公式里,最终公式如式(5 - 9):

$$marco\text{-}F_1 = 2 \times \frac{\dfrac{\sum_{i=1}^{n} precision_i}{n} \times \dfrac{\sum_{i=1}^{n} recall_i}{n}}{\dfrac{\sum_{i=1}^{n} precision_i}{n} + \dfrac{\sum_{i=1}^{n} recall_i}{n}} \quad (5 - 9)$$

$micro\text{-}F_1$ 值的计算则是先算出所有类别的总的精确率和召回率,然后将这两个值代入 F_1 值的计算公式中,得到 $micro\text{-}F_1$ 值。公式如式(5 - 10):

$$mirco\text{-}precision = \frac{\sum_{i=1}^{n} TP_i}{\sum_{i=1}^{n} TP_i + \sum_{i=1}^{n} FP_i}$$

$$mirco\text{-}recall = \frac{\sum_{i=1}^{n} TP_i}{\sum_{i=1}^{n} TP_i + \sum_{i=1}^{n} FN_i} \quad (5 - 10)$$

$$mirco\text{-}F_1 = 2 \times \frac{mirco\text{-}precision \times mirco\text{-}recall}{mirco\text{-}Precision + mirco - recall}$$

　　在这六个指标中,它们的取值范围都在 0 到 1 之间。值越接近 1,表示模型的预测性能越好。

5.2.7　现有文献评述

　　现有的情感分类的模型主要存在以下不足:①尽管基于特征工程的方法可以获得有关情感的精确的语义特征,但它们依赖于数量有限的手动标注训练样本,在应用于检测动态变化的社交媒体信息中的情感表达时,无法达到良好的召回率;②尽管现有的基于深度神经网络的情感分类模型可以从大型文本语料库中自动学习隐式的特征表征,但一些精确的语义特征可能会被遗漏,而且没有利用到与情感相关的文档级别的特征。因此,我们提出了一种新颖的DeepEmotionNet 模型,它能够同时利用上下文、句法、语义和文档级特征以及词典增强的先验情感知识,以提升整体的情感检测性能。

5.3　基于深度学习和情感词典的文本情感分类框架

5.3.1　模型总体框架

　　本节提出了一个基于深度学习和情感词典的多元情感分类框架,即DeepEmotionNet 框架,如图 5 - 17 所示。

　　该框架由三个模块构成:Contextual Encoders、Message2Vec 和 Emotion2Vec。其中,第一个模块 Contextual Encoders 是一个基于 Transformer 模型的编码器,能够从文本中学习隐式的上下文和句法特征。该模块先在大型、无标签、通用语料库(如:BookCorpus 等)中进行预训练,从而获取一些基本的文本特征;接着在一些特定领域的语料库(如:DailyDialog 等)中进行微调,进而产生丰富的上下文嵌入,以便于后续的领域特定分类任务。

　　第二个模块 Emotion2Vec 利用 CNN 模型和情感词典方法,分别从领域特定语料库中学习丰富的情感相关的语义信息和从现有的情感词典中获取先验情感知识。其中,CNN 模型充分利用卷积和最大池化操作的优势,从特定领域的语料库中自动抽取信息特征,获取文本中的局部语义特征;通过使用多尺度卷积核,采用尺度各异的卷积过滤器来帮助模型进行特征学习,获得不同距离单词间的特征信息。同时,我们从多个流行的情感词典中添加更可靠的先验情感知识,以改进 CNN 模型,进一步增强后续的情感预测任务。

　　尽管 Contextual Encoders 模块能够通过上下文表征学习促进后续的情感分类,但在编码过程中可能忽略掉一些特定领域的语义特征。过往研究表明,多个文档间的表征技术能增进文本分类性能[428]。基于此,第三个模块 Message2Vec旨在从特定领域的文本语料库中学习多种与情感相关的文档级特征。该模块考

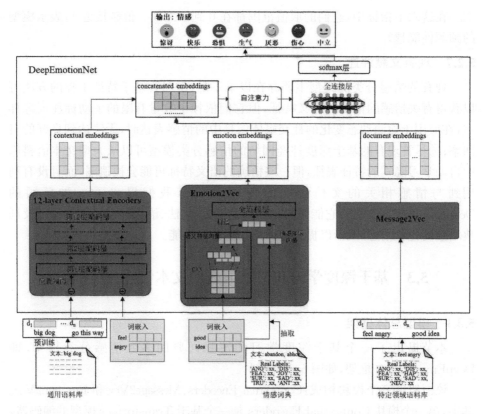

图 5-17　DeepEmotionNet 框架

虑了整个文档的语义、句法及语序,利用上下文词和段落向量来预测目标词汇。

总之,DeepEmotionNet 多元情感分类框架结合了深度学习和传统特征工程技术的优点,能够同时获取文本中的上下文、语义、句法、文档级的特征以及先验情感知识,从而大大提升了多元情感检测的准确性。

以下三个小节将详细讨论每个模块。

5.3.2　Contextual Encoders 模块

Contextual Encoders 是一个由 12 层编码器组成的模块,其基于强大的 Transformer 模型。如前文所述,Transformer 模型拥有自注意力机制,可以有效地获取全局信息,多头注意力机制则将信息映射到多个空间,从而增强模型的表达能力。输入到该模块的源文本或目标文本词嵌入及其位置编码首先被输入到第一个编码器的多头自注意力层,然后进入前馈网络。数据通过 attention 层和 FFN 层后,都会经过 add(残差连接)和 norm(层标准化)处理,以解决网络退化问题和处理文本数据长度不一的问题。每个编码器都会为文档的不同部分分配不同的权重,以创建包含上下文信息的词嵌入向量(上下文词嵌入向量)。与静态嵌入相比,上下文词嵌入能够捕捉单词的多义性和上下文信息。经过 12 层编码器的处理后,文档的上下文词嵌入向量被拼接起来,形成一个上下文文档嵌入向量。

为了衡量一个词嵌入向量包含的上下文信息的多少,本节采用由 Ethayarajh 等人提出的自相似性(self-similarity)方法[429]。该方法已被广泛应用于各类 NLP 任务来计算某种嵌入的上下文关系。在本节中,假设 w 代表文档集合 $\{d_1, d_2, \cdots, d_m\}$ 的子集 $\{d_1[j_1], d_2[j_2], \cdots, d_m[j_m]\}$ 出现的某个单词,即 $w = d_1[j_1] = \cdots = d_m[j_m]$。位于 l 层的单词 w 的自相似度计算公式如式(5-11):

$$self\text{-}similarty_l(w) = \frac{1}{m^2-m} \sum_i \sum_k cosine\_similarity\left(f_l(d_i,j_i), f_l(d_k,j_k)\right)$$

$$(5-11)$$

其中,$f_l(d,j)$ 指的是将文档 $d[j]$ 映射到 l 层的嵌入的函数。w 对应的词嵌入向量包含的上下文信息越少,$self\text{-}similarity$ 的值则越高。

以 Emotion Stimulus 语料库中的两个文档为例:"A king not universally popular, who owed his throne to assassination, must have been sensitive on such an issue, and maybe sometimes nervous of joining large assemblies of armed men"和"He was a professional musician now, still sensitive and happy doing something he loved"。这两个句子中同时出现单词"sensitive",文档中同时出现的单词"sensitive"在两个文档中表达了不同的情感。"sensitive"在前一句中传达出了"恐惧"的情感,而在后一句中则体现了"快乐"的情感。"sensitive"对应的词嵌入在这两个文档每一层(层数为 12)的余弦相似度如图 5-18(a)图所示。从图中可以看出,这两个文档中"sensitive"词嵌入之间的余弦相似度总体上随着编码器层数的增加而降低,这表明上下文词嵌入在较高层中更具上下文特性。然而,"sensitive"在"A king not universally popular, who owed his throne to assassination, must have been sensitive on such an issue, and maybe sometimes nervous of joining large assemblies of armed men"和"Unfortunately, anxious and stressed people become acutely sensitive to such fluctuations making them worse by their own concern"两个文档中均表示"恐惧"情感。如 5-18(b)图所示,"sensitive"两个词嵌入在上述两个文档之间的余弦相似度从 0 到 12 层均保持在 0.8～1,表明"sensitive"表征在这两个文档中上下文关系很弱。总体而言,"sensitive"在 Emotion Stimulus 语料库中出现四次,其自相似度如图 5-18(c)图所示。从图中看出,"sensitive"的自相似度随着编码器层数的增加而降低。这个例子生动形象地展示了 12-layer Contextual Encoders 模块能够捕捉一词多义和上下信息,相比而言静态词嵌入却无法识别

上述信息。

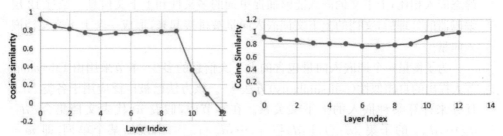

(a) 包含上下文语境的两个文档中"sensitive" 两个词嵌入之间的余弦相似度

(b) 不包含上下文语境的两个文档中 "sensitive"两个词嵌入之间的余弦相似度

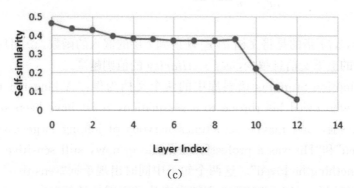

(c)

图 5 - 18 单词"sensitive"的自相似度/余弦相似性

5.3.3 Message2Vec 模块

Message2Vec 模块的主要目标是提取出文档级别的向量表示(document embeddings)。具体而言,Message2Vec 在向量表示中保留了词序和语义特征,并为不固定长度的段落创建了一个独特的向量。在训练阶段,带有段落标签的文档被输入 Message2Vec 模块。这个段落标签被映射为一个独立的向量,作为文档矩阵 D 的一列。同时,文档中的每个单词也被映射为一个独立的低维稠密向量(词嵌入向量),作为矩阵 $W \in \mathbb{R}^{d \times |V|}$ 的一列,W 表示单词矩阵,d 代表词向量的维度,$|V|$ 代表特定领域语料库的词汇数量。段落向量和词向量都是根据均匀分布进行随机初始化的。每个段落向量在所有文档中都是唯一的,而词向量则在所有文档中共享。随后,段落向量和词向量被拼接以形成一个新的向量表示。然后,该向量被送入一个带有 softmax 激活函数的全连接隐藏层,以预测下一个词的出现概率。给定一个单词序列 $w_1, w_2, \cdots, w_n$,Message2Vec 模块的预测公式如式(5 - 12):

$$y = b + Uh(w_{i-k}, \cdots, w_{i+k}; D, W) \tag{5-12}$$

其中,y 表示输出词的概率,b 和 U 表示 softmax 层的参数,h 表示情境词的拼接。

在预测阶段,目标文档的段落向量通过梯度下降算法调整,然后通过已在特定领域语料库中训练过的隐藏层传递到选定的词向量。这个过程不断重复,直到段落向量能最大化预测单词的概率。最终,预测出的段落向量和词向量被用于预测新的文档级别向量表示。

5.3.4　Emotion2Vec 模块

Emotion2Vec 模块旨在从特定领域的语料库和现有的情感词典中学习与情感相关的语义特征。该模块基于 CNN 和现有的情感词典构建。尽管 CNN 最初被设计用于图像处理,但近年来在文本分类任务上已表现出卓越的性能。我们采用 CNN 特定领域的数据中提取语义信息。基于 CNN 的语义信息提取模块由输入层、卷积层和最大池化层组成。工作流程如下:

输入层:该模型的输入是文本通过转化后得到的词嵌入矩阵。为了保证对模型输入的词向量矩阵的大小是一致的,将输入文本的长度设为一个固定的值,即 M。$x_i \in R^k$ 表示该文本第 i 个单词对应的 k 词向量。基于此,输入文本可表示为 $M \times k$ 的词向量矩阵 $\boldsymbol{x}$:

$$\boldsymbol{x} = x_1 \oplus x_2 \oplus \cdots \oplus x_M \tag{5-13}$$

其中,$\oplus$ 表示拼接操作。这里需注意,如输入文本字数超过 M,则对其进行截断;若字数少于 M,则进行补 0。

卷积层:使用不同尺寸的卷积核(convolution kernel)对输入矩阵进行卷积操作,卷积核的高度和词向量的维度等宽,研究中使用的卷积核高度分别是 3、4 和 5,得到了不同尺寸的特征序列。

最大池化层:将获得的情感相关的信息输入到最大池化层进行池化操作,输出一个最大化语义信息的情感特征向量 $v_j^{semantic}$。这一步减少了特征维度,并选取出了最具代表性的情感特征进行后续的情感识别。

$$v_j^{semantic} = max(v_j) \tag{5-14}$$

与此同时,为了进一步降低语义的复杂性,获取更可靠的语义特征(先验情感知识),并提高后续 CNN 模型提取特征的准确性,本章节引入了多个情感词典,如 NRC 情感词典[387] 和 WordNet 情感词典[430] 等。WordNet 情感词典是 WordNet 词典的扩展,该词典包括 WordNet 词典中与情感词相关的单词(包括名词、动词、形容词和副词)的同义词集合。这些词汇被标记为一到多个情感标签,包括消极、积极、中心、模棱两可、高兴、爱、恐惧等 32 种情感类别。该词典也被广泛应用于情感分析等领域。事实上,已有诸多研究表明,融合词典和深度学习的分类器能够显著提升分类性能[431,432]。

在本章研究中,我们使用情感词典从特定领域的语料库中提取情感词,再根据这些先验信息合成情感知识向量(emotion knowledge vector)。给定一个文档 d_j,d_j 中的所有情感词均从情感词典中抽取获得。根据词典中相应的情感标签,每个情感词被标记为多个情感标签。d_j 对应的情感知识向量表示为 $v_j^{lex} = [v_{1,j}^{lex}, v_{2,j}^{lex}, \cdots, v_{C,j}^{lex}]$,$v_{i,j}^{lex}$ 来自以下公式:

$$vlex_{i,j} = \begin{cases} \dfrac{e_{i,j}}{M_j}, & ifM_j \neq 0 \\ \dfrac{1}{C}, & otherwise \end{cases}, i \in [1,2,\cdots,C] \tag{5-15}$$

其中,$e_{i,j}$ 表示情感类别 i 在文档 d_j 中对应的情感词的数量,M_j 表示文档 d_j 中的情感词对应的情感类别数目,C 表示研究中使用的情感词典的情感类别总数。

以文档"good idea"为例,通过将这两个单词映射到情感词典中,从而抽取出一个情感词"good"。这个情感词包含"快乐"(happiness)和"信任"(trust)两种情感类别。从这个例子看出,$M_j = 2$,即该文档中的情感词对应的情感类别数为 2。假如情感词典包含的情感类类别数为 8(即 $C = 8$),这个文档相对应的情感知识向量就是 $[\frac{1}{2}, 0, 0, \frac{1}{2}, 0, 0, 0, 0]$。如果该文档中没有包含情感词,则对应的情感知识向量为 $[\frac{1}{8}, \frac{1}{8}, \frac{1}{8}, \frac{1}{8}, \frac{1}{8}, \frac{1}{8}, \frac{1}{8}, \frac{1}{8}]$。

接下来,将 $v_j^{semantic}$ 和 v_j^{lex} 拼接,形成一个新的语义向量 $\hat{v}$,该向量能有效捕捉到情感相关的语义特征和先验情感知识。最后,$\hat{v}$ 经过全连接层转化为情感嵌入(emotion embeddings)。

$$\hat{v} = (v_j^{semantic}, v_j^{lex}) \tag{5-16}$$

简而言之,DeepEmotionNet 框架中的 Contextual Encoders 模块旨在从大型通用库和特定领域的语料库中产生丰富的上下文嵌入;Message2Vec 模块旨在从领域特定的语料库中产生文档级嵌入;Emotion2Vec 模块旨在从领域特定语料库和情感词典中产生情感嵌入。

接着,将上述三种嵌入拼接形成一个新的向量。该向量能够同时获取文本中的上下文、句法、语义和文档级特征。该合成向量的产生公式如下:

$$d_j^{concate} = d_j^{contextual} \oplus d_j^{document} \oplus d_j^{emotion} \tag{5-17}$$

其中 $d_j^{concate}$ 代表新的合成向量,$d_j^{contextual}$,$d_j^{document}$,$d_j^{emotion}$ 分别表示文档 j 对应的上下文嵌入、文档级嵌入和情感嵌入。

然后,$d_j^{concate}$ 经过自注意力机制、全连接层和 softmax 层,最终生成针对多元情感分类的概率分布,公式如下:

$$p(c \mid d_j, \theta) = \frac{exp(W_c d_j + b_c)}{\sum_{c \in C} exp(W_c d_j + b_c)}$$

其中，$p(c \mid d_j, \theta)$ 代表文档 d_j 属于特定情感类别 cC 的概率。d_j、W_c 和 b_c 分别表示从全连接层输出的文档向量表示、softmax 层的权重矩阵和偏差参数。

5.4　基准数据集和评估过程

本节使用三个流行的基准数据集，即 DailyDialog、EmotionLine 和 IEMOCAP，以进一步评估 DeepEmotionNet 模型在不同数据集上的预测性能。

DailyDialog 是一个针对日常聊天场景的多轮、英语对话数据集[433]。该数据集包括 13 118 对个日常对话，每个对话大概有 8 轮。该数据集的优点在于噪声相对较少，覆盖了十大类生活主题，并且每一句对话都被标注了一种情感。该数据集包含七种情感类别，包括惊讶、快乐、恐惧、愤怒、悲伤和中立，这些包括了 Ekman 的六种基本情感和一种中立情感。

EmotionLine 是一个取自经典美剧《老友记》和 Facebook 的数据集[434]，由 2 000 组对话构成，总共有 29 245 个已标记的话语（utterances）。该数据集的每个话语都被标记为一种情感，情感类别与 DailyDialog 数据集使用的情感相同。

IEMOCAP（全称 interactive emotional dyadic motion capture database，即交互式情感二元运动捕捉数据集）是一个由南加州大学语音分析和口译实验室收集的多模态、多人参与、表演式的数据集[435]。该数据集包含约 12 小时的视听数据，包括视频、语音、面部表情的动作捕捉和转录文本数据。本章研究仅采用该数据集中的文本数据，共有条 10 039 转录文本。每条 transcript 都被标记为愤怒、恐惧、悲伤、惊讶、快乐、厌恶、沮丧、兴奋、中立等九种情感中的一种。值得注意的是，有相当一部分 transcript 被标记为"xxx"，表示情感类别不确定。与此同时，含有"厌恶"和"恐惧"情感的标签数量很稀疏。因此，我们将上述三种标签合并为一种标签，命名为"其他"。

然而，本研究的三个训练数据集都是不均衡的，也就是说不同标签的样本比例不平等。如果直接训练分类器，效果可能会很差。因此，我们需要处理数据集不平衡的问题，尤其是减少多数类和少数类的不平衡比例。本研究采用重采样技术来处理不平衡数据集的问题。

为了有效估计模型的泛化能力，并进行模型选择，本研究采用了十折交叉验证（10 - fold cross-validation）。具体步骤如下：

（1）随机将原始数据集分为 10 个互不相交、大小相同的子集。

（2）每次挑选其中 9 份作为训练集用于模型训练，剩下 1 份作为测试集测试模型性能。

(3)重复第二步 10 次,每次选择不同的子集作为测试集。

(4)每次在训练集上训练得到一个模型,在相应的测试集上进行测试,计算并记录模型的评估指标。

(5)计算 10 组测试结果的平均值,作为当前 10 折交叉验证下模型的性能指标。

(6)接着,本研究采用上述章节中提过的 Macro-F1 值和准确率来衡量模型的分类性能。

5.5　对比实验

本章研究构建了一个结合深度学习和情感词典的多元情感分析模型。为全面评估并对比其情感分类性能,我们选取了以下深度学习模型进行对比实验:

(1)RoBERTa:$BERT_{BASE}$的改进版模型。

(2)FinBERT:基于 BERT 的语言模型,用于金融领域的 NLP 任务。

(3)$BERT_{BASE}$:多层双向的 Transformer 编码器组成,由 12 层组成,768 隐藏单元,12 个 head,总参数量 110M,约 1.15 亿参数量。

(4)Seq2Emo:Sequence-to-Emotion 模型,考虑了双向解码器中隐式情感的相关性。

(5)CNN-BiLSTM。

(6)LSTM。

(7)TextCNN。

表 5-5 展示了不同分类器在 DailyDialog 数据集上的实验结果。可以从实验结果中看到,我们的 DeepEmotionNet 模型在该数据集上的分类性能优于其他七种情感分类器。DeepEmotionNet 在七种情感分类任务上的平均 Macro-F_1 和准确率分别达到了 73.6% 和 79.9%,性能提升幅度相较于最优秀的三个分类器 RoBERTa、Seq2Emo 和 $BERT_{BASE}$在 4.8% 到 9.6% 之间,相较于性能最差的分类器 TextCNN 则提高了 29.8%。同时,DeepEmotionNet 在不同情感类别的预测性能也较为稳定,并明显优于其他模型。

表 5 - 5　不同模型在 DailyDialog 数据集上的对比实验

模型	愤怒	厌恶	恐惧	快乐	惊讶	悲伤	中立	Av. Macro-F_1	准确率
DeepEmotionNet	0.740	0.728	0.728	0.739	0.741	0.726	0.750	0.736	0.799
RoBERTa	0.69	0.688	0.694	0.694	0.7	0.688	0.711	0.695	0.757
FinBERT	0.678	0.673	0.673	0.686	0.681	0.672	0.690	0.679	0.742
Seq2Emo	0.691	0.69	0.693	0.696	0.694	0.688	0.699	0.693	0.756
BERT$_{BASE}$	0.677	0.678	0.682	0.689	0.69	0.679	0.693	0.684	0.754
CNN-BiLSTM	0.635	0.636	0.64	0.643	0.641	0.631	0.647	0.639	0.674
LSTM	0.594	0.588	0.591	0.597	0.597	0.588	0.603	0.594	0.632
TextCNN	0.568	0.564	0.563	0.571	0.569	0.560	0.574	0.567	0.599

注：第 2～8 列显示每种情感的 macro-F_1 值；Av. Macro-F_1 和准确率表示七种情感的平均 macro-F_1 和准确率。

表 5 - 6 和表 5 - 7 分别显示了各个分类器在 EmotionLine 和 IEMOCAP 数据集上的实验结果。在这两个数据集上，DeepEmotionNet 的表现与在 DailyDialog 数据集上的结果大致一致，都明显优于其他深度学习情感分类器。

表 5 - 6　不同模型在 EmotionLine 数据集上的对比实验

模型	愤怒	厌恶	恐惧	快乐	惊讶	悲伤	中立	Av. Macro-F_1	准确率
DeepEmotionNet	0.737	0.728	0.715	0.713	0.730	0.723	0.729	0.725	0.785
RoBERTa	0.704	0.690	0.685	0.680	0.691	0.683	0.690	0.689	0.750
FinBERT	0.669	0.664	0.662	0.672	0.676	0.670	0.684	0.671	0.736
Seq2Emo	0.687	0.682	0.682	0.68	0.688	0.681	0.695	0.685	0.744
BERT$_{BASE}$	0.673	0.664	0.665	0.68	0.683	0.676	0.691	0.676	0.744
CNN-BiLSTM	0.638	0.631	0.637	0.641	0.638	0.631	0.643	0.637	0.647
LSTM	0.591	0.590	0.584	0.591	0.588	0.583	0.596	0.589	0.622
TextCNN	0.575	0.566	0.568	0.579	0.578	0.570	0.582	0.574	0.589

注：第 2～8 列显示每种情感的 macro-F_1 值；Av. Macro-F_1 和准确率表示七种情感的平均 macro-F_1 和准确率。

表 5-7　不同模型在 IEMOCAP 数据集上的对比实验

模型	愤怒	厌恶	恐惧	快乐	惊讶	悲伤	中立	其他	Av. Macro-F_1	准确率
DeepEmotionNet	0.625	0.626	0.618	0.618	0.614	0.631	0.620	0.624	0.622	0.636
RoBERTa	0.595	0.598	0.59	0.59	0.585	0.594	0.594	0.598	0.593	0.597
FinBERT	0.583	0.584	0.574	0.575	0.571	0.577	0.580	0.588	0.579	0.573
Seq2Emo	0.59	0.587	0.586	0.583	0.584	0.59	0.586	0.598	0.588	0.6
BERT$_{BASE}$	0.587	0.583	0.581	0.586	0.579	0.586	0.583	0.595	0.585	0.591
CNN-BiLSTM	0.575	0.569	0.567	0.574	0.57	0.571	0.571	0.579	0.572	0.562
LSTM	0.539	0.536	0.534	0.534	0.532	0.534	0.537	0.542	0.536	0.530
TextCNN	0.503	0.497	0.496	0.496	0.494	0.493	0.506	0.499	0.498	0.512

注：第 2～9 列显示每种情感的 macro-F_1 值；Av. Macro-F_1 和准确率表示八种情感的平均 macro-F_1 和准确率。

5.6　消融实验

由于本研究提出的 DeepEmotionNet 框架由 Contextual Encoders、Emotion2Vec 和 Message2Vec 三个模块构成,尽管第 5.5 节的对比实验已经表明 DeepEmotionNet 整体性能优于其他常见分类器,但我们仍需探究移除某一模块之后,框架的分类性能是否会受到显著影响。换言之,我们需要了解每个模块对整个框架分类性能的贡献。因此,本节设计了三组消融实验来测试每个模块对模型性能的贡献,结果如表 5-8 所示。

第一组实验"w/o Contextual Encoders",移除了 DeepEmotionNet 框架的 Contextual Encoders 模块,结果显示模型在三个数据集的预测准确率下降了 6.5%到 7.1%,这明显表明 Contextual Encoders 模块为预测提供了重要的信息。

同样,第二个实验设置"w/o Message2Vec"移除了 DeepEmotionNet 框架的 Message2Vec 模块,而第三个实验"w/o Emotion2Vec"则移除了 DeepEmotionNet 框架的 Emotion2Vec 模块。结果表明,缺少 Message2Vec 或 Emotion2Vec 模块,模型在三个数据集上的预测准确率分别下降了 3.8%到5.1%。因此,消融实验的结果明确了 DeepEmotionNet 提出的三大模块对于模型的预测性能都有着重要且不可或缺的贡献。

表 5-8　消融实验结果

模型	DailyDialog		EmotionLine		IEMOCAP	
	Av. Macro-F_1	准确率	Av. Macro-F_1	准确率	Av. Macro-F_1	准确率
1.w/o Contextual Encoders	0.694	0.747	0.677	0.734	0.586	0.591
2.w/o Message2Vec	0.711	0.761	0.697	0.755	0.592	0.609
3.w/o Emotion2Vec	0.707	0.758	0.682	0.746	0.59	0.606

注：w/o 是 without 的缩写,表示"去除"；Av. Macro-F_1 和准确率表示八种情感的平均 macro-F_1 和准确率。

　　综上所述,与基准模型的对比实验结果表明,本研究提出的模型在不同数据集上的表现均优于所有基准模型,这进一步验证了本研究的重要性和创新性。而消融实验结果也证明了模型每个模块对于性能提升的重要作用。

5.7　本章小结

　　本章提出了一种融合情感词典的深度学习方法,用于识别文本中的情感。此方法可以从动态变化的语料库(如社交媒体帖子)中自动学习到上下文、语义、句法以及文档级特征,从而有效提高情感分类的精度。具体来说,其中的 Contextual Encoders 模块可以从通用和特定领域的语料库中自动学习隐式的上下文和句法特征；Emotion2Vec 结合了 CNN 模型和经典的情感词典,使其能够学习特定领域的语义特征和先验情感知识；Message2Vec 模块能则能从特定的语料库中自动学习文档级的情感特征,进一步提升文本情感的分类性能。经过在三个广泛使用的基准数据集上与其他七种深度学习分类器的对比实验,实验证明了本框架在多元情感分类上的卓越性能。

　　本章的研究内容为理论研究了重要的启示。文本情感分析已成为 NLP 和文本挖掘领域的研究热点,此领域已经从计算机学科扩展至管理学、经济学、金融学、医学等多个领域,并引起了社会广泛关注。虽然现有的基于特征工程的情感分析方法可以从文本中识别出与情感相关的语义特征,但这些方法需要大量的手动标注工作,并且通常忽视了上下文和句法特征。因此,这些方法往往无法准确地从动态变化的社交媒体帖子中识别情感。同时,虽然现有的深度学习方法可以自动学习隐式的上下文和句法特征,但在数据挖掘过程中可能过滤掉一些文档级别和精确的语义情感特征。本章提出的 DeepEmotionNet 框架通过结合 Contextual Encoders、Emotion2Vec 和 Message2Vec 三个模块,有效地克服了上述方法的缺点，使文本情感检测更为准确、有效且实用。

在实践层面，本研究提供了一定的启示。我们提出的框架可以准确地从用户的社交媒体帖子中提取他们的多元情感，帮助各类机构预测特定用户的后续行为，从而做出更明智的管理决策。例如，对电商平台的大量用户评论进行情感分析可以帮助企业改进产品和服务，进一步提高用户满意度。又如，已经有研究证明了大众情感对股票收益有直接影响。因此，企业、分析师或机构投资者可以利用本研究模型从社交媒体平台上获取投资者的情感，基于这些情感预测股票走势。

这项研究未来还有很大的提升空间。

第一，未来的工作可以扩展当前模型，从音频、视频、图像等多模态数据中挖掘个人的情感，以便更全面地识别个人的情感。

第二，另外，未来的工作可以在中文、日语、韩语等多语言环境中训练模型，以提高模型在不同语言环境下的适用性。

第 6 章

基于机器学习和高管情感特征的
企业绩效预测研究

6.1　引言

　　随着大数据时代的到来,由于社交媒体的交互性、开放性、实时性等特性,越来越多的企业高管选择以此来强化与员工、投资者、顾客等利益相关群体的联系,并提升企业声誉与价值。据信息技术公司 Knowledia 的一份近期报告显示,截至 2021 年,68％的财富 500 强首席执行官(chief executive officer,CEO)活跃于 Facebook、Twitter、LinkedIn 等社交媒体平台上,而在 2015 年,这一比例仅为 39％[1]。一方面,高管们利用社交媒体,分享他们对工作和生活的情感、感受和观点,这样不仅摆脱了高高在上、难以接触的刻板印象,同时塑造了更为平易近人、友善的形象。这种做法能够长期增强利益相关者关系,提升企业声誉和价值。另一方面,企业的相关群体也越来越倾向于利用社交媒体来获取商务信息,以便更好地进行决策。

　　经济管理学领域的研究者已对个体情感状态(例如 sentiments 或 emotions)开展了广泛研究。例如, Ho 等研究人员探究了消费者在 Twitter 上的 sentiments 与分析师对公司未来收益预测的关联性[436]。Nguyen 等学者探讨了顾客在社交媒体上表达的情感如何影响机构投资者的投资决策和公司的价值[437]。Fehrenbacher 则分析了面部情感的表达如何对人机交互环境中的知识共享决策产生影响[438]。此外,Yin 等人研究了消费者在线评论中的愤怒情感如何影响消费者的态度和购买决策。但是,鲜有研究探讨高管通过社交媒体传达的情感对企业财务绩效影响。事实上,高管的情感可能会影响他们向利益相关群体(例如下属)传递的个人感受、观点和企业价值的理解,进而可能影响这些利益相关群体的后续行为,最终对企业绩效产生影响。

　　借鉴经典的情感即社会信息理论(emotions as social information, EASI)[439],本章研究认为高管通过社交媒体传达的情感会通过推理加工(inferential processes)和情感反应(affective reactions)两种不同的机制影响企业绩效。针对推理机制，高管发布的社交媒体帖子中包含的情感信息，为企业员工等利益相关群体提供了关于其工作绩效的线索，同时为投资者等外部利益相关群体提供了有关企业当前运营和未来战略定位的商业信息。这些信息会影响利益相关者的后续行为（例如下属的工作表现或投资者的交易行为），从而最终影响企业的财务绩效。在情感反应机制方面，高管的情感（例如快乐）能够传递给利益相关群体并引发相似的情感反应，从而进一步影响他们的行为以及企业的绩效。

尽管诸多过往的研究已证实，从社交媒体帖子中抽取的个人二元情感（即正向情感和负向情感）具有预测能力，然而从高管社交媒体帖子中抽取的多元情感对企业绩效的预测能力尚待进一步研究与验证。

为了填补这一研究空白，本研究构建了一个基于深度学习的新型计量经济学模型，以实证检验从高管社交媒体帖子中抽取的六种基本情感对企业财务绩效的解释能力（explanatory power）和预测能力（predictive power）。这六种基本情感源自 Ekman 的基本情感理论，包括愤怒（anger）、厌恶（disgust）、恐惧（fear）、快乐（joy）、悲伤（sadness）和惊讶（surprise）[319]。本章研究主要解决以下两个研究问题：

研究问题一：利用深度学习模型从高管社交媒体帖子中获取的多元情感是否对企业绩效有显著影响？

研究问题二：高管的情感特征是否能显著提升企业绩效的预测准确性？

本章研究的主要贡献包括：首先，我们利用 EASI 理论和深度学习模型实证检验了高管多元情感与企业绩效的显著相关性。其次，比较了高管多元情感特征和二元情感特征对企业绩效的预测能力，证明了利用深度学习模型从高管社交媒体帖子中提取的多元情感特征对企业绩效的预测性能显著强于二元情感特征。最后，本研究通过在 EASI 的整体研究框架下，将最先进的基于深度学习的情感分析整合到计量经济学模型中，从而实现了方法论的创新。总之，本章研究为涉及个人心理测量属性（例如情感）在内的大规模商业分析研究打开了新的研究路径。据我们所知，这是首项从社交媒体帖子中提取高管多元情感并同时检验其对企业绩效解释力和预测力的研究。

本章的后续部分按照以下结构进行安排。

6.2 理论基础与文献综述：本部分将回顾本研究中所涉及的 EASI 理论模型和 Ekman 的基本情感理论，并对高管情感、企业绩效等概念进行界定，对相关研究中的维度和变量测量进行梳理，评述现有研究的贡献和不足，并进一步明确本章的主要研究问题。

6.3 理论模型和研究假设：本部分将提出基于 EASI 理论的总体研究框架，

并提出具体的研究假设。

6.4 数据获取与研究方法：本部分将详细描述数据获取的渠道、过程和处理方法，提出变量测量的方法，并完成描述性统计分析。此外，也将设计并提出研究所使用的计量经济学模型，并明确模型中所涉及的变量。

6.5 实证结果分析：本部分将利用线性回归模型进行假设检验，分析、讨论并总结实验结果。

6.6 基于机器学习和高管情感特征的企业绩效预测实验：本部分将利用三种常见的机器学习方法，设计高管多元情感特征集，构建性能优秀的预测模型，以提升企业财务绩效的预测准确性和效率。

6.7 稳健性检验：本部分将进行一系列的稳健性检验，以进一步巩固研究结果。

6.8 本章小结：本部分将总结研究结论，探讨该研究的贡献，包括理论贡献与实践启示，并指出研究的局限性以及未来的研究方向。

6.2　理论基础与文献综述

6.2.1　情感即社会信息理论

情感即社会信息（emotions as social emotion，EASI）理论源自情感的社会功能性理论，由 Van Kleef 在 2009 年提出[439]。该理论认为情感不仅反映了个人的内在心理状态，同时也承载着社会信息，可以影响他人的认知和行为。表达者通过情感向观察者（感知者）传递信息，进而影响观察者后续的行为。根据 EASI 理论，观察者对情感信息的处理主要通过两种途径：推理加工（inferential processes）和情感反应（affective reactions）。

1）推理加工

"推理加工"是指观察者根据他人的情感表达，推断出相关的社会信息，包括情感表达者的需求、态度、关系取向以及行为倾向。这些信息会对观察者产生影响，促使其做出相应的行动反应。虽然情感表达的具体含义可能因具体的情境而变化，但是，情感所传递的基本信息价值是普遍存在的。例如，当个体遭遇挫折或者责备他人时，往往会表现出愤怒情感。在这种情况下，感知到愤怒情感的个体可能会推断自己可能做错了某件事情，而这种推理可能会影响他的行为，如选择道歉。当个体面临巨大损失或者困境时会变得悲伤消沉，此时感知到悲伤情感的人可能会推断出表达者需要帮助，从而开展援助行为。当个体实现了目标或者表出积极的期待时，快乐情感就会产生。在这种情况下，当个体是快乐情感的受众时，他会推断出事情进展顺利并保持这样的行为。

研究发现，情感表达的推理加工机制在组织环境中也同样产生作用。例如，在奉行个人主义文化的组织中，愤怒情感的表达更容易被视为是合理的且可接受的。然而，在倡导集体主义文化的组织中，愤怒情感的表达通常被认为是不适当的，因为这不利于组织的和谐。在谈判环境中，面对愤怒的谈判对手，谈判者感受到更强烈的对抗，从而更倾向于做出让步。相反，如果对手表现得快乐，谈判者则可能会做出较少的让步[440]。

在领导力的研究中，Sy 等人发现，领导者的情感会影响下属的工作绩效。下属会根据领导者表达的情感来推断自己的工作表现：当领导表达愤怒情感时，他们可能会认为自己的表现糟糕；而当领导表达快乐情感时，他们则推断出自己表现良好[441]。工作团队绩效的研究者也得出了类似的结果[442]。

在本章研究中，推理加工机制也适用于投资者。投资者可以通过阅读高管在社交媒体上的发布内容，获取有用的信息，了解高管对公司当前经营状况和未来战略定位的看法，从而做出更明智的投资决策。

2）情感反应

"情感反应"是指情感能够唤醒观察者内在的情感反应，进而影响观察者的行为。这种情感反应包括两条路径：情感传染（emotional-cognition processes）和印象与人际好感（impressions and interpersonal liking）。首先，情感反应路径通常受到情感传染的影响，当个体面对他人的非语言情感表达时，他们往往会模仿并产生与他人一致的情感状态，这种被诱发的情感会进一步影响个体的判断和决策。情感感染不仅可以通过模仿来实现，还可以通过镜像行为和生理反馈（如根据面部表情、声音和姿势动作产生的生理反馈）来实现。其次，情感表达可能会通过影响人们对社会意图和关系取向的理解，从而影响他们对他人的印象和喜好，进而影响他们的行为。Clark 和 Taraban 的研究发现，在公共和人际关系中，表达快乐会增加他人的好感，而表达愤怒则会削弱好他人的感[443]。同样，在谈判环境中，研究发现，当对手表达愤怒时，谈判者也会变得愤怒，对对手产生不喜欢的情感，也不愿意再次与对手见面。相反，当对手表达快乐时，谈判者也会感到快乐，喜欢对手，并更愿意再次与对手见面。在组织环境中，领导者的愤怒会引发团队成员的愤怒，并给他们留下不好的印象，而快乐的领导者会引发团队成员的快乐，并给他们留下好的印象。

个体在处理情感信息时，推理加工和情感反应这两条路径具有明显的区别，但它们又相互影响。这种相互影响主要体现在它们可能相互协同来预测相同的行为，或者共同引发相反的行为。究竟哪一条路径更能预测个体的决策行为，取决于两个主要的调节因素："信息加工程度"和"社会关系"。当个体具有更强的动机和能力来深入加工和理解信息时，推理加工对行为的预测能力将更强；反之,如果信息加工程度较低,情感反应的预测能力将更强。社交关系因素,如人际关系、社会文化规范等,也会影响观察者对他人情感表达的合理性判断,从而进一步影响他们的行为。如果观察者认为他人的情感表达是合理的,推理加工的预测能力可能会更强;如果认为不合理,则情感反应的预测能力可能会更强。

EASI 理论对于本研究来说非常适用,理由有三个。

第 1,EASI 理论最初是为了研究人际关系中情感对个人行为的影响而创建的。因此,它可以有效扩展到企业高管与投资者之间的关系,其中投资者可以将高管在社交媒体帖子中表达的情感视为公司质量的关键信息。

第 2,该理论已成功应用于一系列与情感相关的研究,包括情感(emotions)[444]、心境(moods)[445]和情感状态(affective states)[446]。

第 3,EASI 理论已被广泛应用于管理学领域的各种场景,例如客户评论的有用性[444]、领导力[447]和客户服务[448]等。

综上所述,EASI 理论为本研究的开展提供了坚实的理论基础。它的综合性和灵活性使其能够适用于各种复杂的社会和组织环境,从而增强了本研究的理论深度和实用价值。

6.2.2　企业绩效与社交媒体的重要价值

有关企业绩效的研究在管理学和金融学领域是个经久不衰的研究话题。过去,企业的外部利益相关群体(例如投资者)主要依赖上市公司定期报告(如年报)中披露的财务信息(例如经济附加值)[449],或者通过访谈、财报电话会议等官方发布的非财务信息来推断公司未来的绩效,以此做出相关决策[450,451]。然而,传统的线下沟通渠道大多是单向的,让大部分利益相关群体无法直接与高级管理人员进行互动和沟通。与此同时,企业高管可能在这些传统渠道上战略性地操纵某些信息,以塑造更积极的企业形象,导致相关群体对获取信息的真实性产生疑问[452]。相比传统的线下媒体,社交媒体为利益相关群体获取企业或高管信息提供了三个特性。

首先,社交媒体为投资者等群体提供了与高管进行双向交流、互动和沟通的全新途径,以获取企业的第一手宝贵资料[453]。与线下渠道获取的信息不同,高管的社交媒体帖子是他们对工作或个人生活的第一手见解。这意味着,从高管的社交媒体帖子中提取的信息(例如情感)可以为投资者提供有关公司质量的更独特、可靠和及时的见解,并帮助他们更有效地预测企业未来的绩效。

其次,社交媒体的推送和转推功能极大地提高了披露信息的复用率和传播速度,同时也扩大了高管群体的用户群体[454]。

最后,社交媒体能够帮助利益相关群体与高管建立更牢固的社会纽带,甚至培养出更持久的信任关系[171]。例如,高管在社交媒体上果断、及时的回帖会让投资者等群体视其为值得信赖的朋友和榜样,从而有利于高管和利益相关群体之间进行更有效的沟通[455]。

总之,高管的社交媒体账户为利益相关群体提供了一种新颖独特的信息渠道,以预测企业的未来绩效,并帮助他们做出各类决策。

6.3　理论模型和研究假设

本项研究的概念模型如图 6-1 所示。根据此模型,我们利用基于深度学习的情感分类器从高管的社交媒体帖子中提取六维情感,并在先前的理论和实证研究的基础上,建立了情感与企业绩效的关联和预测关系的研究假设,具体的假设论证过程将在下述章节详细展开。

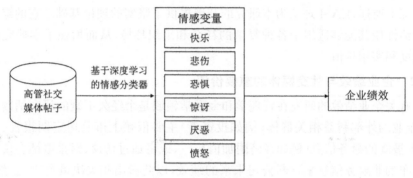

图 6-1　研究概念模型

6.3.1　高管情感与企业绩效

依据 EASI 理论,我们认为高管在社交媒体上表达的情感,会通过推理加工和情感反应两条路径影响企业绩效。在推理加工过程中,下属等利益相关群体会将高管的情感视为关于公司基本质量的情感线索(即信号)。实际上,高管所表达的情感反映了他们内在的意图、态度、观点和品质[451,456]。例如,加州大学学者的 Momtaz 通过对 2015 年至 2018 年期间首次代币发行(initial coin offering)前后一段时间的企业 CEO 人像照片的面部表情分析发现,投资者能够从 CEO 面部表情中抽取出其个人意图,进而辅助其后续的投资决策[451]。在本研究中,下属等利益相关群体能够从高管的社交媒体帖子中流露出的情感中推断出他们对工作或个人生活的态度、观点或意图,这些信息可能影响这群人的后续行为(例如下属的工作效率)。例如,当一个高管在社交媒体中表达愤怒的情感时,他/她可能被视为一个缺乏领导魅力、效率低下的领导者,从而降低团队的工作积极性和工作效率,最终影响企业的绩效。

同时,高管在社交媒体上表达的情感也会通过情感反应路径影响企业绩效。如前面章节所述,情感反应又可细分为情感传染和印象管理两种方式。在金融市场中,Momtaz 证实高管的情感会通过情感传染方式传染给投资者[451],而投资者的情感反应又会直接影响他们的投资行为。在组织环境中,下属会对表达积极情感的高管产生良好印象,反之则会对表达负面情感的高管产生不良印象。这些印象将会影响下属的后续工作行为。最终,投资者的行为和员工的工作行为都将反映在公司的绩效上。

基于上述分析,我们提出以下研究假设:

H₁:高管在社交媒体帖子中表达的情感与企业绩效显著相关。

6.3.2　高管情感的预测能力

大量研究已经证明,个体在社交媒体帖子中表达的情感可以预测经济或企业层面的各种指标。例如,Bollen 等人通过研究 2008 年总统竞选和感恩节当天的 Twitter 数据研究,发现"镇静"(calm)情感[457]在预测道琼斯工业平均指数收盘价变化方面明显优于积极情感。Risius 等学者则证实了快乐和积极情感对次日股票收益预测的能力强于消极情感。此外,也有诸多研究发现投资人的情感能够增强对股价走势[458]和股票波动率[459]的预测。

基于上述分析,提出研究假设:

H₂:高管在社交媒体帖子中表达的情感可以显著提升企业绩效的预测精准性。

6.4　数据获取与研究方法

6.4.1　情感分析方法

如本书第 5 章所述,尽管基于词典或规则的传统情感分析方法(例如 NRC 词典)可以捕获静态的情感特征,但这些方法往往无法有效分析社交媒体帖子中动态变化的情感。支持向量机、K 邻近、随机森林等传统机器学习算法虽然被用来提取文本中的情感特征,但其分类准确性很大程度上依赖于标注数据集的质量,而获取高质量的数据集需要投入大量人工成本。此外,这些方法无法准确获取社交媒体帖子中的语义信息。尽管现有的深度学习方法具备一定的语义提取能力,但在获取上下文语义信息及从稀疏文本中提取完整语义信息的能力上仍有所不足。因此,本章研究将采用第 5 章提出的 DeepEmotionNet 模型,以抽取高管在社交媒体帖子中的多元情感信息。该模型能够从大规模文本数据中同时学习上下文、语义、句法和文档级的特征,相较于目前最流行的预训练语言模型

（例如 BERT、Roberta 等），DeepEmotionNet 可以更准确、有效地识别出多元情感。

6.4.2　数据来源与样本选择

（1）本研究以标准普尔 1500 指数的上市公司及其高级管理人员作为研究对象，选取了 2007 年至 2020 年与本研究相关的企业和高管数据作为样本。

（2）本研究选择 Twitter 作为实证研究的社交媒体平台。Twitter 是一家美国社交网络及微博客服务的公司，用户可以在该平台上公开或私下发送总计不超过 280 个字符的文本、图像、视频等消息，也被称作"推文（Tweet）"。Twitter 已广泛使用于各类商业信息的生产、传播和分析。高管的个人 Twitter 账户来自 Crunchbase 网站，这是一个覆盖初创、上市公司及投资机构生态的企业服务数据库公司，包含企业的创始人/高管背景、投资者、风投、收购等信息。接着，对每个高管 Twitter 账户，我们人工检验了高管全名、性别、照片、雇主信息以及发布在 Twitter 上的部分推文，以确定该 Twitter 账户确实归属于某标普 1500 公司的高管。同时，本研究将开通了 Twitter 账户但在样本期间推文总数少于 10 条的高管视为非活跃用户，并从研究范围内排除。最终，我们获取了 584 名活跃的 Twitter 用户高管。

（3）企业的财务、行业等数据来自 Compustat 数据库。

（4）企业的股票数据来自 CRSP 数据库。

（5）高管的人口统计学、职称、薪酬等数据来自 ExecuComp 数据库。

在排除缺失或者无效的观察数据后，本研究最终的样本包括 346 名高管。高管的职位分布如图 6-2 所示。根据该图，在 346 名高管中，CEO 有 91 名，占样本的 26.30%；CFO 有 28 名，占样本的 8.09%；总裁（president）、首席技术官（chief technology officer，CTO）、首席信息官（chief information officer，CIO）、首席运营官（chief operating officer，COO）、首席营销官（chief marketing officer，CMO）、首席人力资源官（chief human resource officer，CHRO）、副总裁（vice president，VP）等其他高管有 227 名，占样本的 65.61%。从该职位分布图中可以看出，在高管团队中，CEO 作为企业日常经营事务的最高管理和决策者，是上市公司对外宣传的核心人员，因此，CEO 发布的社交媒体帖子的信息和质量对企业的经营和发展起着至关重要的作用。

与此同时，这些高管受雇于 250 家企业，他们在样本期间发布的推文数达百万级。表 6-1 列举了部分高管推文及其对应的情感。

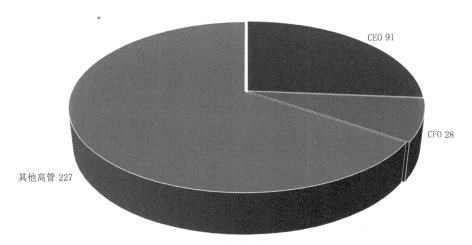

图 6-2　高管职位分布图

表 6-1　高管推文及对应情感举例

高管推文	高管信息	首要情感
Hans Vestberg @hansvestberg I am humbled to be appointed CEO of @Verizon at such an exciting and dynamic time for our company and industry. I have come to understand how special the Verizon culture is and it is why I'm so excited to lead the company forward as CEO. 10:11 PM · Jun 8, 2018 · Twitter Web Client	Hans Vestberg，自 2018 年起担任威瑞森通信公司 CEO	快乐
Marc Benioff @Benioff 6 million unsold Windows 8 Surface computers. They are so bad they can't give them away. m.huffpost.com/us/entry/36583… 9:35 AM · Jul 27, 2013 · Safari on iOS	Marc R. Benioff，赛富时公司 CEO 和创始人	愤怒
Tim Cook @tim_cook Our industry has lost a pioneer and our world has lost a force for good. We send our deepest condolences to Paul's friends, the Allen family and everyone at Microsoft. 7:21 AM · Oct 16, 2018 · Twitter for iPhone	Timothy D. Cook，自 2011 年起担任苹果公司 CEO	悲伤

（续表）

高管推文	高管信息	首要情感
Avi Reichental @AviReichental ··· Goodbye, Wearables. You Had a Stupid Name Anyway wired.com/2015/12/goodby... via WIRED 6:23 AM · Dec 26, 2015 · Twitter for iPhone	Abraham N. Reichental，3D 系统公司 CEO 和创始人	愤怒
Marc Benioff @Benioff ··· The end of fish in 2048? Scary documentary: The end of the line. itunes.apple.com/us/movie/the-e... 8:47 AM · Dec 30, 2013 · Twitter for Mac	Marc R. Benioff，赛富时公司 CEO 和创始人	恐惧

6.4.3 研究变量设计

1) 自变量：高管情感

本章研究的自变量是从高管推文中提取的六种情感。情感检测方法来自第5章研究提出的 DeepEmotionNet 情感分析模型。在用于识别本章研究中的高管推文情感之前，该模型先在 Emotion Stimulus 数据集上进行训练和测试。Emotion Stimulus 是由 Ghazi 等人创建的英文数据集[460]。该数据集包含 2 414 个带有情感标签的句子，其中 820 个句子同时带有情感刺激物和情感标签，另外 1 594 个句子则只带有情感标签。Emotion Stimulus 数据集中的每个句子被标注为一种情感，情感标签源自 Ekman 的六维基本情感理论，即愤怒、厌恶、恐惧、快乐、惊讶和悲伤。

为了获得更可靠稳定的模型且避免过拟合，本研究采用重复随机抽样验证（repeated random sub-sampling validation）。高管推文数据集被随机分为训练集（50%）、验证集（25%）和测试集（2%）。其中，训练集用来训练模型，验证集用来调整模型的超参数，测试集则用来评估模型的预测性能。上述随机抽样过程重复 10 次。此外，由于本研究使用的 Emotion Stimulus 数据集为不平衡数据集，因此采用了重采样技术来缓解训练样本在不同类别间分布的不平衡问题。

接着，使用 DeepEmotionNet 模型预测高管的每条推文的情感分值。$C = \{愤怒，厌恶，恐惧，快乐，惊讶，悲伤\}$ 代表情感标签集合，使用 DeepEmotionNet 模型预测推文 s 的情感得到一个分布在上述维度的情感向量，每个维度的取值代表预测为该情感的概率。我们选取概率最大的情感作为推文 s 的主要情感标签，并标记为 $E(k)_s = 1$，其他维度的情感得分则为 0。由于本研究的因变量"企业绩效"为季度变量，因此自变量也以季度为单位，高管 j 在某一季度 t 发布的社交媒体帖子的累计情感分值 $E(k)_{j,t}$ 计算公式如式(6-1)：

$$E(k)_{j,t} = \frac{\sum_{s \in S_{j,t}} E(k)_s}{|S_{j,t}|} \tag{6-1}$$

其中 $S_{j,t}$ 表示高管 j 在季度 t 发布的所有推文。

2) 因变量：企业绩效

学术界和企业界一直关注并尝试构建企业绩效测度体系，并已经取得了一系列的研究成果。目前，普遍认为采用财务维度来测量企业绩效最为有效，具体的指标包括总资产收益率(return on assets，ROA)、净资产收益率(return on equity，ROE)、资产负债率(asset-liability ratio)、总资产增长率(total assets growth rate)等[461-463]。本研究选取最常用的两大财务指标，即 ROA 和 ROE，来测量企业绩效。ROA 是每单位资产创造的净利润。本研究中的季度 $ROA(t+1)$ 是企业在 $t+1$ 季度的净利润与该季平均资产总额的比值。ROE 是衡量资产盈利能力的指标。本研究中的季度 $ROE(t+1)$ 是企业在 $t+1$ 季度净利润与该季净资产之间的比值。

3) 控制变量

根据以往研究，本研究选取企业层面、高管层面和社交媒体层面的三大类变量作为控制变量。具体的变量名称和测量方法见表 6-2。

表 6-2　控制变量的测量

控制变量分类	控制变量名称	变量符号	测量方法	来源
企业层面变量	企业规模	*Firm Size*	企业季末总资产(单位：百万美元)的自然对数	Hall and Weiss[464]
	净值市价比	*Book-to-market Ratio*	账面价值与市场价值之间的比率	Pontiff and Schall[465]
	杠杆率	*Leverage*	权益资本与总资产的比率	Adrian and Shin[466]
高管层面变量	性别	*Gender*	虚拟变量，男性为"1"，女性为"0"	Wolfers[467]
	年龄	*Age*	高管岁数的自然对数	Cline and Yore[468]
	任期	*Tenure*	高管担任该职位的年数加1后的自然对数	
	薪酬	*Compensation*	高管年度总薪酬(单位：千美元)的自然对数	Brick, Palmon and Wald[469]

（续表）

控制变量分类	控制变量名称	变量符号	测量方法	来源
社交媒体相关变量	消极情感	*Negative Sentiment*	高管的季度推文中消极词汇在词汇总数中所占的比例	Loughran and McDonald [470]
	积极情感	*Positive Sentiment*	高管的季度推文中积极词汇在词汇总数中所占的比例	Loughran and McDonald [470]

6.4.4　计量模型构建

本研究采用多元线性回归模型，构建了如下关于自变量和因变量的多元线性回归模型：

$$ROA_{i,t+1} = \beta_0 + \beta_1 Anger_{i,j,t} + \beta_2 Fear_{i,j,t} + \beta_3 Joy_{i,j,t} + \beta_4 Disgust_{i,j,t} +$$
$$\beta_5 Sadness_{i,j,t} + \beta_6 Surprise_{i,j,t} + \delta Ctrl + \alpha_{i,j} + \gamma_t + \varepsilon_{i,j,t}$$

$$ROE_{i,t+1} = \beta_0 + \beta_1 Anger_{i,j,t} + \beta_2 Fear_{i,j,t} + \beta_3 Joy_{i,j,t} + \beta_4 Disgust_{i,j,t} +$$
$$\beta_5 Sadness_{i,j,t} + \beta_6 Surprise_{i,j,t} + \delta Ctrl + \alpha_{i,j} + \gamma_t + \varepsilon_{i,j,t} \qquad (6-2)$$

其中，$ROA_{i,t+1}$ 和 $ROE_{i,t+1}$ 分别表示企业 i 在第 $t+1$ 季度的总资产收益率和净资产收益率；$Anger_{i,j,t}$、$Fear_{i,j,t}$、$Joy_{i,j,t}$、$Disgust_{i,j,t}$、$Sadness_{i,j,t}$ 和 $Surprise_{i,j,t}$ 表示从高管 j 在第 t 季度发布的帖子中抽取的在愤怒、恐惧、快乐、厌恶、悲伤和惊讶六个维度上的累计情感分值；$Ctrl$ 表示研究涉及的控制变量向量，包括消极情感、积极情感、高管性别、年龄、任期、年度薪酬、企业规模、净值市价比和杠杆率；$\alpha_{i,j}$ 和 γ_t 分别表示企业—高管固定变量和年度季固定变量；$\varepsilon_{i,j,t}$ 为随机干扰项。β_0 表示常数项，$\beta_1 \sim \beta_6$ 分别表示愤怒、恐惧、快乐、厌恶、悲伤、惊讶对 $ROA_{i,t+1}$ 或 $ROE_{i,t+1}$ 的影响。如果 $\beta_1 \sim \beta_6$ 的系数显著，则表明高管在社交媒体帖子中表达的情感与企业绩效显著相关，假设 1 得到了验证。δ 表示控制变量系数向量。

6.5　实证结果分析

6.5.1　描述性统计分析

本章运用 Stata 统计软件对各变量数据进行描述性统计分析，结果如表 6 - 3 所示。

表 6-3　变量描述性统计分析

变量	样本数	均值	标准差	最小值	最大值
ROA($t+1$)	8 830	0.03	0.06	-0.73	0.62
ROE($t+1$)	8 830	0.01	0.02	-0.52	0.21
Firm Size	8 830	3.74	0.79	0	5.84
Book-to-market Ratio	8 830	0.39	0.43	0	6.31
Leverage	8 830	0.22	0.18	0	1.17
Anger	8 830	0.03	0.07	0	1
Disgust	8 830	0.03	0.07	0	1
Fear	8 830	0.06	0.1	0	1
Joy	8 830	0.36	0.26	0	1
Surprise	8 830	0.03	0.07	0	1
Sadness	8 830	0.07	0.1	0	1
Negative Sentiment	8 830	0.01	0.01	0	0.5
Positive Sentiment	8 830	0.04	0.03	0	0.6
Gender	8 830	0.92	0.27	0	1
Age	8 830	3.96	0.15	3.37	4.52
Tenure	8 830	1.98	0.64	0	4.22
Compensation	8 830	7.65	2.54	0	12.54

根据表 6-3 的描述性统计分析,我们在 8 830 个样本中发现以下结果。

• 在 2007 年至 2020 年期间,企业绩效以总资产收益率为参数的平均值为 0.03,最小值为-0.73,最大值为 0.62,这表明样本公司的总资产收益率差异显著,反映出各企业盈利状况的显著差异。类似地,以净资产收益率为参数的企业绩效平均值为 0.01,最小值为-0.52,最大值为 0.21,这表明股东收益水平在各公司之间也存在显著的差异。

• 经过对企业运营的基础性变量的描述统计分析,我们发现企业规模的平均值为 3.74,最小值为 0,最大值为 5.84,这表明总的来看,企业规模越大,其高管在社交媒体上发布情感倾向的帖子的可能性就越大。

• 在对高管性别、年龄、任期、薪酬等统计学变量进行描述性统计分析后,我们发现一些变量的差异较小,而另一些变量的差异较大。例如,性别的平均值为 0.92,最小值为 0(代表女性),最大值为 1(代表男性),这说明在本研究的样本中,绝大多数是男性高管,女性高管占比非常小。我们认为这主要是因为在所有的高管群体中,女性高管的比例本就较小,而不是由于开设社交媒体账户的女性高管较少所导致的。年龄的平均值为 3.96(即 52.46 岁),最小值为 3.37(29 岁),最大值为 4.52(92 岁),这表明开设社交媒体账户的高管的年龄普遍在 50 岁左右,这与业界大多数企业高管的年龄在 35 岁至 55 岁之间的常理是一致的;不过,也有一些人在年纪较轻时就担任高管,也有一些年龄较大但喜欢紧跟时代潮流的前卫高管活跃于社交媒体。任期的平均值为 1.98(即 6 年),最小值为 0(即 0 年),最大值为 4.22(即 67 年),这表明高管在其岗位上的任期通常较长,并非是由于"新官上任三把火"而使用社交媒体。

- 在愤怒、厌恶、恐惧、快乐、惊讶和悲伤这六大情感变量的数据中,快乐的平均值显著高于其他情感,为 0.36,这表明高管在社交媒体上通常会表达喜悦和快乐的情感。高管偶尔也会表达悲伤、恐惧和愤怒等消极情感,以表达他们对社会事件、工作或个人生活的观点。此外,积极情感变量的平均值(0.04)显著高于消极情感变量的平均值(0.01),这进一步证明了高管在社交媒体上发表的帖子通常带有积极的情感倾向。

6.5.2　相关性检验分析

将本研究涉及的因变量、自变量和控制变量导入 Stata 软件中,进行相关性分析后,得出表 6-4 所示相关性系数表。从表 6-4 可以看出,绝大多数变量之间的相关系数小于 0.40,显著小于 0.7 的阈值[471],证明了变量之间不存在多重共线性问题。因此,可以对数据继续深入研究。

表6-4 相关性分析(样本数=8 830)

Variable	1	2	3	4	5	6	7	8	9	10	11	12	13	14	15	16
1. ROA(t+1)	1															
2. ROE(t+1)	—	1														
3. Anger	-0.12	-0.11	1													
4. Disgust	-0.02	-0.02	0.3	1												
5. Fear	0.08	0.03	0.23	0.31	1											
6. Joy	0.01	0.02	0.05	0.11	0.04	1										
7. Surprise	0	0.02	0.14	0.21	0.13	0.38	1									
8. Sadness	0.02	0.02	0.37	0.35	0.4	0.03	0.12	1								
9. Negative Sentiment	-0.01	-0.02	0.46	0.4	0.45	0	0.12	0.46	1							
10. Positive Sentiment	0.04	0.05	0.02	0.04	0.05	0.48	0.42	0.01	0.13	1						
11. Gender	-0.08	-0.05	0.03	0.04	0.01	-0.07	-0.02	0.03	0.01	-0.1	1					
12. Age	0.04	0.1	-0.03	-0.01	0	-0.01	-0.04	0	0.03	0	0.07	1				
13. Tenure	0.02	0	0.01	0.01	-0.02	-0.03	-0.01	0	0	-0.02	-0.04	0.07	1			
14. Compensation	0.06	0.06	-0.03	-0.06	-0.02	0.02	0.01	-0.04	0	0.06	0	0.14	-0.06	1		
15. Firm Size	0.12	0.17	-0.03	-0.01	0.02	0.07	0.02	-0.02	-0.04	0.13	-0.04	0.17	-0.07	0.25	1	
16. Book-to-market Ratio	0.06	0.01	-0.02	0.01	-0.01	-0.01	-0.01	0.02	-0.02	-0.04	0.02	0.02	-0.01	-0.02	-0.01	1
17. Leverage	-0.11	0.17	0.04	0.02	0.01	0.02	0.02	-0.01	0.02	0	0.06	0.15	-0.09	0.06	0.21	-0.17

注:ROA(t+1) 和 ROE(t+1) 不同时存在于一个线性回归模型中,故其变量间的相关性不做考虑。

6.5.3 回归分析

为了进一步验证上述章节提出的假设 1(H_1 ：高管在社交媒体帖子中表达的情感与企业绩效显著相关)，本研究运用 Stata 软件进行回归分析，结果如表 6-5所示。表中，第(1)列和第(3)列为两个基准模型，包含了高管在社交媒体帖子中表达的积极和消极情感以及所有其他计量模型所涉及的控制变量。两列的区别在于第(1)列的因变量是 $ROA(t+1)$ ，而第(3)列的因变量是 $ROE(t+1)$ 。第(1)列和第(3)列的结果显示，无论消极情感还是积极情感，它们与 $ROA(t+1)$ 和 $ROE(t+1)$ 之间都没有显著的相关性。第(2)列和第(4)列分别在第(1)列和第(3)列的两个基准模型基础上加入了高管的六种情感变量。结果显示，愤怒(anger)和恐惧(fear)两种情感的 F 值通过了 0.01 的显著性检验，表明高管在推文中表达的愤怒和恐惧情感与企业总资产收益率和净资产收益率显著相关，且回归模型拟合性良好。

以第(2)列为例，高管的愤怒情感与 $ROA(t+1)$ 的相关系数为 -0.057 （ $p < 0.01$ ），表明每增加一个单位的愤怒情感，总资产收益率将降低 0.057。笔者认为，这种负相关关系可能源于下属或投资者将情感愤怒的高管视为无能或存在沟通障碍的领导者。这种看法会降低下属的工作效率并增加人员成本，从而导致公司财务业绩下滑[339]。另一方面，从第(2)列的结果看出，高管的恐惧情感与 $ROA(t+1)$ 的相关系数为 0.075 （ $p < 0.01$ ），表明每增加一个单位的恐惧情感，净资产收益率将增加 0.075。这一发现可以用恐惧诉求理论(fear appeal theory)解释。该理论认为，外部或内部的威胁信息可能会引发恐惧，而这种恐惧又会促使个体格外关注相关信息并采取措施来保护自己，以免受到进一步的伤害或损失[472,473]。此外，许多行为金融学者也已经证实，恐惧是改变个人行为的强大驱动力[338,474]。将上述理论基础和实证研究结论应用于本研究，高管的恐惧情感可能会在同事和下属中引发恐惧情感，进而激发他们提高工作效率，以防止未来可能的风险(例如，企业市场份额迅速下降导致薪酬降低甚至遭到解雇)，这将最终提升公司的财务业绩。

尽管恐惧和愤怒情感与企业绩效显著相关，但高管的厌恶、快乐、惊讶和悲伤与 $ROA(t+1)$ 和 $ROE(t+1)$ 并无显著影响。这可能是因为相比于恐惧和愤怒，这四种情感的传染力更弱、传播速度也更慢[475,476]，因此更难影响利益相关群体的行为和企业绩效。因此，假设H₁部分成立。

表 6-5　高管多元情感与企业绩效变动关系的回归分析

变量	$ROA(t+1)$ (1)	$ROA(t+1)$ (2)	$ROE(t+1)$ (3)	$ROE(t+1)$ (4)
Anger		$-0.057***$ (0.011)		$-0.046***$ (0.011)
Disgust		-0.001 (0.011)		-0.015 (0.011)
Fear		$0.075***$ (0.011)		$0.032***$ (0.011)
Joy		0.004 (0.012)		0.007 (0.012)
Surprise		-0.003 (0.011)		-0.002 (0.011)
Sadness		0.018 (0.011)		0.002 (0.011)
Negative Sentiment	-0.003 (0.011)	-0.011 (0.011)	-0.003 (0.011)	-0.012 (0.011)
Positive Sentiment	0.007 (0.011)	0.015 (0.011)	0.007 (0.011)	0.018 (0.012)
Gender	$-0.052***$ (0.011)	$-0.052***$ (0.011)	$-0.052***$ (0.011)	$-0.045***$ (0.011)
Age	$0.047***$ (0.011)	$0.047***$ (0.011)	$0.047***$ (0.011)	$0.061***$ (0.011)
Tenure	0.001 (0.011)	0 (0.011)	0.001 (0.011)	0.014 (0.011)
Compensation	0.009 (0.011)	0.013 (0.011)	0.009 (0.011)	0 (0.012)
Firm Size	$0.148***$ (0.012)	$0.147***$ (0.012)	$0.148***$ (0.012)	$0.126***$ (0.012)
Book-to-Market Ratio	$0.186***$ (0.011)	$0.187***$ (0.011)	$0.186***$ (0.011)	$0.037***$ (0.011)
Leverage	$-0.181***$ (0.011)	$-0.181***$ (0.011)	$-0.181***$ (0.011)	$-0.129***$ (0.012)

（续表）

变量	$ROA(t+1)$ (1)	$ROA(t+1)$ (2)	$ROE(t+1)$ (3)	$ROE(t+1)$ (4)
Constant	0 (0.011)	0 (0.011)	0 (0.011)	0 (0.011)
Firm-manager Fixed Effect	Included	Included	Included	Included
Year-quarter Fixed Effect	Included	Included	Included	Included
No. of Obs.	8 830	8 830	8 830	8 830
Adj.R²	0.0 727	0.1 044	0.0 537	0.0 759
F-score	76.83 ***	68.5 ***	55.61 ***	48.26 ***
Wald χ²	—	78.96 ***	—	28.13 ***

注：*** $p<0.01$，** $p<0.05$，* $p<0.1$。括号中数据为标准误。

6.6 基于机器学习和高管情感特征的企业绩效预测实验

为了探究高管多元情感特征的预测能力，我们应用了三种著名的机器学习模型，即（random forest regression，RFR）、神经网络（neural network，NN）和梯度提升决策树（gradient boosted decision tree，GBDT）。基准特征集 F_1 包括在上述计量模型中使用的二元情感和其他控制变量，包括消极情感、积极情感、高管的性别、年龄、任期、薪酬、公司规模、净值市价比和杠杆率，而主要的实验特征集 F_2 则引入了基于 DeepEmotionNet 模型的六种情感，同时还使用了与基线特征集中使用的同一套控制变量。

表 6-6 报告了在不同特征集和机器学习模型上进行 10 折交叉验证的平均预测性能，采用了广泛使用的两种度量标准——均方根误差（root mean square error，RMSE）和平均绝对误差（mean absolute error，MAE）。均方根误差是一种常用的预测误差的衡量方式，特别是在回归问题中。它是观测值与真实值偏差的平方和的平均值的平方根。RMSE 的大小反映了模型预测的精度，值越小，预测精度越高。具体来说，RMSE 的计算公式如式（6-3）：

$$RMSE = \sqrt{\frac{\sum_{i=1}^{N}(P_i - O_i)^2}{N}} \tag{6-3}$$

其中，N 为样本数量，P_i 为模型预测的值，O_i 为实际的观察值。

平均绝对误差是另一种用于评估预测模型性能的指标，常用于回归分析。这个指标衡量的是预测值与实际观测值之间的绝对差异的平均值。MAE 的特点是能够对所有单个预测的误差绝对值进行平均，因此能够更直观地反映出预测误差的实际情况。其值越小，说明模型的预测精度越高。具体来说，MAE 的计算公式如式(6-4)：

$$MAE = \frac{\sum_{i=1}^{N} |P_i - O_i|}{N} \tag{6-4}$$

其中，N 为样本数量，P_i 为模型预测的值，O_i 为实际的观察值。

此外，我们采用了非参数 Wilcoxon 符号秩检验(non-parametric Wilcoxon signed-rank test)以评估各种模型和特征集所得到的不同评估值的统计学显著性。

表 6-6 结果显示，当使用实验特征集 F_2 时，三个机器学习模型得出的 RMSE 和 MAE 值都小于它们在基准特征集上的值。总体来看，通过添加由 DeepEmotionNet 模型识别的情感特征，每个因变量的 RMSE 或 MAE 提升了 4.53% 至 13.73%。例如，当使用 RFR 模型且因变量为 $ROA(t+1)$ 时，F_2 特征集的 RMSE 为 0.280，比 F_1 特征集的 RMSE 值 0.312 低 10.26%。同样，当使用 NN 模型且因变量为 $ROE(t+1)1$ 时，F_2 特征集的 MAE 为 0.339，比 F_1 特征集的 MAE 值 0.359 低 5.57%。总的来说，预测实验的结果显示，从高管的社交媒体帖子中提取的复杂情感在预测企业绩效的准确性上，显著优于仅提取积极和消极二元情感。

二元情感只捕捉到了"积极"和"消极"这两种粗粒度的情感状态，但多元情感则能捕捉到更深层次的情感状态，反映出人们各种不同的心理主观感受，并且代表了人们的动机和冲动[477]。根据 EASI 理论，个体的情感是社会影响的重要因素，行动者的情感可以影响观察者的行为[442]。因此，高管的多元情感对投资者的投资决策具有比二元情感更强的社会影响力，因此它们具有比二元情感更强的预测力。我们的研究发现与先前的研究基本一致，这些研究发现从社交媒体中提取的个体情感可以增强金融预测[457-459]。因此，假设 H2 得到了支持。

表 6-6 高管多元情感特征的预测实验

指标	因变量：$ROA(t+1)$				因变量：$ROE(t+1)$			
	F_1 基准特征集：二元情感	F_2 实验特征集：多元情感	平均性能提升(%)	Wilcoxon 符号秩检验	F_1 基准特征集：二元情感	F_2 实验特征集：多元情感	平均性能提升(%)	Wilcoxon 符号秩检验
面板 A：RFR								
$RMSE$	0.312	0.280	10.26%	5 346 **	0.307	0.274	10.74%	5 426 **
MAE	0.298	0.264	11.41%	5 591 ***	0.289	0.26	10.03%	4 893 **
面板 B：NN								
$RMSE$	0.392	0.374	4.59%	3 046	0.375	0.358	4.53%	3 054
MAE	0.365	0.343	6.03%	4 170 *	0.359	0.339	5.57%	4 102 *
面板 C：GBDT								
$RMSE$	0.302	0.259	14.23%	6 634 ***	0.284	0.245	13.73%	6 408 ***
MAE	0.279	0.244	12.54%	5 740 ***	0.253	0.22	13.04%	5 882 ***

注：*** $p<0.01$，** $p<0.05$，* $p<0.1$。

6.7 稳健性检验

本节讨论了关于内生性、选择性偏差、数据挖掘方法中的预测误差、多元情感的另类表征等稳健性测试。

6.7.1 互为因果检验

企业绩效可能会反向影响高管的情感，从而可能导致内生性问题。为了缓解这个问题，我们采用了动态面板模型[168]。具体而言，在式(6-2)中加入因变量的两期滞后项（即 $ROA_{i,t-1}$、$ROA_{i,t}$、$ROE_{i,t-1}$ 和 $ROE_{i,t}$）。如表 6-7 的面板 A 结果所示，即使在包含这些滞后因变量项后，愤怒和恐惧的显著性仍然存在。因此，逆向因果关系的问题得到排除。

表 6-7 稳健性检验

变量	$ROA(t+1)$ (1)	$ROE(t+1)$ (2)
面板 A：互为因果检验（$N=8\ 830$）		
$Anger$	−0.025 *** (0.009)	−0.017 ** (0.009)

（续表）

变量	$ROA(t+1)$ (1)	$ROE(t+1)$ (2)
$Disgust$	−0.001 (0.009)	−0.012 (0.009)
$Fear$	0.044 *** (0.009)	0.022 ** (0.009)
Joy	0.007 (0.01)	0.006 (0.01)
$Surprise$	0.01 (0.009)	0.01 (0.009)
$Sadness$	0.004 (0.009)	−0.003 (0.009)
$ROA_{i,t}$	0.605 *** (0.009)	—
$ROA_{i,t-1}$	0.211 *** (0.009)	—
$ROE_{i,t}$	—	0.597 *** (0.009)
$ROE_{i,t-1}$	—	0.184 *** (0.009)
$Adj.R^2$	0.4 178	0.3 931
$F\text{-}score$	395.28 ***	356.77 ***
面板 B：控制选择性偏差（$N=8\,830$）		
IMR	0.018 (0.012)	0.032 * (0.012)
$Anger$	−0.060 *** (0.011)	−0.048 *** (0.011)
$Disgust$	−0.007 (0.012)	−0.018 (0.012)
$Fear$	0.077 *** (0.012)	0.034 *** (0.012)
Joy	0.018 (0.013)	0.007 (0.013)
$Surprise$	−0.008 (0.011)	−0.002 (0.012)
$Sadness$	0.011 (0.012)	−0.006 (0.012)
$Adj.R^2$	0.0 926	0.0 738
$F-score$	56.21 ***	43.89 ***
面板 C：SIMEX 修正结果（$N=8\,830$）		
$Anger$	−0.062 *** (0.020)	−0.048 *** (0.015)
$Disgust$	−0.001 (0.010)	−0.015 (0.009)
$Fear$	0.077 *** (0.016)	0.033 ** (0.014)
Joy	0.004 (0.012)	0.007 (0.015)
$Surprise$	−0.003 (0.014)	−0.002 (0.015)
$Sadness$	0.020 (0.012)	0.003 (0.012)

（续表）

变量	$ROA(t+1)$ (1)	$ROE(t+1)$ (2)
Wald F	26.16 ***	37.66 ****
面板 D：情感的另类表征方法（N=8 830）		
Anger	−0.061 *** （0.011）	−0.048 *** （0.011）
Disgust	−0.001 （0.011）	−0.014 （0.011）
Fear	0.072 *** （0.011）	0.031 *** （0.011）
Joy	0.005 （0.012）	0.008 （0.012）
Surprise	−0.004 （0.011）	−0.003 （0.011）
Sadness	0.016 （0.011）	0.002 （0.011）
Adj.R^2	0.1 039	0.0 764
F-score	68.19 ***	48.61 ***
面板 E：控制额外的社交媒体因素（N=8 830）		
Anger	−0.058 *** （0.011）	−0.046 *** （0.011）
Disgust	−0.001 （0.011）	−0.016 （0.011）
Fear	0.076 *** （0.011）	0.031 *** （0.011）
Happiness	0.004 （0.013）	0.008 （0.013）
Surprise	−0.002 （0.011）	−0.002 （0.011）
Sadness	0.017 （0.011）	0.004 （0.011）
Number of Tweets	−0.021 （0.013）	−0.012 （0.013）
Number of Followers	0.011 （0.013）	0.008 （0.011）
Adj.R^2	0.1 033	0.0 782
F-score	61.39 ***	44.74 ***

注：上述测试包含控制变量和固定效应。 *** $p<0.01$， ** $p<0.05$， * $p<0.1$。括号中数据为标准误。

6.7.2　控制选择性偏差

由于这项研究的样本并非随机选取，可能会引入选择性偏差。为了解决这个问题，本研究采用了 Heckman 两阶段法。具体来说，第一步是基于式（6-2）计量模型中使用的滞后企业层面和高管层面的控制变量，使用 probit 模型估计高管发帖的可能性。第二步将从第一步模型计算出的逆米尔斯比率（IMR）引入到计量模型中。如表 6-7 的面板 B 结果所示,即使在引入 IMR 后,结果仍然显著。因此,选择性偏差在本项研究中并不是主要问题。

6.7.3　控制数据挖掘方法中的预测误差

本研究的计量模型可能引入了测量误差,这些误差来自 DeepEmotionNet 模型的预测误差[164]。为了减轻这种误差,本研究引入了第 3 章研究中所采用的模拟外推方法(SIMEX)[165]。有关该方法的具体实验过程,请见 3.6.1 节。SIMEX 法修正结果见表 6-7 面板 C 和图 6-3。结果表明,通过应用 SIMEX 方法,我们的计量经济模型得到了很好的修正。

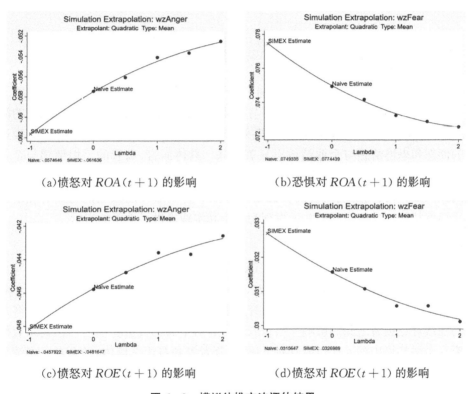

(a)愤怒对 $ROA(t+1)$ 的影响　　　　(b)恐惧对 $ROA(t+1)$ 的影响

(c)愤怒对 $ROE(t+1)$ 的影响　　　　(d)愤怒对 $ROE(t+1)$ 的影响

图 6-3　模拟外推方法评估结果

6.7.4　情感的另类表征

在主研究中,为了减轻语义分析过程中不可避免的噪声,我们仅选取了由 DeepEmotionNet 模型确定的最强烈的情感来代表每条帖子的情感。在本节稳健性测试中,我们采用了一种替代的情感表征方法,即在每条推文中选取由 DeepEmotionNet 确定的最强烈的两种情感来代表每条帖子的情感。如表 6-7

的面板 C 结果所示,当使用最强烈的两种情感来代表每条帖子时,愤怒和恐惧仍然与公司绩效有显著关联,这与主研究中表 6 - 5 的结果一致。

6.7.5   控制额外的社交媒体因素

一些学者可能会担心,发帖更多的高管可能会传递更强烈的情感,而拥有更多粉丝的高管所表达的情感更有可能被传播,从而可能会对公司绩效产生更大的影响。为解决这个问题,我们在计量模型中引入了两个额外的控制变量,即推文数量(Number of Tweets)和粉丝者数量(Number of Followers)。表 6 - 7 面板 E 中的结果证实,即使在控制了高管社交媒体相关特征之后,表 6 - 5 的研究结果仍然成立。

6.8   本章小结

基于 EASI 理论,本章研究强调了高管社交媒体帖子的信息价值,并揭示了高管在社交媒体帖子中表达的情感与企业绩效的关系。通过开发由最先进的深度学习方法驱动的计量模型,我们的实证分析显示,高管在社交媒体帖子中表达的愤怒和恐惧情感与企业绩效有显著关联。具体而言,高管的恐惧情感与企业绩效显著正相关,而愤怒情感与企业绩效显著负相关。此外,通过基于机器学习的预测实验,我们发现高管的多元情感特征对企业绩效的预测能力显著优于二元情感特征。这些新颖的实证发现为理论和实践提供了重要的启示。

6.8.1   理论贡献

本章研究主要有三个方面的贡献。首先,本研究通过应用 EASI 理论,实证检验了社交媒体上高管多元情感与公司绩效之间可能的联系,为信息系统文献贡献了新的理论视角。尽管现有研究已利用 EASI 理论来研究情感表达对客户与在线评论读者之间的影响[444],以及领导者对下属的社会影响[447],但尚未有研究在金融环境中深入探讨高管对下属、投资者等利益相关群体,乃至对公司绩效的影响。本项研究通过分析高管社交媒体帖子中所表达的多元情感如何影响利益相关者对公司绩效的评估,揭示了 EASI 理论下推理过程和情感反应机制的作用。此外,我们的研究显示,与消极和积极情感相比,高管表达的愤怒和恐惧情感对公司绩效的解释力更强。

其次,本研究利用 EASI 理论检验了高管的多元情感特征对企业绩效的预测力,这是另一项创新性的研究贡献。虽然信息系统领域的研究已经探索了从社交媒体帖子文本中提取的各种心理测量属性的预测力,例如利用公众的幸福和抑郁情感预测股票收益[478],使用消费者的情感来预测公司价值[479],以及使用高管的人格特质来预测公司的财务业绩[480],但是,没有任何研究在金融投资环境中检验高管情感的预测力。我们的研究通过提供有力的实证证据,证明了从高管社交媒体帖子中提取的多元情感特征可以显著提高预测企业财务绩效的准确性,从而扩展了现有的信息系统文献。此外,我们的比较研究揭示了,相比于积极和消极二元情感特征,高管的多元情感特征具有更强的预测力。

最后,我们通过整合先进的深度学习方法到计量经济学模型中,从而在方法论上做出了贡献。虽然以往已有情感分析的机器学习方法,但这些方法往往无法有效利用丰富的信息环境,从动态变化和不断发展的社交媒体文本中准确地识别情感表达。然而,基于 DeepEmotionNet 这一深度学习模型,可以有效地利用文本环境来识别社交媒体文本中的情感表达。我们的研究为应用深度学习驱动的计量分析研究各种商业现象开启了新的可能。

6.8.2　管理启示

本研究为公司管理层和投资者提供了重要的启示。首先,本研究凸显了社交媒体作为高管情感表达的重要渠道。高管的情感表达不仅反映了他们的心理状态,而且可能会影响投资者对公司绩效的评估。因此,高管需要更加关注他们在社交媒体上的情感表达,特别是对公司相关事件的反应。

其次,本研究显示,不同类型的情感表达对公司绩效的影响可能不同。具体来说,恐惧情感的表达可能提高投资者对公司未来的期望,而愤怒情感的表达可能降低投资者的信心。因此,高管在社交媒体上表达情感时,应当理智地管理自己的情感表达,以避免对公司绩效产生不良影响。

再次,本研究揭示了高管的多元情感特征对公司绩效的预测价值。这意味着投资者和分析师可以通过跟踪和分析高管的社交媒体帖子,获取关于公司未来绩效的有价值的信息。因此,他们需要考虑在投资决策和公司评估中,更多地利用这一新的信息源。

最后,本研究的方法论也为公司提供了新的分析工具。通过利用深度学习驱动的计量模型,公司可以更准确地从社交媒体文本中提取出高管的情感表达,进而更准确地预测公司的未来绩效。因此,公司应当考虑利用这一新的技术工具,提升他们的绩效管理和投资决策。

总的来说,本研究表明,高管的社交媒体帖子是一个值得注意的信息源,他们在这些帖子中表达的情感可能会显著影响公司绩效。这为公司管理层提供了重要的管理和决策参考,同时也为投资者提供了一个新的信息源,以更准确地预测公司的未来绩效。

6.8.3　局限性和未来研究方向

虽然本研究具有重要的理论和实践贡献,但仍存在一些局限性,也因此提供了未来研究的可能方向。第一,本研究主要关注的是社交媒体帖子的情感表达对企业绩效的影响，但并未深入考虑这些情感表达可能的源头，即高管的心理状态或企业的特定环境。例如，高管的情感可能受到其个人经历、企业文化、市场动态等多方面因素的影响。未来的研究可以尝试探讨这些因素如何影响高管的情感表达，以及这些因素如何与高管的情感表达共同影响企业绩效。

第二，本研究仅仅分析了从单一社交媒体来源中提取的高管情感。考虑到从不同社交媒体源（例如，Facebook 和 LinkedIn）提取的高管情感的影响可能有所不同，未来的研究扩展可以去探讨从异构数据源提取的社交高管情感与企业绩效之间的关系。

第三，本研究的因变量为企业财务绩效，未来的研究关注更多的研究场景，例如企业公共关系管理、企业品牌管理、企业社会责任营销以及企业招聘等。

最后，本研究的方法论依赖于最先进的深度学习方法，这些方法虽然强大，但也有其局限性，例如模型的解释性问题，数据收集和处理的复杂性等。未来的研究可以尝试开发更为透明和易于理解的模型，或者寻找更有效的数据收集和处理方法，以提高研究的有效性和实用性。

第 7 章
多模态情感对企业并购后绩效的预测研究

7.1　引言

作为最常见的企业投资战略之一,并购已被信息系统和管理学领域的研究人员广泛研究。例如,研究人员已经探讨了并购动机[481]、高管的人格特质[482]、企业和交易相关的特质[483,484],以及公众情感[37]对并购结果的影响。另一方面,情感分析在信息系统领域的研究者中越来越受到关注。例如,研究者已经研究了情感对计划外的客户购买行为[485]、消费者口碑[437]以及评论有用性[444]的影响。在并购背景下,已有研究讨论了员工情感对并购后绩效的影响[486]。此外,Danbolt、Siganos 和 Vagenas-Nanos 研究了投资者对并购公告的情感反应[487]。针对心理学家 Ekman 提出的六种基本情感理论(即惊讶、恐惧、幸福、厌恶、愤怒和悲伤),早期的实证研究显示,惊讶、恐惧和幸福的情感可能与并购结果有关[488,489]。图 7-1 展示了一些在多模态 Twitter 帖子中蕴含的情感例子。

图 7-1　多模态推文中蕴含的情感

尽管现有文献已经讨论了情感的影响,但以往的研究仅限于从文本中分析公众的情感状态[490,491]。然而,大规模社交媒体中的多模态数据(例如,文本和图像)尚未被充分探索。由于一图胜千言,且图像比文本包含更多信息[492,493],因此值得将情感分析扩展到文本之外。总的来说,图像的表达能力强于文本[494],新近的研究也发现,从多模态社交媒体帖子的图像中提取的视觉特征可以提供显著的预测能力,以增强各种商业应用[493,495]。因此,本章研究尝试通过将计量经济分析整合到基于深度学习的多模态分析中,以分析多模态情感对并购后绩效的预测能力。本研究提出了以下两大研究问题:

研究问题一:公众在社交媒体中表达的多元情感能否显著提高对企业并购后绩效的预测力?

研究问题二:从图像中提取的情感是否与从文本中提取的情感具有相当的预测能力?

7.2   研究方法

7.2.1   文本情感分类方法

5.2.3 小节中我们已经提到,尽管诸如 NRC、WordNet-Affect 等基于词典的文本情感分析方法简单易用,且已经被研究者们使用了数十年,但由于这些方法高度依赖于情感词典和判断规则的质量,而且这两者都需要大量的人工进行设计,因此限制了其应用的广泛性。在信息时代,网络新词和旧词新义层出不穷,词典和规则需要不断更新才能适应新的语言环境。同时,这些基于词典的方法在处理一些复杂的情感表达,如讽刺、双关或含蓄的情感表达时,表现出的准确度较低。

近年来,诸如 CNN、RNN、LSTM 等深度学习方法被应用于检测文本中的情感表达。基于深度学习的情感分析方法的优势在于,它可以通过词嵌入和词注意力机制来捕捉情感表达的语义环境,从而提高召回率和精确度。然而,传统深度学习的方法仍然面临着一些挑战。传统的深度学习方法高度依赖已标注的数据,但在自然语言处理领域,大规模的标注数据集并不常见。相较于计算机视觉领域,自然语言处理的数据标注任务更具挑战性,其精确性取决于标注者对文本内容的理解。由于仅依赖少量的人工标注数据,难以驱动大型深度学习模型,这限制了模型的学习能力。预训练语言模型的出现开启了自然语言处理的新篇章,为解决上述问题提供了重要的策略。预训练模型属于迁移学习的一种,它的基本思想是利用预先训练好的大规模通用语言模型对特定下游任务进行微调,从而避免了大量的人工调参,并解决了训练数据不足的问题。在预训练模型中,最广泛应用的是谷歌团队的 Devlin 等人提出的 BERT 模型[420]。有关 BERT 的原理和模型细节,请参见 5.2.3。因此,本章研究使用 BERT 模型从公众在 Twitter 上发布的有关并购事件的文本评论中提取六种情感。

7.2.2　图像情感分类方法

图像情感分析是一个新兴的研究领域,其目标是从图像内容中推断出一种或多种情绪感觉。这种推断可能会基于色彩、纹理、形状以及在图像中的物体和面部表情等多种视觉元素。目前图像情感分析的主要方法包括以下方面。

(1)颜色和纹理分析:颜色和纹理是表达图像情感的重要元素。例如,温暖的颜色(如红色和橙色)通常与积极的情感(如幸福和激动)相关,而冷色调(如蓝色和灰色)则可能表达消极情感(如悲伤和孤独)。纹理细节也可以影响图像的情感感觉,比如粗糙的纹理可能会引发不安和焦虑。

(2)对象和场景识别:使用深度学习和其他计算机视觉技术来识别图像中的对象和场景也可以帮助分析图像的情感感觉。例如,一个含有鲜花和阳光的图像可能会引发积极的情感,而一个含有墓碑和阴云的图像可能会产生消极的情感。

(3)面部表情分析:对于含有人脸的图像,面部表情分析也是一个重要的工具。现有的面部表情识别技术可以识别出一系列的情感,如快乐、悲伤、愤怒、惊讶、恐惧和厌恶。

(4)深度学习:在图像情感分析中,深度学习也发挥着重要的作用。深度神经网络,如卷积神经网络(CNN),可以用于提取图像的特征并根据训练数据对图像进行情感分类。

(5)联合模型:联合模型试图将上述所有的元素整合在一起,即面部表情、对象、颜色、纹理等都用于预测图像的情感。这种方法通常更复杂,但可能会提供更准确的结果。

例如,Borth 等人提出了一个大规模的视觉情感本体(visual sentiment ontology,VSO),并开发了基于一组形容词名词对的语义特征的图像情感分类的 SentiBank 系统[492]。Jou 等人通过使用一个更大的基于近八百万张 Flicker 图像的多语言视觉情感概念本体(multilingual visual sentiment concept ontology,MVSO)来扩展 SentiBank 系统,这些图像是从不同的文化环境中获取的[496]。MVSO 系统在图像情感分类上已经被实证超越了几个最先进的深度神经网络,如 CaffeNet 系统[497]和 DeepSentiBank 系统[498]。在本章研究中,我们对 MVSO 系统中的预训练深度卷积神经网络(pre-trained deep convolutional neural network,DCNN)进行了微调,并将其应用于识别图像中的情感。

MVSO 系统由基于 AlexNet 架构的深度卷积神经网络构建。AlexNet 是一种深度卷积神经网络(CNN)架构,由 Alex Krizhevsky、Ilya Sutskever 和

Geoffrey Hinton 在 2012 年的 ImageNet ILSVRC 竞赛中提出[499]。AlexNet 的几个关键创新包括以下方面。

（1）深度：尽管在 AlexNet 之前就已经存在深度网络，但 AlexNet 是首个在大规模的图像数据集（ImageNet）上成功应用深度网络的例子。AlexNet 有 8 层（5 个卷积层和 3 个全连接层），比之前的网络模型要深得多。

（2）ReLU 激活函数：AlexNet 引入了 ReLU（rectified linear unit）激活函数，取代了之前的 sigmoid 和 tanh 函数。ReLU 激活函数解决了神经网络训练过程中的梯度消失问题，加速了网络的训练。

（3）GPU 计算：由于当时的计算能力限制，AlexNet 的设计者使用了两个 GPU 进行并行计算。这种方法有效地解决了计算和存储的问题，使得更深、更复杂的网络模型成为可能。

（4）Dropout：为了减少模型过拟合，AlexNet 引入了 dropout 技术。在训练过程中，dropout 技术通过随机忽略一部分神经元的输出，使得模型的泛化能力得到了显著的提升。

（5）数据增强：AlexNet 使用了数据增强的技术，包括图像翻转、随机裁剪和颜色变换等，这也有助于模型的泛化能力。

（6）局部响应归一化（LRN）：在卷积层后，AlexNet 使用了局部响应归一化（LRN）层，这种方法旨在模拟神经生物学中的侧抑制现象，以增强模型的泛化性能。虽然这个特性在后续的深度学习模型中使用得不多，但在当时是一个创新的尝试。

图 7-2 展示了本研究采用的基于 AlexNet 的用于图像情感分析的网络架构，其具体结构如下：

• 输入层：首先将尺寸为 3×227×227（RGB）的图像输入到 AlexNet 中。

• 第一层：这是一个卷积层，使用 96 个 11×11 的卷积核（步长为 4，填充为 0）对输入图像进行卷积操作，得到 55×55 的特征图。该层还应用了 ReLU 激活函数增加非线性性，并使用了局部响应归一化技术来进一步优化模型。

• 第二层：这是一个池化层（max pooling layer），使用 3×3 的最大池化操作（步幅为 2）对特征图像进行下采样，从而减少特征图的大小并增加模型的稳定性。

• 第三层：这是一个卷积层，使用 256 个 5×5 的卷积核（长为 1，填充为 2）进行卷积操作，得到 27×27 的特征图。此层同样使用了 ReLU 激活函数和局部响应归一化技术来增加非线性和优化模型。

• 第四层：这是一个池化层，同样采用 3×3 的最大池化操作（步幅为 2）对特征图进行下采样。

- 第五层至七层:这三层均为卷积层,分别使用 384 个 3×3、384 个 3×3 和 256 个 3×3 的卷积核(步长均为 1,填充均为 1)进行卷积操作,每层都得到 13× 13 的特征图。每层都使用了 ReLU 激活函数来增加非线性性。

- 第八层:这是一个池化层,采用 3×3 的最大池化操作(步幅为 2)对特征图进行下采样。

- 第九至十层:这是两个全连接层,每层都包含 4 096 个神经元,接收来自所有卷积层和池化层的输出结果,即 13×13×256=43 264 个特征。同样使用了 ReLU 激活函数。

- 第十一层:这是输出层,该层包含 1 000 个神经元,每个对应 ImageNet 数据集中的一个类别。使用 softmax 激活函数计算每个类别的概率值。

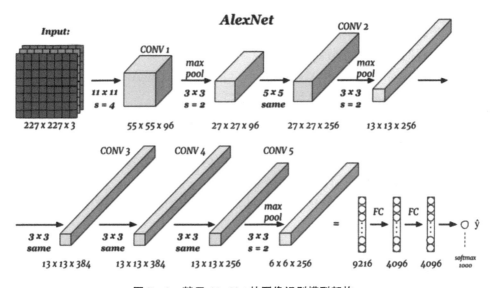

图 7-2　基于 AlexNet 的图像识别模型架构

关于模型的训练过程,我们首先从 Flickr 上收集了一些带有情感关键词标签的图像。这些关键词是基于 Ekman 提出的六大基本情感类别而确定的[322]。然后,我们使用这些标签构建形容词—名词对(adjective noun pairs,ANPs),并依据特定的规则对这些 ANPs 进行了筛选。为了验证这些筛选规则的有效性,我们还进行了一个众包任务。

由于标注数据的不足,我们首先使用 ImageNet 数据集来训练模型,接着再利用收集到的图像数据集对该模型进行微调。假定 x_i 代表输入图像,y_i 代表对应的 ANPs。在训练过程中,对每一个大小为 256 的 mini-batch $B =$

$\{(x_1,y_1),\cdots(x_m,y_m)\}$，我们将其输入模型中，并根据以下目标函数在反向传播过程中计算损失：

$$L(W) = -\frac{1}{N}\sum_{i=1}^{N}\log\left(\frac{e^{S_{yi}}}{\sum_j e^{S_j}}\right) + R(W) \tag{7-1}$$

其中，N 是类别的数量，$R(W)$ 是权重正则化项。

在反向传播过程中，本研究采用随机梯度下降法（stochastic gradient descent，SGD）来更新参数 W，如式（7-2）所示：

$$\nabla_w L(W) = \frac{1}{N}\sum_{i=1}^{N}\nabla_w L_i(x_i,y_i,W) + \lambda\,\nabla_w R(W) \tag{7-2}$$

其中，我们使用了 0.9 的动量和 0.0 005 的权重衰减对网络进行优化。初始学习率设为 0.001，并且每经过 20 个训练周期后，我们将学习率减少 10%。

在图像情感的预测任务中，假定 x_i 代表输入图像，y_i 代表对应的 ANPs，$f(\cdot)$ 代表视觉概念模型。我们执行以下四步来计算图像中的六维情感得分。

（1）我们将图像 x_i 剪裁至 227×227 的大小，并将剪裁后的图像输入训练得到的模型中，输出 4 342 个 ANPs[$(y_i=f(x_i))$]以及这些 ANPs 相应的概率。我们选用概率最高的前 10 个 ANPS 来代表特定的图像。

（2）根据预先计算的 ANPs 的情感分布，将每个预测的 ANP 映射到一个 18 维的情感分布空间。

（3）将该图像对应的前 10 个 ANPS 对应的 18 维的情感分布空间进行加权，计算得到该图像的一个 18 维情感得分。

（4）最后，将 18 维的情感分值映射到 6 维的情感得分，每个维度根据 Ekman 的六大情感模型进行定义。

图 7-3 展示了图像情感识别以及 ANPs 如何映射到六维情感得分的过程。

7.3　企业并购绩效预测实验

7.3.1　数据描述

本研究着重探讨社交媒体上多模态公众情感对企业并购后续表现预测的能力，因此，选取的并购数据源自 Thomson One 并购数据库。我们对数据设置了一些筛选条件：首先收购方和被收购方都需要是在美国纽约证券交易所或纳斯达克上市的公开公司，这样我们就可以从 COMPUSTAT 和 CRSP 等数据库中方便地获取到公司的财务信息和股市数据；其次，每一笔并购交易的价值不应低于 100 万美元，因为更大规模的交易更有可能引发利益相关者的关注和讨论；此外，我们排除了金融行业的公司（美国标准行业代码 6000-6999），因为金融公司

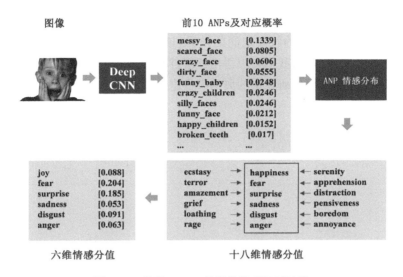

图 7 - 3　基于 MVSO 的图像情感识别过程

的股东价值不太可能受到并购公告的影响。

　　鉴于许多公司和相关媒体通常会选择 Twitter 来发布并购消息,且个人也常使用 Twitter 对企业重要事件进行评论,因此我们选择 Twitter 作为主要的社交媒体平台。具体操作上,我们通过 Twitter 的 API,利用收购方的标签(如股票代码、全名、简称或上市代码)和并购相关的关键词(如"购买""收购""出售""接管""合并"等)来检索与并购交易相关的公众评论。根据以往的研究,大部分的并购交易评论都会在并购公告发布后的三天内产生[500],因此我们收集了在这个时间窗口内发布的公众评论信息。如果某条推文中包含了图像,我们还会使用相关的 URL 收集相应的图像文件。如果某一并购事件在 Twitter 上引发的评论数量少于三条,则将其从研究样本中剔除。此外,由于我们关注的是公众情感,我们剔除了由公司、新闻媒体、并购方企业或被并购方企业的官方推文或者高级管理人员发布的推文。最终,我们收集到了超过 70 万条包含文本评论的推文,30多万条包含图像的推文,以及 20 多万条同时包含文本和图像的推文。

7.3.2　研究涉及的关键变量

　　本研究的其中一个关键变量为并购方企业并购后的绩效。遵循先前的文献,我们使用异常收益(abnormal returns,AR)来衡量公司并购后的绩效。异常收益根据事件研究法(event study methodology)计算得到。事件研究法是一种在金融经济学中常见的研究方法,该方法主要用于检测某一特定事件对公司的股票价格或回报率的影响。该方法首先确定一个事件窗口(event window),即事件发生前后的一段时间,然后计算事件窗口中实际观察到的收益和在没有该事件发生的情况下预期的收益之间的差异,这个差异被称为"异常收益"。通过统计分析这些异常收益,我们可以得出该事件对公司的经济影响的结论。

图 7 - 4 展示了事件研究法的典型事件窗口。

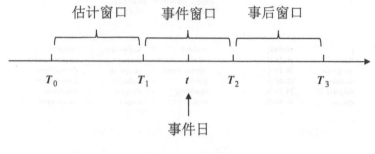

图 7 - 4　事件窗口

其中,$t = 0$ 表示事件日,即事件的公告日期;$t = T_1$ 到 $t = T_2$ 表示事件窗口;$t = T_0$ 到 $t = T_1$ 表示估计窗口;$t = T_2$ 到 $t = T_3$ 表示事后窗口。其中,T_0、T_1、T_1 和 T_3 分表为事件日前后的时间。

事件窗口是一个包含事件发生日在内的时间区间。估计窗口是一个用于计算正常收益率的时间区间。假设事件没有发生,那么股票收益率为正常收益率,一般用事件没有发生时的预期收益率来表示。本研究选择了市场模型,该模型不仅能反映证券本身的变动,又体现了市场指数对证券收益率的影响。事后窗口是用于检验事件在事件窗口后对股价影响的一个时间段。

接着,我们确定了异常收益。并购事件的影响主要借助于累积异常收益(cumulative abnormal returns,CAR)来刻画,它代表了并购事件对企业或股票价值的影响程度。鉴于本研究关注的是并购方的并购后绩效,因此选取了并购事件后的 3 个月作为事后窗口,用以衡量来并购方的并购后绩效。遵循 Chen 等人的研究[501],我们将并购公告发布后的事后窗口(+3,+60)交易日内的异常回报率累积起来,计算出并购方的三个月累积异常回报率,具体公式如下:

$$CAR(+3, +60) = \sum_{t=3}^{60} AR \qquad (7 - 3)$$

其中,+3 和+60 分别表示并购公告发布后的第三个和第六十个交易日。

7.3.3　实验结果

接下来,我们采用五种常见的机器学习方法,即极端梯度增强算法(extreme gradient boosting,XGBoost)、随机森林回归(random forest regression,RFR)、

支持向量机回归(support vector regression,SVR)、神经网络(neural network,NN)和决策树(decision tree,DT),来检验多模态社交媒体帖子中捕捉到的多元情感对企业并购后绩效的预测力。具体来说,我们使用了四种不同的特征集,分别如下:

- F_1:基线特征集,包含企业层面的特征(如利润、并购方规模、托宾 Q 比率等)+并购交易层面特征(如交易价值、支付方式等)+基于多模态评论的消极和积极情感。
- F_2:F_1 特征集+基于文本评论的六种情感特征。
- F_3:F_1 特征集+基于图像评论的六种情感特征。
- F_4:F_1 特征集+基于文本评论的六种情感特征+基于图像评论的六种情感特征。

我们在各种机器学习模型和特征集中进行了 10 折交叉验证,并采用了 RMSE 和 MAE 两种评估模型预测误差的指标。实验结果如表 7-1 所示。实验结果显示,无论是基于本(F_2)还是图像(F_3)的多元特征,均能显著提高并购后绩效的预测准确性。相较于基线特征集(F_1),平均预测性能分别提升了 7.71%(F_2)、8.78%(F_3)和 12.66%(F_4)。实验结果进一步证实,将多模态社交媒体帖子的文本和图像情感纳入预测模型,可以达到最佳的并购后绩效预测效果。总的来说,我们的实验结果与之前的研究一致,证实了利用多模态社交媒体数据中的视觉特征能显著提高预测性能[493,495]。

表 7-1　不同机器学习模型和情感特征集的预测性能比较实验

机器学习模型		F_1 (基线特征集)	F_2 (文本情感)	F_3 (图像情感)	F_4 (文本情感+ 图像情感)
XGB	RMSE	0.473	0.43	0.411	0.398
	MAE	0.28	0.261	0.245	0.236
RF	RMSE	0.491	0.467	0.471	0.452
	MAE	0.289	0.259	0.263	0.248
DT	RMSE	0.527	0.48	0.472	0.461
	MAE	0.318	0.288	0.283	0.273
SVR	RMSE	0.554	0.499	0.503	0.478
	MAE	0.332	0.314	0.316	0.295

（续表）

机器学习模型		F_1 （基线特征集）	F_2 （文本情感）	F_3 （图像情感）	F_4 （文本情感+ 图像情感）
NN	RMSE	0.618	0.572	0.569	0.557
	MAE	0.376	0.35	0.348	0.341
Imp.	RMSE	—	+8.07%	+8.9%	+11.9%
	MAE	—	+7.71%	+8.78%	+12.66%

注："Imp."代表平均性能提升的百分比。

此外,我们还采用了 Wilcoxon 符号秩检验,以分析不同机器学习模型和特征集组合的预测性能的统计学显著性。表 7-2 的结果揭示,将从文本(特征集 F_2)或图像(特征集 F_1)中提取的多维情感特征,比仅使用积极和消极情感(基准特征集 F_1)在不同的机器学习模型中显著提升了预测能力。这表明公众在社交媒体中表达的多元情感能显著提高对企业并购后绩效的预测力,然而,特征集 F_2 和 F_3 之间的预测性能显著差异,并未在所有模型中得到确认,这表明从图像和文本中提取的情感具有相似的预测能力。最后,比较只从单一模态数据中提取的六种情感的特征集(F_2 或 F_3),融合了六种文本情感和六种图像情感的多模态特征集(F_4)获得了最佳的预测性能。这表明,将文本和图像的情感分析结合起来,可以在预测公司并购后的绩效方面获得更佳的结果。

对于机器学习模型,不同的特征集和情感类型的组合可能会在预测结果上产生显著的差异,但同时利用文本和图像的情感数据可以提升预测的精确性。这为未来的研究提供了新的视角:并非只依赖单一的数据源或情感分析模式,而是通过综合运用多种数据和情感分析,才能更好地理解和预测社交媒体上的公众情感及其对并购公司后续绩效的影响。

表 7-2　Wilcoxon 符号秩检验

	RMSE				
	XGB	RF	SVR	NN	DT
F_2 vs. F_1	84 ***	63 *	84 ***	85 ***	89 ***
F_3 vs. F_1	94 ***	73 **	83 ***	89 ***	90 ***
F_3 vs. F_2	72 **	49	42	52	76 **
F_4 vs. F_1	98 ***	77 **	88 ***	91 ***	92 ***

（续表）

	RMSE				
F_4 vs. F_2	81 ***	71 **	58 *	76 **	73.5 **
F_4 vs. F_3	64 *	58 *	65 *	62.5 *	67 *
	MAE				
F_2 vs. F_1	69 **	85 ***	88 ***	74 **	91 ***
F_3 vs. F_1	80 ***	85 ***	90 ***	83 ***	91 ***
F_3 vs. F_2	74 **	47	49	56	73 **
F_4 vs. F_1	95 ***	97 ***	92 ***	86 ***	92 ***
F_4 vs. F_2	87 ***	68 *	59 *	77 **	76 **
F_4 vs. F_3	76 **	74 **	73 **	60 *	69 **

注：*** $p < 0.01$，** $p < 0.05$，* $p < 0.1$。

7.4　本章小结

本章主要探讨了在并购背景下,社交媒体公众表达的多元情感是否能显著增强对企业并购后业绩的预测力。我们同时研究了从图像和文本中提取的情感是否具有相等的预测能力。具体而言,结合 Ekman 六种基本情感理论,本章采用预训练语言模型 BERT 从公众对并购事件的文本评论中提取六种情感,同时采用基于 MVSO 的方法从图片评论中提取相同的六种情感,并进而讨论了这些情感对企业并购后绩效的预测能力。

在预测实验中,我们通过采用五种常见的机器学习方法对这些问题进行了探究。我们使用了四种不同的特征集,包括基准特征集以及在基准特征集基础上增加了基于文本评论、图像评论和两者结合的情感特征。结果显示,无论是基于文本还是图像的多元特征,都能显著提高并购后绩效的预测准确性,与包含粗粒度的消极情感和积极情感的基准特征集相比,预测性能分别提升了 7.71%、8.78% 和 12.66%。进一步分析表明,将多模态社交媒体帖子的文本和图像情感纳入预测模型,可以达到最佳的并购后绩效预测效果。这与之前的研究一致,证实了利用多模态社交媒体数据中的视觉特征能显著提高预测性能。

此外,我们也通过 Wilcoxon 符号秩检验,进一步验证了这些观察结果的统计学显著性。结果揭示,从文本或图像中提取的多维情感特征,比仅使用积极和消极情感在不同的机器学习模型中显著提升了预测能力。然而,从文本和图像中提取的情感具有相似的预测能力。而将文本和图像的情感分析结合起来,可以在预测公司并购后的绩效方面获得更佳的结果。

总的来说,本章研究证实了从图像中提取的多元情感与从文本中提取的情感具有相似的预测能力。通过利用从多模态 Twitter 帖子的文本和图像中提取的多元情感,可以实现最佳的预测性能。这为未来的研究提供了新的视角:并非只依赖单一的数据源或情感分析模式,而是通过综合运用多种数据和情感分析,才能更好地理解和预测社交媒体上的公众情感及其对并购方企业后续绩效的影响。

本研究结论提供了以下重要的管理启示。

(1)运用社交媒体数据:在并购事件中,社交媒体上公众的情感反应能有效提高对企业并购后业绩的预测力。因此,管理者应注意监测和分析这些数据,将其作为决策制定的一部分。

(2)多元情感分析:文本和图像中提取的多元情感对并购后业绩的预测具有相等的重要性。管理者应认识到,在社交媒体数据的处理中,图像和文本的情感信息都是非常宝贵的资源,应均衡利用。

(3)使用多模态数据:结合文本和图像的情感分析,能获得对并购后业绩更精确的预测。这提示管理者,应当综合考虑多种数据类型,并且要重视多模态数据在情感分析中的价值。

(4)利用先进的机器学习方法:本研究的结果显示,应用现代机器学习方法,如预训练语言模型 BERT 和基于 MVSO 的图像情感提取方法,可以提升预测精度。管理者应考虑在其业务流程中融入这些方法,提高决策效率和准确性。

(5)超越二元情感模型:研究结果表明,比起简单的积极/消极二元模型,使用更复杂的多元情感模型能更准确地预测并购后业绩。这为管理者提供了新的视角,也即在情感分析时,应适当采用更复杂的模型,以获取更准确的预测。

总结,管理者应更全面、深入地使用和分析社交媒体数据,充分利用多模态数据和复杂情感模型,以更好地理解公众情感,并更精准地预测并购后的企业业绩。

第 8 章
研究结论与展望

8.1　研究结论

在大数据和社交媒体时代,企业并购的过程、策略和结果都发生了显著的变化。在大数据时代,企业可以通过分析海量的数据来做出更加准确和具有洞察力的并购决策。例如,企业可以使用数据分析工具来评估潜在收购目标的财务状况、市场地位、客户基础以及其他关键指标。这种数据驱动的方法可以提高并购决策的效率和精确性。与此同时,社交媒体在企业并购过程中的作用也越来越重要。高管可以通过社交媒体来传递关于并购的信息,这些信息可以影响投资者的认知和行为。此外,企业还能够通过社交媒体来监控公众对并购的反应,以便更好地管理并购后的整合过程。大数据和社交媒体使企业可以实时获取和分享关于并购的信息,这种即时性不仅可以帮助企业更快地做出决策,也可以提高企业对并购事件的透明度。

(1)在对 CEO—CFO 的人格特质对企业并购强度的影响研究,笔者得出以下结论:①CEO 的开放性与公司并购活动强度(并购交易的频次和规模)存在显著的正向关联,而 CEO 的责任感和神经质特质与公司并购活动强度呈现显著的负向关联。②当 CFO 拥有与 CEO 相似的人格特质时,CEO 的责任感、开放性和神经质特质对并购活动强度的影响会进一步增强。③进一步研究了 CEO 与 CFO 之间特定人格特质匹配的影响。实证研究发现,与开放性低、责任感强和神经质高的 CEO—CFO 组合相比,开放性强、责任感低或神经质低的 CEO—CFO 组合会进行更频繁的并购交易,反之,开放性低、责任感强和神经质高的 CEO—CFO 组合的并购活动较少。

(2)在研究高管个人社交账户的使用对企业并购战略的影响时,笔者得出的结论包括:①高管使用社交媒体能够显著提高并购方企业开展并购的可能性。②高管使用社交媒体能够显著提高并购方企业开展并购公告的收益。③高管在社交媒体上的行为参与程度显著调节高管使用社交媒体对并购方企业并购可能性和并购公告收益的作用。当高管在 Twitter 上大量发布帖子或大量转帖时,这些行为提高了公司实施并购行动的可能性,并增强了投资者对该公司并购行动的积极认知,从而提升了公司的并购公告收益。

(3)基于深度学习和情感词典的文本情感分析研究主要提出了一种融合情感词典的深度学习模型 DeepEmotionNet,以精确识别文本中的情感。此方法能自动从动态变化的语料库(例如社交媒体帖子)中学习上下文、语义、句法和文档级特征,从而有效地提高情感分类的准确性。DeepEmotionNet 包括三个模块:Contextual Encoders、Emotion2Vec 和 Message2Vec。Contextual Encoders 模块能够从通用和特定领域的语料库中自动学习隐含的上下文和句法特征;Emotion2Vec 模块结合了卷积神经网络模型和经典的情感词典,使其能够学习特定领域的语义特征和先验情感知识;Message2Vec 模块则能从特定的语料库中自动学习文档级的情感特征,以进一步提升文本情感分类的性能。

(4)在基于机器学习和高管情感特征的企业绩效预测研究结论,笔者得出以下结论:①高管在社交媒体帖子中表达的愤怒情感与企业绩效显著负相关。②高管在社交媒体帖子中表达的恐惧情感与企业绩效显著正相关。③基于深度学习的多元情感特征对企业绩效的预测能力显著优于粗粒度的消极和积极情感特征。

(5)在多模态情感对企业并购后绩效的预测研究中,笔者得出以下研究结论:①无论是基于文本还是图像的多元情感特征,其对企业并购后绩效的预测准确性均高于粗粒度的消极和积极情感特征。②将多模态社交媒体帖子的文本和图像情感纳入预测模型,可以达到最佳的并购后绩效预测效果。这为未来的研究提供了新的视角:并非只依赖单一的数据源或情感分析模式,而是通过综合运用多种数据和情感分析,才能更好地理解和预测社交媒体上的公众情感及其对并购方企业后续绩效的影响。

总的来说,这些研究结果揭示了高管的人格特质、社交媒体活动和公众的多元情感表达对企业并购和绩效预测的重要影响。同时,也显示了深度学习和机器学习在这些分析中的关键作用。

8.2 对未来企业进行并购实践的意见和建议

(1)在选择或评估企业的高管团队时,要特别注意他们的人格特质。根据研究,CEO 的开放性和责任感、神经质特质在并购活动中有重要影响。考虑到 CEO 和 CFO 的人格特质匹配对并购活动强度的影响,企业应慎重考虑这两个关键岗位的人选。

（2）企业应通过社交媒体监控公众对并购的反应，以更好地管理并购后的整合过程。此外，高管可以通过社交媒体来传播关于并购的信息，这将能够影响投资者的认知和行为。与此，高管应在社交媒体上保持一定的活跃度，这可能会影响公司的并购可能性和并购公告收益。

（3）通过使用诸如 DeepEmotionNet 这样的深度学习模型，企业可以从社交媒体帖子中获取更精确的情感分析结果。这种分析不仅可以帮助企业更好地理解公众的反应，也可以作为并购决策的重要依据。

（4）由于研究发现高管在社交媒体帖子中表达的情感与企业绩效有显著关联，企业应密切关注并适当管理高管的在线情感表达。

（5）将多模态社交媒体帖子的文本和图像情感纳入预测模型，可以达到最佳的并购后绩效预测效果。这意味着企业在并购决策时不仅应考虑财务和市场数据，还应关注并综合分析社交媒体上的文本和图像情感。

总的来说，这些研究结果为企业提供了全新的视角和工具来理解并购过程和并购后绩效。企业应充分利用大数据、社交媒体以及深度学习等先进技术，以提高并购决策的效率和精确性。

8.3　研究局限性及未来研究展望

8.3.1　研究局限性

首先，本研究主要集中在并购环境中进行多模态的数据分析，对于其他商业场景如合资、企业重组、首次公开发行（IPO）、财富管理等，这种方法的应用效果尚未深入研究和验证。

其次，由于数据可获得性的问题，我们的研究只能侧重于公开上市公司的并购交易。对于非上市公司，尤其是中小企业和初创企业的并购，由于其特定的公司治理结构和运营特性，可能存在我们未能触及的复杂性和独特性。

再次，我们的研究仅考虑了在美国股票市场上市的公司。考虑到文化差异和各国经济制度的多样性，我们关注的变量在非美国并购交易中的影响可能会有所不同。特别是在新兴市场和发展中经济体中，文化、政策和法规环境对并购活动可能有深远影响，值得进一步探究。

最后，我们在多模态社交情感分析中虽然探索了最先进的深度学习方法，但这些方法并非万全之策。首先，深度学习模型需要大量数据以确保其预测准确性，而在某些情况下，我们可能无法获得足够的数据。其次，深度学习模型的解释性较差，可能无法为我们提供对特定情感或语义的详细理解。此外，这些方法可能会因为训练数据的偏差或噪声导致数据挖掘的误差，因此，在实践中，我们还需要谨慎地验证和调整模型。

8.3.2　未来研究展望

　　未来的研究可以在其他商业环境,如合资、企业重组、IPO、财富管理等情境下,探索多模态数据分析的应用。这将有助于理解这种方法的适用性和有效性是否可以跨越不同的商业活动。

　　由于非上市公司的并购活动可能存在特定的复杂性和独特性,未来的研究可以考虑收集非上市公司的并购数据,从而获取更全面的并购市场信息,以及理解多模态数据分析在这些环境下的应用情况。

　　未来的研究需要将视野扩大到全球范围,尤其是像中国等新兴市场和发展中经济体,来研究我们关注的变量在不同文化和经济体制下的效应。

　　我们需要继续探索和改进深度学习方法,比如提高模型的解释性,处理数据不足或数据偏差的问题等。同时,我们还应尝试开发和测试新的算法,以更准确地解析社交媒体上的多模态情感信息。

附　录
大五人格测试问卷

附表 1　大五人格测试量表（60 题）

序号	题目	十分不赞同	不太赞同	不能确定	比较赞同	十分赞同
1	我不是一个充满烦恼的人					
2	我真的喜欢大部分我遇见的人					
3	我不喜欢浪费时间去做白日梦					
4	我会怀疑及讽刺别人的企图					
5	在工作上,我是有效率又能胜任的					
6	我很少感到恐惧及焦虑					
7	我很喜欢与别人交谈					
8	大自然和艺术的规律形态使我感到极为奥妙					
9	我相信如果你允许别人占你的便宜,很多人都会这样做					
10	我会保持我的物件整齐和清洁					
11	我经常感到紧张及心神不定					
12	我喜欢很多人在我周围					
13	我对诗词只有少许感觉甚至无动于衷					
14	如果需要,我会去操纵别人而达到我所想要的					
15	我不是一个做事有条不紊的人					
16	别人对待我的方式常使我感到愤怒					
17	当我阅读一首诗或欣赏一件艺术品时,我有时会感到兴奋或惊喜					
18	我一向喜欢单独工作					

（续表）

序号	题目	十分不赞同	不太赞同	不能确定	比较赞同	十分赞同
19	有些人觉得我自私又自我中心					
20	我好像总是不能把事情安排得井井有条					
21	我很少感到寂寞或忧郁					
22	我宁愿我行我素也不愿成为别人的领袖					
23	我很少注意自己在不同环境下的情绪或感觉					
24	有些人觉得我冷漠又爱算计					
25	我会尽心尽力完成一切派给我的工作					
26	有时我感到自己完全一文不值					
27	我常常感到精力旺盛					
28	当我找到了做事情的正确方法后,我会坚持采用这个方法					
29	我通常会尽力体贴及顾虑周到					
30	我有时不能做到我应有的可靠或可信					
31	我很少感到忧郁或沮丧					
32	我生活的节奏很快					
33	我经常会去尝试新的及外国的食物					
34	大部分认识我的人都喜欢我					
35	当我做了承诺,通常我能贯彻到底					
36	很多时候,当事情不对劲时,我会感到挫败及想放弃					
37	我是一个十分活跃的人					
38	我喜欢思考及把玩理论或抽象的观念					
39	我宁愿与人合作,而不愿与人竞争					
40	我有一套明确的目标,并能有条不紊地朝着它而工作					
41	有时我会羞愧得想躲起来					
42	我喜欢身历其境,置身于事件之中					
43	我没有兴趣思索宇宙的规律或人类的情况					
44	如果我不喜欢某一个人,我会让他知道					

（续表）

序号	题目	十分不赞同	不太赞同	不能确定	比较赞同	十分赞同
45	我努力完成我的目标					
46	我经常感到自己不如别人					
47	我并不是一个乐观主义者					
48	我对思考性的事物充满好奇					
49	我时常和家人及同事起争执					
50	我凡事必追求卓越					
51	我经常感到无助,并希望有人能解决我的问题					
52	我是一个快乐、高兴的人					
53	我相信让学生听富争论性的演讲只会混淆及误导他们的思想					
54	我对自己有很高的评价					
55	我颇能按照自己的步伐,把事情准时办妥					
56	当我处于极大压力下,有时候我会感到好像精神崩溃似的					
57	我很容易笑					
58	我认为在道德问题上做决定时,我们应遵从宗教权威					
59	在态度上,我是顽固不妥协的					
60	我要花很多时间才能安顿下来工作					

- "神经质"题项有:1、6、11、16、21、26、31、36、41、46、51、56,其中 1、6、21、31 题为反向记分;
- "外向性"题项有:2、7、12、18、22、27、32、37、42、47、52、57,其中 18、22、47 题为反向记分;
- "开放性"题项有:3、8、13、17、23、28、33、38、43、48、53、58,其中 3、13、28、43、53、58 题为反向记分;
- "宜人性"题项有:4、9、14、19、24、29、34、39、44、49、54、59,其中 4、9、14、19、24、44、49、54 题为反向记分;
- "尽责性"题项有:5、10、15、20、25、30、35、40、45、50、55、60,其中 20、30、60 题为反向记分。

参考文献

[1] KNOWLEDIA. Social media CEO report 2021: A seismic change [R]. 2021.

[2] RAMAKRISHNAN T, JONES M C, SIDOROVA A. Factors influencing business intelligence (BI) data collection strategies: An empirical investigation [J]. Decision support systems, 2012, 52(2): 486-496.

[3] 谭天, 张子俊. 我国社交媒体的现状、发展与趋势 [J]. 编辑之友, 2017(01): 20-25.

[4] 余燕妮. 企业并购绩效及影响因素的实证分析 [D]. 长春: 吉林大学, 2012.

[5] JENSEN M C, MECKLING W H. Theory of the firm: Managerial behavior, agency costs and ownership structure [J]. Journal of financial economics, 1976, 3(4): 305-360.

[6] ROLL R. The hubris hypothesis of corporate takeovers [J]. Journal of business, 1986, 59(2): 197-216.

[7] GORT M. An economic disturbance theory of mergers [J]. Quarterly journal of economics, 1969, 83(4): 624-642.

[8] SHLEIFER A, VISHNY R W. Stock market driven acquisitions [J]. Journal of financial economics, 2003, 70(3): 295-311.

[9] 贾镜渝, 李文. 距离、战略动机与中国企业跨国并购成败——基于制度和跳板理论 [J]. 南开管理评论, 2016, 19(06): 122-132.

[10] LIOU R S, RAO-NICHOLSON R. Out of Africa: The role of institutional distance and host-home colonial tie in South African Firms' post-acquisition performance in developed economies [J]. International business review, 2017, 26(6): 1184-1195.

[11] KNOERICH J. Gaining from the global ambitions of emerging economy enterprises: An analysis of the decision to sell a German firm to a Chinese acquirer [J]. Journal of international management, 2010, 16(2): 177-191.

[12] 吕超. 并购类型、并购商誉与市场反应 [J]. 财会通讯, 2018(15): 103-108.

[13] 余鹏翼, 王满四. 国内上市公司跨国并购绩效影响因素的实证研究 [J]. 会计研究, 2014(03): 64-70.

[14] CHEN S S, CHEN I J. Inefficient investment and the diversification discount: Evidence from corporate asset purchases [J]. Journal of business finance & accounting, 2011, 38(7-8): 887-914.

[15] 陈吉雅, 张春梅. 多个大股东、内部薪酬差距与并购效率 [J]. 科技和产业, 2023, 23(01): 93-99.

[16] 孙烨, 侯力赫. 同行业经验对并购绩效的影响研究 [J]. 湖北社会科学, 2022(12):

81 – 90.

[17] MESCHI P X, MéTAIS E. Do firms forget about their past acquisitions? Evidence from French acquisitions in the United States (1988-2006) [J]. Journal of management, 2013, 39(2): 469 – 495.

[18] KUSEWITT J B. An exploratory study of strategic acquisition factors relating to performance [J]. Strategic management journal, 1985, 6(2): 151 – 169.

[19] 葛结根. 并购支付方式与并购绩效的实证研究——以沪深上市公司为收购目标的经验证据 [J]. 会计研究, 2015(09): 74 – 80.

[20] KANUNGO R P. Payment choice of M & As: Financial crisis and social innovation [J]. Industrial marketing management, 2021, 97: 97 – 114.

[21] 李善民, 刘永新. 并购整合对并购公司绩效的影响——基于中国液化气行业的研究 [J]. 南开管理评论, 2010, 13(04): 154 – 160.

[22] 于洪涛. 并购动机与并购绩效——基于节约交易成本视角及进一步投资需求的检验 [J]. 商业研究, 2020(06): 75 – 84.

[23] 田甜. 管理层权力对企业连续并购及其财务绩效影响的实证研究 [D]. 沈阳: 辽宁大学, 2018.

[24] 李善民, 周珏廷. 金融背景高管能助力实体企业高质量并购吗? [J]. 中山大学学报(社会科学版), 2022, 62(05): 194 – 206.

[25] 黄旭, 徐朝霞, 李卫民. 中国上市公司高管背景特征对企业并购行为的影响研究 [J]. 宏观经济研究, 2013(10): 67 – 73.

[26] 杨学军, 张涌, 王怡娟. 管理者过度自信、政治关联与跨国并购绩效 [J]. 特区经济, 2023(01): 136 – 140.

[27] 王艳, 阚铄. 企业文化与并购绩效 [J]. 管理世界, 2014(11): 146 – 157.

[28] 潘红波, 夏新平, 余明桂. 政府干预、政治关联与地方国有企业并购 [J]. 经济研究, 2008(04): 41 – 52.

[29] FUAD M, SINHA A K. Entry-timing, business groups and early-mover advantage within industry merger waves in emerging markets: A study of Indian firms [J]. Asia pacific journal of management, 2018, 35(4): 919 – 942.

[30] 王琛. 投资者情绪、自由现金流和并购绩效 [D]. 成都: 西南财经大学, 2020.

[31] HAMBRICK D C, MASON P A. Upper echelons: The organization as a reflection of its top managers [J]. The academy of management review, 1984, 9(2): 193 – 206.

[32] HERRMANN P, NADKARNI S. Managing strategic change: The duality of CEO personality [J]. Strategic management journal, 2014, 35(9): 1318 – 1342.

[33] NADKARNI S, HERRMANN P. CEO personality, strategic flexibility, and firm performance: The case of the Indian business process outsourcing industry [J]. Academy of management journal, 2010, 53(5): 1050 – 1073.

[34] MALHOTRA S, REUS T H, ZHU P, ROELOFSEN E M. The acquisitive nature of extraverted CEOs [J]. Administrative science quarterly, 2017, 63(2): 370 – 408.

[35] MALMENDIER U, TATE G. Who makes acquisitions? CEO overconfidence and the market's reaction [J]. Journal of financial economics, 2008, 89(1): 20 – 43.

[36] HILLER N J, HAMBRICK D C. Conceptualizing executive hubris: the role of (hyper-)

core self-evaluations in strategic decision-making [J]. Strategic management journal, 2005, 26(4): 297 - 319.

[37] LAU R Y K, LIAO S S Y, WONG K F, CHIU D K W. Web 2.0 environmental scanning and adaptive decision support for business mergers and acquisitions [J]. MIS quarterly, 2012, 36(4): 1239 - 1268.

[38] PAL K, PALMER O. A decision-support system for business acquisitions [J]. Decision support systems, 2000, 27(4): 411 - 429.

[39] TANRIVERDI H, UYSAL V B. Cross-business information technology integration and acquirer value creation in corporate mergers and acquisitions [J]. Information systems research, 2010, 22(4): 703 - 720.

[40] HSIEH T-S, WANG Z, DEMIRKAN S. Overconfidence and tax avoidance: The role of CEO and CFO interaction [J]. Journal of accounting and public policy, 2018, 37(3): 241 - 253.

[41] SAINANI S. How do CFOs matter? Evidence from M & A [Z]. FMA annual meeting 2018. 2018.

[42] SHI W, ZHANG Y, HOSKISSON R E. Examination of CEO—CFO social interaction through language style matching: Outcomes for the CFO and the organization [J]. Academy of management journal, 2019, 62(2): 383 - 414.

[43] KIRKLAND C. The role of a CFO in M & A [Z]. 2015.

[44] ZEHNDER E. The evolving role of the CFO: The CEO's key business partner [N]. 2008.

[45] YIM S. The acquisitiveness of youth: CEO age and acquisition behavior [J]. Journal of financial economics, 2013, 108(1): 250 - 273.

[46] YANG K, LAU R. Detecting senior executives' personalities for predicting corporate behaviors: An attention-based deep learning approach [Z]. The 2019 International Conference on Information Systems (ICIS). Munich, Germany. 2019.

[47] ALLPORT G W, ODBERT H S. Trait-names: A psycho-lexical study [J]. Psychological monographs, 1936, 47(1): 1 - 171.

[48] CATTELL, R. B. The description of personality: basic traits resolved into clusters [J]. Journal of abnormal & social psychology, 1943, 38(4): 476 - 506.

[49] FISKE D W. Consistency of the factorial structures of personality ratings from different sources [J]. The journal of abnormal and social psychology, 1949, 44(3): 329 - 344.

[50] ERNEST C. TUPES, CHRISTAL R E. Recurrent personality factors based on trait ratings [R]. Lackland Airforce Base, TX, 1961.

[51] NORMAN, WARREN T. Toward an adequate taxonomy of personality attributes: replicated factors structure in peer nomination personality ratings [J]. Journal of abnormal & social psychology, 1963, 66(6): 574.

[52] GOLDBERG L R. From Ace to Zombie: Some explorations in the language of personality [J]. 1982.

[53] COSTA P T, MCCRAE R R. Domains and facets: hierarchical personality assessment using the revised NEO personality inventory [J]. Journal of personality assessment,

1995，64(1)：21 - 50.

[54] ZUCKERMAN M, KUHLMAN M, JOIREMANN J, TETA P, KRAFT M. A comparison of three structural models for personality：The Big Three, the Big Five, and the Alternative Five[J]. Journal of personality and social psychology，65(4)，757 - 768.

[55] GOLDBERG, LEWIS R. The development of markers for the Big-Five factor structure [J]. Psychological assessment，1992，4(1)：26 - 42.

[56] JOHN O P, DONAHUE E M, KENTLE R L. The Big-Five Inventory [J]. University of California Berkeley，1991，18(5)：367 - 385.

[57] COSTA P T, MCCRAE R R. Neo PI-R professional manual [M]. Lake Magdalene：Psychological Assessment Resources，1992.

[58] COSTA P T, MCCRAE R R. The Revised NEO Personality Inventory (NEO-PI-R) [M]//BOYLE G J, MATTHEWS G, SAKLOFSKE D H. The sage handbook of personality theory and assessment. New York：Springer 2008.

[59] 杨国枢，李本华. 五百五十七个中文人格特质形容词之好恶度、意义度及熟悉度 [J]. 台大心理学系研究报告，1971：36 - 57.

[60] YANG K S, BOND M H. Exploring implicit personality theories with indigenous or imported constructs：the Chinese case [J]. Journal of personality and social psychology，1990，58(6)：1087 - 1095.

[61] 张雨青，陈仲庚. 家长对子女人格特点的自由描述——中国儿童样本对"大五"人格结构的验证 [J]. 心理学报，1995，027(003)：281 - 287.

[62] 翟洪昌，许铎，赵敬儒. 管理与科技人员、大学生个性差异分析及个性评价 [J]. 健康心理学杂志，2000(02)：133 - 135.

[63] 李丽丽. 大五人格理论发展的新趋势：一个潜在的两大维度结构 [J]. 河西学院学报，2007，60(01)：88 - 91.

[64] BARRICK M R, MOUNT M K. The big five personality dimensions and job performance：A meta-analysis [J]. Personnel psychology，1991，44(1)：1 - 26.

[65] 任国华，刘继亮. 大五人格和工作绩效相关性研究的进展 [J]. 心理科学，2005(02)：406 - 408.

[66] 李云. 大五人格特质与员工发展关系的实证研究 [D]. 合肥：中国科学技术大学，2011.

[67] JUDGE T A, ILIES R. Relationship of personality to performance motivation：A meta-analytic review [J]. Journal of applied psychology，2002，87(4)：797 - 807.

[68] JUDGE T A, BONO J E, ILIES R, GERHARDT M W. Personality and leadership：A qualitative and quantitative review [J]. Journal of Applied Psychology，2002，87(4)：765 - 780.

[69] 孟慧，李永鑫. 大五人格特质与领导有效性的相关研究 [J]. 心理科学，2004(03)：611 - 614.

[70] GEORGE J M, ZHOU J. When openness to experience and conscientiousness are related to creative behavior：An interactional approach [J]. Journal of applied psychology，2001，86(3)：513 - 524.

[71] 高洁. 新能源上市公司政府补助、高管团队特征对研发投入的影响研究 [D]. 大庆：东北石油大学，2020.

[72] WIERSEMA M F, BANTEL K A. Top management team demography and corporate strategic change [J]. Academy of management journal, 1992, 35(1): 91-121.

[73] 林朝南, 林怡. 高层管理者背景特征与企业投资效率——来自中国上市公司的经验证据 [J]. 厦门大学学报(哲学社会科学版), 2014, 222(02): 100-109.

[74] PENG Q W, WEI K. Women executives and corporate investment: Evidence from the S & P 1500 [J]. SSRN electronic journal, 2008.

[75] 郝二辉. 高管团队背景特征、行为选择与财务困境 [D]. 成都: 西南财经大学, 2011.

[76] O'REILLY C A, CALDWELL D F, BARNETT W P. Work group demography, social integration, and turnover [J]. Administrative science quarterly, 1989, 34(1): 21-37.

[77] MILLER D. Stale in the saddle: CEO tenure and the match between organization and environment [J]. Management science, 1991, 37(1): 34-52.

[78] 李焰, 秦义虎, 张肖飞. 企业产权、管理者背景特征与投资效率 [J]. 管理世界, 2011, 208(01): 135-144.

[79] 代昀昊, 孔东民. 高管海外经历是否能提升企业投资效率 [J]. 世界经济, 2017, 40(01): 168-192.

[80] 姜付秀, 张敏, 陆正飞, 陈才东. 管理者过度自信、企业扩张与财务困境 [J]. 经济研究, 2009, 44(01): 131-143.

[81] 卢馨, 张乐乐, 李慧敏, 丁艳平. 高管团队背景特征与投资效率——基于高管激励的调节效应研究 [J]. 审计与经济研究, 2017, 32(02): 66-77.

[82] HAMBRICK D C, D'AVENI R A. Top team deterioration as part of the downward spiral of large corporate bankruptcies [J]. Management science, 1992, 38(10): 1445-1466.

[83] SMITH K G, OLIAN J D, JR H, O'BANNON D P. Top management team demography and process: The role of social integration and communication [J]. Administrative science quarterly, 1994, 39(3): 412-438.

[84] KNIGHT D, PEARCE C L, SMITH K G, OLIAN J D, FLOOD P. Top management team diversity, group process, and strategic consensus [J]. Strategic management journal, 1999, 20(5): 445-465.

[85] SIMONS T L, PELLED L H, SMITH K A. Making use of difference: Diversity, debate, and decision comprehensiveness in top management teams [J]. Academy of management journal, 1999, 42(6): 662-673.

[86] JACKSON S E, BRETT J F, SESSA V I, COOPER D M, JULIN J A, PEYRONNIN K. Some differences make a difference: Individual dissimilarity and group heterogeneity as correlates of recruitment, promotions, and turnover [J]. Journal of applied psychology, 1991, 76(5): 675-689.

[87] KECK S L. Top management team structure: Differential effects by environmental context [J]. Organization science, 1997, 8(2): 143-156.

[88] CARPENTER M A, GELETKANYCZ M A, SANDERS W G. Upper echelons research revisited: Antecedents, elements, and consequences of top management team composition [J]. Journal of management, 2004, 30(6): 749-778.

[89] 孙海法, 姚振华, 严茂胜. 高管团队人口统计特征对纺织和信息技术公司经营绩效的影响 [J]. 南开管理评论, 2006, 9(6): 7.

[90] 张平. 我国上市公司高层管理团队异质性与企业绩效的关系研究 [D]. 广州：华南理工大学，2005.

[91] BOONE C, VAN OLFFEN W, VAN WITTELOOSTUIJN A, DE BRABANDER B. The genesis of top management team diversity：Selective turnover among top management team in Dutch newspaper publishing, 1970 - 94 [J]. Academy of management journal, 2004，47(5)：633 - 656.

[92] 鲁倩，贾良定. 高管团队人口统计学特征、权力与企业多元化战略 [J]. 科学学与科学技术管理，2009(5)：7.

[93] MICHEL J G, HAMBRICK D C. Diversification posture and top management team characteristics [J]. Academy of management journal, 1992，35(1)：9 - 37.

[94] BRUNNINGE O, NORDQVIST M, WIKLUND J. Corporate governance and strategic change in SMEs：The effects of ownership, board composition and top management teams [J]. Small business economics, 2007，29：295 - 308.

[95] 贺远琼，杨文. 高管团队特征与企业多元化战略关系的 Meta 分析 [J]. 管理学报，2010(1)：7.

[96] SOUITARIS V, MAESTRO B. Polychronicity in top management teams：The impact on strategic decision processes and performance of new technology ventures [J]. Strategic management journal, 2009，31(6)：652 - 678.

[97] 谢宇翔. 高管团队海外背景对企业研发国际化的影响研究 [D]. 成都：电子科技大学，2020.

[98] 李卫民. 企业高管团队异质性与战略选择的实证研究 [J]. 中外企业家，2009(9X)：2.

[99] 钟新. 上市公司高管团队特征对企业社会责任的影响研究 [D]. 长沙：湖南大学，2012.

[100] 孙德升. 高管团队与企业社会责任：高阶理论的视角 [J]. 科学学与科学技术管理，2009，30(04)：188 - 193.

[101] 沈佳伟. 高管团队特征与上市公司财务报告舞弊的相关性研究 [D]. 杭州：浙江工商大学，2015.

[102] 文芳. 股权集中度、股权制衡与公司 R & D 投资——来自中国上市公司的经验证据 [J]. 南方经济，2008(4)：13.

[103] 何霞，苏晓华. 高管团队背景特征、高管激励与企业 R & D 投入——来自 A 股上市高新技术企业的数据分析 [J]. 科技管理研究，2012，32(006)：100 - 108.

[104] AKTAS N, BODT E D, BOLLAERT H, ROLL R. CEO narcissism and the takeover process：From private initiation to deal completion [J]. Journal of financial and quantitative analysis, 2016，51(1)：113 - 137.

[105] MATHEW L A H, HAMBRICK D C. Explaining the premiums paid for large acquisitions：Evidence of CEO hubris [J]. Administrative science quarterly, 1997，42(1)：103 - 127.

[106] HUANG J, KISGEN D J. Gender and corporate finance：Are male executives overconfident relative to female executives? [J]. Journal of financial economics, 2013，108(3)：822 - 839.

[107] ZHOU B, DUTTA S, ZHU P. CEO tenure and mergers and acquisitions [J]. Finance research letters, 2019.

[108] HUANG Q, JIANG F, LIE E, YANG K. The role of investment banker directors in M & A [J]. Journal of financial economics, 2014, 112(2): 269 - 286.

[109] GRINSTEIN Y, HRIBAR P. CEO compensation and incentives: Evidence from M & A bonuses [J]. Journal of financial economics, 2004, 73(1): 119 - 143.

[110] 晏天. CEO 过度自信、CEO 权力对并购溢价的影响研究 [D]. 大连: 东北财经大学, 2016.

[111] 刘烨, 石茹鑫, 李丹. 高科技公司 CEO 过度自信与并购绩效的关系研究——基于自我归因偏差(SAB)的分析视角 [J]. 中大管理研究, 2015, 10(03): 94 - 118.

[112] 邓路, 徐睿阳, 谷宇, 廖明情. 管理者过度自信、海外收购及其经济后果——基于"兖州煤业"的案例研究 [J]. 管理评论, 2016, 28(11): 252 - 263.

[113] 孟祥梅. 高管团队外倾性对企业扩张型战略的影响 [D]. 南京: 南京大学, 2020.

[114] 古志辉, 王伟杰. 创业型家族企业中的亲缘关系与代理成本 [J]. 管理学报, 2014, 11(12): 1806 - 1817.

[115] 陆瑶, 胡江燕. CEO 与董事间的"老乡"关系对我国上市公司风险水平的影响 [J]. 管理世界, 2014, 246(3): 131 - 138.

[116] BEDNAR L. Teaching case using a research in technical and scientific communication class to teach essential workplace skills [J]. IEEE transactions on professional communication, 2012, 55(4): 363 - 377.

[117] 杜兴强, 熊浩. 董事长—总经理老乡关系与研发投入 [J]. 投资研究, 2017, 36(9): 60 - 82.

[118] 闫焕民, 廖佳. CEO-CFO 校友关系与公司避税行为——基于税收征管强度视角的研究 [J]. 现代财经:天津财经大学学报, 2018, (9): 77 - 91.

[119] 李维安, 李晓琳, 张耀伟. 董事会社会独立性与 CEO 变更——基于违规上市公司的研究 [J]. 管理科学, 2017, 30(2): 94 - 105.

[120] 何开刚, 刘莹阁, 王勇. CEO 与 CFO 间社会关系与企业投资效率 [J]. 上海财经大学学报:哲学社会科学版, 2021, 23(5): 37 - 49.

[121] 王佩. CEO 和 CFO 任期交错对企业盈余管理的影响 [D]. 北京: 北京理工大学, 2016.

[122] 杨冰. CEO/CFO 关联度与企业盈余管理 [D]. 广州: 暨南大学, 2017.

[123] 张信勇. LIWC:一种基于语词计量的文本分析工具 [J]. 西南民族大学学报(人文社会科学版), 2015, 36(04): 101 - 104.

[124] WILSON M. MRC psycholinguistic database: Machine-usable dictionary, version 2.00 [J]. Behavior research methods, instruments, & computers, 1988, 20(1): 6 - 10.

[125] PROYER R T, BRAUER K. Exploring adult Playfulness: Examining the accuracy of personality judgments at zero-acquaintance and an LIWC analysis of textual information [J]. Journal of research in personality, 2018, 73: 12 - 20.

[126] 王世强. 基于扩展 LIWC 词典的微博用户人格计算 [D]. 厦门: 厦门大学, 2020.

[127] PRATAMA B Y, SARNO R. Personality classification based on Twitter text using Naive Bayes, KNN and SVM; Proceedings of the 2015 International Conference on Data and Software Engineering (ICoDSE), 25 - 26 November, 2015 [C].

[128] 郑敬华, 郭世泽, 高梁, 赵楠. 基于多任务学习的大五人格预测 [J]. 中国科学院大学学报, 2018: 550 - 560.

[129] WALD R, KHOSHGOFTAAR T M, NAPOLITANO A, SUMNER C. Using Twitter Content to Predict Psychopathy [Z]. 2012 11th International Conference on Machine Learning and Applications. Boca Raton, FL, USA. 2012: 394 - 401

[130] 王江晴, 陈思敏, 刘晶, 孙翀, 毕建权. 基于上下文语义的社交网络用户人格预测 [J]. 中南民族大学学报: 自然科学版, 2020, 39(3): 289 - 294.

[131] TANDERA T, HENDRO, SUHARTONO D, WONGSO R, PRASETIO Y L. Personality prediction system from Facebook users [J]. Procedia computer science, 2017, 116: 604 - 611.

[132] BONO J E, JUDGE T A. Personality and transformational and transactional leadership: A meta-analysis [J]. Journal of applied p): sychology, 2004, 89(5901 - 910.

[133] MCCRAE R, COSTA P. The five factor model of personality: Theoretical perspective [M]. New York, NY: The Guilford Press, 1996.

[134] PETERSON R S, SMITH D B, MARTORANA P V, OWENS P D. The impact of chief executive officer personality on top management team dynamics: One mechanism by which leadership affects organizational performance [J]. Journal of applied psychology, 2003, 88(5): 795 - 808.

[135] MCCRAE R R. Openness to experience: Expanding the boundaries of factor V [J]. European journal of personality, 1994, 8(4): 251 - 272.

[136] TETLOCK P E. Accountability and complexity of thought [J]. Journal of personality and social psychology, 1983, 45(1): 74 - 83.

[137] TETLOCK P E. Cognitive style and political belief systems in the British House of Commons [J]. Journal of personality and social psychology, 1984, 46(2): 365 - 375.

[138] SHANE S, NICOLAOU N, CHERKAS L, SPECTOR T. Genetics, the Big Five, and the tendency to be self-employed [J]. Journal of applied psychology, 2010, 95(6): 1154 - 1162.

[139] JERONIMUS B F, RIESE H, SANDERMAN R, ORMEL J. Mutual reinforcement between neuroticism and life experiences: A five-wave, 16 - year study to test reciprocal causation [J]. Journal of personality and social psychology, 2014, 107(4): 751 - 764.

[140] MCCRAE R R, T. COSTA P. Personality trait structure as a human universal [J]. American psychologist, 1997, 52(5): 509 - 516.

[141] NORRIS C J, LARSEN J T, CACIOPPO J T. Neuroticism is associated with larger and more prolonged electrodermal responses to emotionally evocative pictures [J]. Psychophysiology, 2007, 44(5): 823 - 826.

[142] SCHEIER M, CARVER C, BRIDGES M. Distinguishing optimism from neuroticism (and trait anxiety, self-mastery, and self-esteem): a Reevaluation of the life orientation test [J]. Journal of personality and social psychology, 1994, 67(6): 1063 - 1078.

[143] DE HOOGH A H B, DEN HARTOG D N, KOOPMAN P L. Linking the Big Five-Factors of personality to charismatic and transactional leadership: perceived dynamic work environment as a moderator [J]. Journal of organizational behavior, 2005, 26(7): 839 - 865.

[144] ROSS L, GREENE D, HOUSE P. The "false consensus effect": An egocentric bias in

social perception and attribution processes ［J］. Journal of experimental social psychology, 1977, 13(3): 279 - 301.

［145］ADAMOPOULOS P, GHOSE A, TODRI V. The impact of user personality traits on word of mouth: Text-mining social media platforms ［J］. Information systems research, 2018, 29(3): 612 - 640.

［146］SINGH R, HO S Y. Attitudes and attraction: A new test of the attraction, repulsion and similarity-dissimilarity asymmetry hypotheses ［J］. British Journal of Social Psychology, 2000, 39(2): 197 - 211.

［147］BOWEN R M, JOLLINEAU S J, LYON S C, MALHOTRA S, ZHU P. CEO-CFO personality differences and audit fees: The price of conflict? ［J］. SSRN electronic journal, 2019.

［148］MATSUMOTO D, PRONK M, ROELOFSEN E. What makes conference calls useful? The information content of managers' presentations and analysts' discussion sessions ［J］. The accounting review, 2011, 86(4): 1383 - 1414.

［149］MCCRAE R R, COSTA P T. Validation of the five-factor model of personality across instruments and observers ［J］. Journal of personality and social psychology, 1987, 52 (1): 81 - 90.

［150］BILLETT M T, KING T-H D, MAUER D C. Bondholder wealth effects in mergers and acquisitions: New evidence from the 1980s and 1990s ［J］. The journal of finance, 2004, 59(1): 107 - 135.

［151］BENGIO Y. Learning long-term dependencies with gradient descent is difficult ［J］. IEEE transactions on neural networks, 2002, 5(2): 157 - 166.

［152］HOCHREITER S, SCHMIDHUBER J. Long short-term memory ［J］. Neural computation, 1997, 9(8): 1735 - 1780.

［153］CELLI F, LEPRI B, BIEL J-I, GATICA-PEREZ D, RICCARDI G. Workshop on computational personality recognition (shared task); Proceedings of the workshop on computational personality recognition, Orlando, Florida, USA, F, 2014 ［C］.

［154］MAIRESSE F C, WALKER M A, MEHL M R, MOORE R K. Using linguistic cues for the automatic recognition of personality in conversation and text ［J］. Journal of artificial intelligence research, 2007, 30: 457 - 500.

［155］COSTA JR P T, MCCRAE R R. The Five-Factor model and the NEO inventories ［M］//BUTCHER J N. Oxford handbook of personality assessment. New York, NY, US: Oxford University Press. 2009: 299 - 322.

［156］BENESTY J, CHEN J, HUANG Y, COHEN I. Pearson correlation coefficient ［M］// COHEN I, HUANG Y, CHEN J, et al. Noise reduction in speech processing. Berlin, Heidelberg: Springer. 2009: 1 - 4.

［157］GLEN S. Correlation coefficient: Simple definition, formula, easy steps ［Z］. 2020.

［158］KOO T K, LI M Y. A guideline of selecting and reporting intraclass correlation coefficients for reliability research ［J］. Journal of chiropractic medicine, 2016, 15(2): 155 - 163.

［159］NADOLSKA A, BARKEMA H G. Good learners: How top management teams affect the success and frequency of acquisitions [J]. Strategic management journal, 2014, 35(10): 1483 – 1507.

[160] MOELLER S B, SCHLINGEMANN F P, STULZ R M. Firm size and the gains from acquisitions [J]. Journal of financial economics, 2004, 73(2): 201 – 228.

[161] CARPER W B. Corporate acquisitions and shareholder wealth: A review and exploratory analysis [J]. Journal of management, 1990, 16(4): 807 – 823.

[162] SMITH R L, KIM J-H. The combined effects of free cash flow and financial slack on bidder and target stock returns [J]. The journal of business, 1994, 67(2): 281 – 310.

[163] KARNEY B R, BRADBURY T N. Neuroticism, marital interaction, and the trajectory of marital satisfaction [J]. Journal of personality and social psychology, 1997, 72(5): 1075 – 1092.

[164] YANG M, ADOMAVICIUS G, BURTCH G, REN Y. Mind the gap: Accounting for measurement error and misclassification in variables generated via data mining [J]. Information systems research, 2018, 29(1): 4 – 24.

[165] COOK J R, STEFANSKI L A. Simulation-extrapolation estimation in parametric measurement error models [J]. Journal of the American statistical association, 1994, 89 (428): 1314 – 1328.

[166] FARNADI G, ZOGHBI S, MOENS M-F, COCK M D. Recognising personality traits using Facebook status updates [Z]. Seventh international AAAI conference on weblogs and social media. 2013

[167] WESTPHAL J D, ZAJAC E J. Who shall govern? CEO/board power, demographic similarity, and new director selection [J]. Administrative science quarterly, 1995, 40 (1): 60 – 83.

[168] BLUNDELL R, BOND S. Initial conditions and moment restrictions in dynamic panel data models [J]. Journal of econometrics, 1998, 87(1): 115 – 143.

[169] CUYPERS I R P, CUYPERS Y, MARTIN X. When the target may know better: Effects of experience and information asymmetries on value from mergers and acquisitions [J]. Strategic management journal, 2017, 38(3): 609 – 625.

[170] BLANKESPOOR E. Firm communication and investor response: A framework and discussion integrating social media [J]. Accounting, organizations and society, 2018, 68 – 69: 80 – 87.

[171] ELLIOTT W B, GRANT S M, HODGE F D. Negative news and investor trust: The role of $ firm and # CEO Twitter use [J]. Journal of accounting research, 2018, 56 (5): 1483 – 1519.

[172] BAPTISTA J, WILSON A D, GALLIERS R D, BYNGHALL S. Social media and the emergence of reflexiveness as a new capability for open strategy [J]. Long range planning, 2017, 50(3): 322 – 336.

[173] SIGALA M, CHALKITI K. Knowledge management, social media and employee creativity [J]. International journal of hospitality management, 2015, 45: 44 – 58.

[174] WANG Q, LAU R. The impact of investors' surprise emotion on post-M & A performance: A social media analytics approach [Z]. The international conference on

information systems (ICIS) 2019 Conference. 2019.

[175] GAMACHE D L, MCNAMARA G, GRAFFIN S D, KILEY J, HALEBLIAN J, DEVERS C E. Impression offsetting as an early warning signal of low CEO confidence in acquisitions [J]. Academy of management journal, 2018, 62(5): 1307-1332.

[176] DELOITTE. Let't make a deal: Analytics and social media in M & A [Z]. 2013.

[177] TOTO C S. Should social media have a role in mergers and acquisitions? [Z]. 2016.

[178] MAZBOUDI M, KHALIL S. The attenuation effect of social media: Evidence from acquisitions by large firms [J]. Journal of financial stability, 2017, 28: 115-124.

[179] SHANDWICK W. The social CEO: Executives tell all [Z]. 2013.

[180] TSAI W, MEN L. Social CEOs: The effects of CEOs communication styles and parasocial interaction on social networking sites [J]. New media & society, 2016, 19 (11).

[181] BARNHART J. The social CEO: How CEOs can leverage social media [Z]. 2019.

[182] CADE N L. Corporate social media: How two-way disclosure channels influence investors [J]. Accounting organizations and society, 2018, 68-69: 63-79.

[183] NGUYEN B, YU X, MELEWAR T C, CHEN J. Brand innovation and social media: Knowledge acquisition from social media, market orientation, and the moderating role of social media strategic capability [J]. Industrial marketing management, 2015, 51: 11-25.

[184] IDOTA H, TAHER S A, BUNNO T, TSUJI M. Conducting product innovation by using social media among Japanese firms [J]. STI policy and management journal, 2019, 4(2): 153-166.

[185] GUGGENMOS R, BENNETT G B. The effects of company image and communication platform alignment on investor information processing [Z]. 2020.

[186] RENNEKAMP K M, WITZ P D. Linguistic formality and audience engagement: investors' reactions to characteristics of social media disclosures [J]. Contemporary accounting research. 38(3): 1748-1781.

[187] HUANG L V, YEO T E D. Tweeting # Leaders: Social media communication and retweetability of Fortune 1000 chief executive officers on Twitter [J]. Internet research, 2018, 28(1): 123-142.

[188] DAVISON R M, OU C X J, MARTINSONS M G, ZHAO A Y, DU R. The communicative ecology of Web 2.0 at work: Social networking in the workspace [J]. Journal of the association for information science and technology, 2014, 65(10): 2035-2047.

[189] MILES S J, MANGOLD W G. Employee voice: Untapped resource or social media time bomb? [J]. Business horizons, 2014, 57(3): 401-411.

[190] KRANCHER O, DIBBERN J, MEYER P. How social media-enabled communication awareness enhances project team performance [J]. Journal of the association for information systems, 2018, 19(9): 813-856.

[191] 黄俊, 郭照蕊. 新闻媒体报道与资本市场定价效率——基于股价同步性的分析 [J]. 管理世界, 2014(5): 121-130.

[192] 徐巍，陈冬华. 自媒体披露的信息作用——来自新浪微博的实证证据 [J]. 金融研究，2016，429(03)：157 - 173.

[193] ELIZABETH, BLANKESPOOR, GREGORY, S., MILLER, HAL, D., WHITE. The role of dissemination in market liquidity：Evidence from firms' use of Twitter [J]. Accounting review, 2014, 89(1)：79 - 112.

[194] 赵君哲，乔诗绮，王明辉. 工作场所社交媒体使用对员工工作绩效的影响：基于人际关系视角 [J]. 心理与行为研究，2020，18(06)：819 - 825.

[195] WU J, MEI W, LIU L, UGRIN J C, BUSINESS J O, WOODSIDE A G. The bright and dark sides of social cyberloafing：Effects on employee mental health in China [J]. Journal of business research, 2020, 112：56 - 64.

[196] 付艳飞. 社交媒体使用对组织的影响研究述评 [J]. 合作经济与科技，2023，698(03)：123 - 125.

[197] CAO X, GUO X, VOGEL D, ZHANG X. Exploring the influence of social media on employee work performance [J]. Internet research, 2016, 26(2)：529 - 545.

[198] ALI-HASSAN H, NEVO D, WADE M. Linking dimensions of social media use to job performance：The role of social capital [J]. Journal of strategic information systems, 2015, 24(2)：65 - 89.

[199] SAMPASA-KANYINGA H, CHAPUT J P, HAMILTON H A. Social media use, school connectedness, and academic performance among adolescents [J]. Journal of primary prevention, 2019, 40(2)：189 - 211.

[200] 申恩平，马凤英. 社交媒体对知识分享的影响作用研究 [J]. 情报理论与实践，2018，41(03)：106 - 110＋135.

[201] SENDER A, KORZYNSKI P. How peers' updates on social media influence job search [J]. Journal of managerial psychology, 2020, 35(1)：1 - 12.

[202] HEAVEY C, SIMSEK Z, KYPRIANOU C, RISIUS M. How do strategic leaders engage with social media? A theoretical framework for research and practice [J]. Strategic management journal, 2020, 41(8)：1490 - 1527.

[203] HU N, DONG Y, LIU L, YAO L J. Not all that glitters is gold：The effect of attention and blogs on investors' investing behaviors [J]. Journal of accounting, auditing & finance, 2013, (1)：28.

[204] SHANDWICK W. 80％ of CEOs from the world's top companies take to social media [R]. 2015.

[205] RICHARD, VIDGEN, JULIAN, MARK, SIMS, PHILIP, POWELL. Do CEO bloggers build community? [J]. Journal of communication management, 2013, 17(4)：364 - 385.

[206] ALGHAWI I A, YAN J, WEI C. Professional or interactive：CEOs' image strategies in the microblogging context [J]. Computers in human behavior, 2014, 41：184 - 189.

[207] YUE C A, THELEN P, ROBINSON K, MEN L R. How do CEOs communicate on Twitter? A comparative study between Fortune 200 companies and top startup companies [J]. Corporate communications, 2019, 24(3)：532 - 552.

[208] TSAI W H S, MEN L R. Social CEOs：The effects of CEOs' communication styles and

parasocial interaction on social networking sites [J]. New media & society, 2017, 19 (11): 1848 - 1867.

[209] BAI L, YAN X. Impact of social media capability on firm performance: new evidence from China [J]. Asian business & management, 2023, 22(1): 118 - 136.

[210] HWANG S. The strategic use of Twitter to manage personal public relations [J]. Public relations review, 2012, 38(1): 159 - 161.

[211] CRAIG R, AMERNIC J. The language of leadership in a deadly pandemic [J]. Strategy and leadership, 2020, 48(5): 41 - 47.

[212] OROZCO D. Using social media in business disputes [J]. MIT sloan management review, 2016, 57(2): 33 - 35.

[213] DUNN B J. Best Buy's CEO on learning to love social media [J]. Harvard business review, 2010, 88(12): 43 - 48.

[214] ROH S. Examining the paracrisis online: The effects of message source, response strategies and social vigilantism on public responses [J]. Public relations review, 2017, 43(3): 587 - 596.

[215] KIM T, SUNG Y. CEOs' self-disclosure on Instagram and consumer-brand relationships: the moderating effect of relationship norms [J]. International journal of advertising, 2021, 40(6): 897 - 921.

[216] FREBERG K, GRAHAM K, MCGAUGHEY K, FREBERG L A. Who are the social media influencers? A study of public perceptions of personality [J]. Public relations review, 2011, 37(1): 90 - 92.

[217] MEHRA P, AHUJA A. Role identity tactics of CEOs in public apologies on twitter and user sentiments [J]. Communication research and practice, 2022, 8(3): 182 - 196.

[218] OH C, ROUMANI Y, NWANKPA J K, HUE H F. Beyond likes and tweets: Consumer engagement behavior and movie box office in social media [J]. Information & management, 2017, 54(1): 25 - 37.

[219] LIIKKANEN L A, SALOVAARA A. Music on YouTube: User engagement with traditional, user-appropriated and derivative videos [J]. Computers in human behavior, 2015, 50: 108 - 124.

[220] DESSART L, VELOUTSOU C, MORGAN-THOMAS A. Consumer engagement in online brand communities: a social media perspective [J]. Journal of product and brand management, 2015, 24(1): 28 - 42.

[221] LEE S Y, HANSEN S S, LEE J K. What makes us click "like" on Facebook? Examining psychological, technological, and motivational factors on virtual endorsement [J]. Computer communications, 2016, 73: 332 - 341.

[222] CHIN C Y, LU H P, WU C M. Facebook users' motivation for clicking the "like" button [J]. Social behavior and personality, 2015, 43(4): 579 - 592.

[223] HELLER BAIRD C, PARASNIS G. From social media to Social CRM: reinventing the customer relationship [J]. Strategy & leadership, 2011, 39(6): 27 - 34.

[224] KAPLAN A M, HAENLEIN M. Users of the world, unite! The challenges and opportunities of social media [J]. Business horizons, 2010, 53(1): 59 - 68.

[225] WAHAB M A A, SURIN E S M, NAYAN N M, RAHMAN H. Mapping deforestation in permanent forest reserve of Peninsular Malaysia with multi-temporal SAR imagery and U-Net based semantic segmentation [J]. Malaysian journal of computer science, 2021: 15 - 34.

[226] TONELLO M0. Corporate use of social media, 216.

[227] 刘海飞, 许金涛, 柏巍, 李心丹. 社交网络、投资者关注与股价同步性 [J]. 管理科学学报, 2017, 20(02): 53 - 62.

[228] LODHIA S, STONE G. Integrated reporting in an internet and social media communication environment: Conceptual insights [J]. Australian accounting review, 2017, 27(1): 17 - 33.

[229] LEE L F, HUTTON A P, SHU S. The role of social media in the capital market: Evidence from consumer product recalls [J]. Journal of accounting research, 2015, 53 (2): 367 - 404.

[230] LEE C H, ZHAO J. Social media engagement and crowdfunding performance: The moderating role of product type and entrepreneurs' characteristics [J]. Journal of the association for information science and technology, 2022, 73: 1559 - 1578.

[231] HOFFMANN C P, AESCHLIMANN L. Shielding or engaging: the use of online shareholder platforms in investor relations [J]. Corporate communications, 2017, 22 (1): 133 - 148.

[232] FU X, HUANG J, ZHAO L, ZHAO Y. Can social media protect retail investors? Evidence from China mergers and acquisitions [J]. Applied economics letters, 2023.

[233] ANG J S, HSU C, TANG D, WU C. The role of social media in corporate governance [J]. Accounting review, 2021, 96(2): 1 - 32.

[234] 韩文玓, 陈继萍. 中小投资者悲观情绪与股价崩盘风险——基于股票网络论坛的研究 [J]. 现代审计与会计, 2022(05): 24 - 26.

[235] VAN DOORN J, LEMON K N, MITTAL V, NASS S, PICK D, PIRNER P, VERHOEF P C. Customer engagement behavior: Theoretical foundations and research directions [J]. Journal of service research, 2010, 13(3): 253 - 266.

[236] BRODIE R J, ILIC A, JURIC B, HOLLEBEEK L. Consumer engagement in a virtual brand community: An exploratory analysis [J]. Journal of business research, 2013, 66 (1): 105 - 114.

[237] KUMAR V, AKSOY L, DONKERS B, VENKATESAN R, WIESEL T, TILLMANNS S. Undervalued or overvalued customers: Capturing total customer engagement value [J]. Journal of service research, 2010, 13(3): 297 - 310.

[238] VIVEK S D, BEATTY S E, MORGAN R M. Customer engagement: Exploring customer relationships beyond purchase [J]. Journal of marketing theory and practice, 2012, 20(2): 122 - 146.

[239] VOORVELD H A M, VAN NOORT G, MUNTINGA D G, BRONNER F. Engagement with social media and social media advertising: The differentiating role of platform type [J]. Journal of advertising, 2018, 47(1): 38 - 54.

[240] LECKIE C, NYADZAYO M W, JOHNSON L W. Antecedents of consumer brand

engagement and brand loyalty [J]. Journal of marketing management, 2016, 32(5 - 6): 1 - 21.

[241] MUNTINGA D G, MOORMAN M, SMIT E G. Introducing COBRAs [J]. International journal of advertising, 2011, 30(1): 13 - 46.

[242] HAARHOFF G, KLEYN N. Open source brands and their online brand personality [J]. Journal of brand management, 2012, 20(2): 104 - 114.

[243] LOVETT M J, PERES R, SHACHAR R. On brands and word of mouth [J]. Journal of marketing research, 2013, 50(4): 427 - 444.

[244] ASHLEY C, TUTEN T L. Creative strategies in social media marketing: An exploratory study of branded social content and consumer engagement [J]. Psychology & marketing, 2015, 32(1): 15 - 27.

[245] HUGHES C, SWAMINATHAN V, BROOKS G. Driving brand engagement through online social influencers: An empirical investigation of sponsored blogging campaigns [J]. Journal of marketing, 2019, 83(5): 78 - 96.

[246] KUMAR, V., PANSARI, ANITA. Competitive advantage through engagement [J]. Journal of marketing research, 2016, 53(4): 497 - 514.

[247] MALTHOUSE E C, CALDER B J, KIM S J, VANDENBOSCH M. Evidence that user-generated content that produces engagement increases purchase behaviours [J]. Journal of marketing management, 2016, 32(5 - 6): 427 - 444.

[248] PAGANI M, MALACARNE G. Experiential engagement and active vs. passive behavior in mobile location-based social networks: The moderating role of privacy [J]. Journal of interactive marketing, 2017, 37: 133 - 148.

[249] SCHIVINSKI B, CHRISTODOULIDES G, DABROWSKI D. Measuring consumers' engagement with brand-related social-media content: Development and validation of a scale that identifies levels of social-media engagement with brands [J]. Journal of advertising research, 2016, 56(1): 64 - 80.

[250] BRODIE R J, HOLLEBEEK L D, JURIC B, ILIC A. Customer engagement: conceptual domain, fundamental propositions, and implications for research [J]. Journal of service research, 2011, 17(3): 1 - 20.

[251] DE SILVA T M. The role of customer engagement in cultivating relationships with automotive Facebook brand pages [J]. Online information review, 2021, 45(7): 1362 - 1380.

[252] VALENTINI C, ROMENTI S, MURTARELLI G, PIZZETTI M. Digital visual engagement: influencing purchase intentions on Instagram [J]. Journal of communication management, 2018, 22(4): 362 - 381.

[253] HELLER BAIRD C, PARASNIS G. From social media to social customer relationship management [J]. Strategy & leadership, 2011, 39(5): 30 - 37.

[254] HAMBRICK D C. Upper echelons theory: An update [J]. The academy of management review, 2007, 32(2): 334 - 343.

[255] HAMBRICK D C, FINKELSTEIN S. Managerial discretion: A bridge between polar views of organizational outcomes [J]. Research in organizational behavior, 1987, 9: 369

– 406.

[256] CROSSLAND C, HAMBRICK D C. Differences in managerial discretion across countries: How nation-level institutions affect the degree to which CEOs matter [J]. Strategic management journal, 2011, 32(8): 797 – 819.

[257] HAMBRICK D C, FINKELSTEIN S, MOONEY A C. Executive job demands: New insights for explaining strategic decisions and leader behaviors [J]. Academy of management review, 2005, 30(3): 472 – 491.

[258] WALTERS B A, KROLL M J, WRIGHT P. CEO tenure, boards of directors, and acquisition performance [J]. Journal of business research, 2007, 60(4): 331 – 338.

[259] GAMACHE D L, MCNAMARA G. Responding to bad press: How CEO temporal focus influences the sensitivity to negative media coverage of acquisitions [J]. Academy of management journal, 2018, 62(3): 918 – 943.

[260] MALHOTRA S, MORGAN H M, ZHU P. Sticky decisions: Anchoring and equity stakes in international acquisitions [J]. Journal of management, 2016, 44(8): 3200 – 3230.

[261] WOO H. New CEOs' previous experience and acquisition performance [J]. International journal of organizational analysis, 2019, 27(3): 745 – 758.

[262] WANG H, WALDMAN D A, ZHANG H Y. Strategic leadership across cultures: Current findings and future research directions [J]. Journal of world business, 2012, 47 (4): 571 – 580.

[263] YAMAK S, NIELSEN S, ESCRIBA-ESTEVE A. The role of external environment in upper echelons theory: A review of existing literature and future research directions [J]. Group & organization management, 2014, 39(1): 69 – 109.

[264] GRAFFIN S D, CARPENTER M A, BOIVIE S. What's all that (strategic) noise? Anticipatory impression management in CEO succession [J]. Strategic management journal, 2011, 32(7): 748 – 770.

[265] BO N. Top management team nationality diversity and firm performance: A multilevel study [J]. Strategic management journal, 2012, 34(3): 373 – 382.

[266] ABATECOLA G, CRISTOFARO M. Hambrick and Mason's "Upper Echelons Theory": Evolution and open avenues [J]. Journal of management history, 2018, 26 (1): 116 – 136.

[267] CHATTERJEE A, HAMBRICK D C. It's all about me: Narcissistic chief executive officers and their effects on company strategy and performance [J]. Administrative science quarterly, 2007, 52(3): 351 – 386.

[268] HEAVEY C, SIMSEK Z, KYPRIANOU C, RISIUS M. How do strategic leaders engage with social media? A theoretical framework for research and practice [J]. Strategic management journal, 2020, 41(8): 1490 – 1527.

[269] KARADUMAN i. The effect of social media on personal branding efforts of top level executives [J]. Procedia - social and behavioral sciences, 2013, 99: 465 – 473.

[270] SHORT J, WILLIAMS E, CHRISTIE B. The social psychology of telecommunications [M]. Wiley, 1976.

[271] TU C H. How Chinese perceive social presence: An examination of interaction in online learning environment [J]. Educational media international, 2001, 38(1): 45 - 60.

[272] GUNAWARDENA C N. Social presence theory and implications for interaction and collaborative learning in computer conferences [J]. 1995, 1(2): 147 - 166.

[273] BIOCCA F. The cyborg's dilemma: Progressive embodiment in virtual environments [J]. 1997, 3(2).

[274] DIXSON M D, GREENWELL M R, ROGERS-STACY C, WEISTER T, LAUER S. Nonverbal immediacy behaviors and online student engagement: bringing past instructional research into the present virtual classroom [J]. Communication education, 2017, 66(1): 37 - 53.

[275] OSEI-FRIMPONG K, MCLEAN G, FAMIYEH S. Social media brand engagement practices: Examining the role of consumer brand knowledge, social pressure, social relatedness, and brand trust [J]. Information technology & people, 2020, 33 (4): 1235 - 1254.

[276] CHANG C-M, HSU M-H. Understanding the determinants of users' subjective well-being in social networking sites: An integration of social capital theory and social presence theory [J]. Behaviour & information technology, 2016, 35(9): 720 - 729.

[277] OSEI-FRIMPONG K, MCLEAN G. Examining online social brand engagement: A social presence theory perspective [J]. Technological forecasting and social change, 2018, 128: 10 - 21.

[278] LEE K M. Presence, explicated [J]. Communication theory, 2004, 14(1): 27 - 50.

[279] TU C-H. On-line learning migration: From social learning theory to social presence theory in a CMC environment [J]. Journal of network and computer applications, 2000, 23(1): 27 - 37.

[280] BICKLE J T, HIRUDAYARAJ M, DOYLE A. Social presence theory: Relevance for HRD/VHRD research and practice [J]. Advances in developing human resources, 2019, 21(3): 383 - 399.

[281] LU B, FAN W, ZHOU M. Social presence, trust, and social commerce purchase intention: An empirical research [J]. Computers in human behavior, 2016, 56: 225 - 237.

[282] MEN L R, TSAI W-H S, CHEN Z F, JI Y G. Social presence and digital dialogic communication: Engagement lessons from top social CEOs [J]. Journal of public relations research, 2018, 30(3): 83 - 99.

[283] LIN X, SARKER S, FEATHERMAN M. Users' psychological perceptions of information sharing in the context of social media: A comprehensive model [J]. International journal of electronic commerce, 2019, 23(4): 453 - 491.

[284] MA X, XIAO T. M & A and corporate innovation: A literature review; The 2017 international conference on service systems and service management, 16 - 18 June 2017, 2017 [C].

[285] WEBER Y, DRORI I, TARBA S Y. Culture-performance relationships in mergers and acquisition: the role of trust [J]. European journal of cross-cultural competence and

Management，2012，2(3 - 4)：252 - 274.

[286] ZOLLO M，REUER J J，SINGH H. Interorganizational routines and performance in strategic alliances [J]. Organization science，2002，13(6)：701 - 713.

[287] MALMENDIER U，TATE G. CEO overconfidence and corporate investment [J]. The journal of finance，2005，60(6)：2661 - 2700.

[288] ELNAHAS A M，KIM D. CEO political ideology and mergers and acquisitions decisions [J]. Journal of corporate finance，2017，45：162 - 175.

[289] AL-SABRI H M H，NORDIN N，SHAHAR H K. M & A likelihood：Impact of firm characteristics [J]. Saudi journal of economics and finance，2020.

[290] DUAN T，DING R，HOU W，ZHANG J Z. The burden of attention：CEO publicity and tax avoidance [J]. Journal of business research，2018，87：90 - 101.

[291] EL-KHATIB R，FOGEL K，JANDIK T. CEO network centrality and merger performance [J]. Journal of financial economics，2015，116(2)：349 - 382.

[292] MOELLER S B，SCHLINGEMANN F P，STULZ R M. How do diversity of opinion and information asymmetry affect acquirer returns? [J]. The review of financial studies，2007，20(6)：2047 - 2078.

[293] MEN L R，TSAI W-H S. Public engagement with CEOs on social media：Motivations and relational outcomes [J]. Public relations review，2016，42(5)：932 - 942.

[294] GREENE J D，SOMMERVILLE R B，NYSTROM L E，DARLEY J M，COHEN J D. An fMRI investigation of emotional engagement in moral judgment [J]. Science，2001，293(5537)：2105 - 2108.

[295] MEECE J L，BLUMENFELD P C，HOYLE R H. Students' goal orientations and cognitive engagement in classroom activities [J]. Journal of educational psychology，1988，80(4)：514 - 523.

[296] MUNTINGA D，MOORMAN M，SMIT E. Introducing COBRAs [J]. International journal of advertising，2011，30：13 - 46.

[297] SCHIVINSKI B. Eliciting brand-related social media engagement：A conditional inference tree framework [J]. Journal of business research，2019，130：594 - 602.

[298] SKINNER E A，KINDERMANN T A，FURRER C J. A motivational perspective on engagement and disaffection：Conceptualization and assessment of children's behavioral and emotional participation in academic activities in the classroom [J]. Educational and psychological measurement，2008，69(3)：493 - 525.

[299] ALGHARABAT R，RANA N P，DWIVEDI Y K，ALALWAN A A，QASEM Z. The effect of telepresence，social presence and involvement on consumer brand engagement：An empirical study of non-profit organizations [J]. Journal of retailing and consumer services，2018，40：139 - 149.

[300] CAPRIOTTI P，RUESJA L. How CEOs use Twitter：A comparative analysis of Global and Latin American companies [J]. International journal of information management，2018，39：242 - 248.

[301] SHARPE W F. Capital asset prices：A theory of market equilibrium under conditions of risk [J]. The journal of finance，1964，19(3)：425 - 442.

[302] GROVER P, KAR A K. User engagement for mobile payment service providers — introducing the social media engagement model [J]. Journal of retailing and consumer services, 2020, 53: 101718.

[303] SEO J, GAMACHE D L, DEVERS C E, CARPENTER M A. The role of CEO relative standing in acquisition behavior and CEO pay [J]. Strategic management journal, 2015, 36(12): 1877 - 1894.

[304] LUBATKIN M. Mergers and the performance of the acquiring firm [J]. Academy of management review, 1983, 8(2): 218 - 225.

[305] 陈林, 伍海军. 国内双重差分法的研究现状与潜在问题 [J]. 数量经济技术经济研究, 2015(7): 133 - 148.

[306] BERTRAND M, DUFLO E, MULLAINATHAN S. How much should we trust differences-in-differences estimates? [J]. The quarterly journal of economics, 2004, 119 (1): 249 - 275.

[307] IMBENS G, WOOLDRIDGE J. Recent developments in the econometrics of program evaluation [J]. Journal of economic literature, 2008, 47: 5 - 86.

[308] 黄炜, 张子尧, 刘安然. 从双重差分法到事件研究法 [J]. 产业经济评论, 2022, 49 (02): 17 - 36.

[309] 林冬冬, 王 A. 双重差分模型研究 [J]. 中国管理信息化, 2021, 24(02): 177 - 178.

[310] HECKMAN J J. Sample selection bias as a specification error [J]. The econometric society, 1979, 47(1): 153 - 161.

[311] CHEN P-Y, HONG Y, LIU Y. The value of multidimensional rating systems: Evidence from a natural experiment and randomized experiments [J]. Management science, 2017, 64(10): 4629 - 4647.

[312] ANGRIST J D, PISCHKE J-S E. Mostly harmless econometrics: An empiricistís companion [M]. Princeton, NJ: Princeton University Press, 2008.

[313] BASCLE G. Controlling for endogeneity with instrumental variables in strategic management research [J]. Strategic organization, 2008, 6(3): 285 - 327.

[314] WOOLDRIDGE J M. Introductory econometrics: A modern approach[C]. 1999.

[315] 邵小快, 胡怀国. 经济增长实证研究中的内生性 [J]. 经济学动态, 2013, 625(03): 109 - 118.

[316] BARRON J M, CHULKOV D V, WADDELL G R. Top management team turnover, CEO succession type, and strategic change [J]. Journal of business research, 2011, 64 (8): 904 - 910.

[317] DRIESCH T V D, COSTA M E S D, FLATTEN T C, BRETTEL M. How CEO experience, personality, and network affect firms' dynamic capabilities [J]. European management journal, 2015, 33(4): 245 - 256.

[318] JAMES W. The principles of psychology [M]. New York: Henry Holt and Company, 1890.

[319] EKMAN P. Universals and cultural differences in facial expressions of emotion [Z]. Nebraska symposium on motivation. US: University of nebraska press. 1972: 207 - 283.

[320] PLUTCHIK R. Chapter 1 - A general psychoevolutionary theory of emotion [M]//

PLUTCHIK R, KELLERMAN H. Theories of emotion. Cambridge: Academic Press, 1980: 3 - 33.

[321] LAZARUS R S, LAZARUS B N. Passion and reason: Making sense of our emotions [M]. New York: Oxford university press. 1996.

[322] EKMAN P. Basic emotions [M].//Handbook of cognition and emotion. London: John Wiley & Sons, 1999: 45 - 60.

[323] KRATZWALD B, ILIĆ S, KRAUS M, FEUERRIEGEL S, PRENDINGER H. Deep learning for affective computing: Text-based emotion recognition in decision support [J]. Decision support systems, 2018, 115: 24 - 35.

[324] YADAV A, VISHWAKARMA D K. A Multilingual framework of CNN and Bi-LSTM for emotion classification: The 2020 11th international conference on computing, communication and networking technologies (ICCCNT)[C]. 1 - 3 July 2020, 2020.

[325] 李浩, 张兰, 杨兵, 杨海潇, 寇勇奇, 王飞, 康雁. 融合双重权重机制和图卷积神经网络的微博细粒度情感分类 [J]. 计算机科学, 2022, 49(03): 246 - 254.

[326] ALSWAIDAN N, MENAI M E B. A survey of state-of-the-art approaches for emotion recognition in text [J]. Knowledge and information systems, 2020, 62: 2937 - 2987.

[327] JAMES W. Psychology: The briefer course [M]. New York: Harper & row, 1961.

[328] IZARD C E. Emotions as motivations [M]//HOWE H E, DIENSTBIER R A. Nebraska symposium on motivation 1978: Human emotion. Lincoln: University of nebraska press. 1978: 163 - 200.

[329] LAZARUS R S, AVERILL J R, OPTON J E M. Towards a cognitive theory of emotions [M]//ARNOLD M B. Feelings and emotions. New York: Academic Press. 1970: 207 - 232.

[330] GRAY J A. On the classification of the emotions [J]. Behavioral and brain sciences, 1982, 5(3): 431 - 432.

[331] IZARD C E. Forms and functions of emotions: Matters of emotion—cognition interactions [J]. Emotion review, 2011, 3(4): 371 - 378.

[332] EKMAN P. Basic emotions [M]//POWER M J, DALGLEISH T. Handbook of cognition and emotion. London: John Wiley & Sons, 2005: 45 - 60.

[333] MOWRER O H. Pain, punishment, guilt, and anxiety [M]. New York City, NY, US: Grune & Stratton, 1950: 27 - 48.

[334] PANKSEPP J. Toward a general psychobiological theory of emotions [J]. Behavioral and brain sciences, 1982, 5(3): 407 - 467.

[335] Emotions in social psychology: Essential readings [M]. New York, NY, US: Psychology Press, 2001.

[336] PEYTON E J. An examination of CEO emotion's relationship with organization-level performance [D]: Wright State University, 2012.

[337] BRINKE L T, ADAMS G S. Saving face? When emotion displays during public apologies mitigatedamage to organizational performance [J]. Organizational behavior and human decision processes, 2015, 130: 1 - 12.

[338] AKANSU A, CICON J, FERRIS S P, SUN Y. Firm performance in the face of fear:

How CEO moods affect firm performance [J]. Journal of behavioral finance, 2017, 18 (4): 373 - 389.

[339] SHAO B, WANG L, TSE H H M. Motivational or dispositional? The type of inference shapes the effectiveness of leader anger expressions [J]. The leadership quarterly, 2018, 29(6): 709 - 723.

[340] TAPPOLET C. Emotions, values, and agency [M]. Oxford: Oxford university press, 2016.

[341] WUNDT W M. Grundzüge der physiologischen Psychologie [M]. Leipzig: W. Engelmann, 1888.

[342] MEHRABIAN A. Pleasure-arousal-dominance: A general framework for describing and measuring individual differences in temperament [J]. Current psychology, 1996, 14(4): 261 - 292.

[343] ARNOLD M B, PLUTCHIK R. Reviewed work: The emotions: Facts, theories and a new model [J]. The American journal of psychology, 1964, 77(3): 518 - 522.

[344] RUSSELL J A. A circumplex model of affect [J]. Journal of personality and social psychology, 1980, 39(6): 1161 - 1178.

[345] THAYER R E, MCNALLY R J. The biopsychology of mood and arousal [J]. Cognitive and behavioral neurology, 1992, 5(1): 65 - 74.

[346] PU X J, WU G S, YUAN C F. Exploring overall opinions for document level sentiment classification with structural SVM [J]. Multimedia systems, 2019, 25(1): 21 - 33.

[347] KHAN J, ALAM A, HUSSAIN J, LEE Y K. EnSWF: effective features extraction and selection in conjunction with ensemble learning methods for document sentiment classification [J]. Applied intelligence, 2019, 49(8): 3123 - 3145.

[348] CHOI G, OH S, KIM H. Improving document-level sentiment classification using importance of sentences [J]. Entropy, 2020, 22(12): 11.

[349] ZHANG Y, WANG J, ZHANG X J. Conciseness is better: Recurrent attention LSTM model for document-level sentiment analysis [J]. Neurocomputing, 2021, 462: 101 - 112.

[350] 高歌, 罗珺玫, 王宇. 基于 HNC 理论的文本情感倾向性分析 [J]. 数据分析与知识发现, 2017, 1(08): 85 - 91.

[351] 樊娜, 安毅生, 李慧贤. 基于 K-近邻算法的文本情感分析方法研究 [J]. 计算机工程与设计, 2012, 33(03): 1160 - 1164.

[352] CHANDRA PANDEY A, SINGH RAJPOOT D, SARASWAT M. Twitter sentiment analysis using hybrid cuckoo search method [J]. Information processing & management, 2017, 53(4): 764 - 779.

[353] WIEBE J, BRUCE R, O'HARA T P. Development and use of a gold-standard data set for subjectivity classifications: Proceedings of the 37th annual meeting of the association for computational linguistics, College Park, MA, F June, 1999 [C]. Association for computational linguistics: Cedarville, OH.

[354] HATZIVASSILOGLOU V, WIEBE J. Effects of adjective orientation and gradability on sentence subjectivity: proceedings of the COLING 2000 Volume 1: The 18th

international conference on computational linguistics，Saarbrücken，July 31 - August 4，2000 ［C］. Association for computational linguistics：Cedarville，OH.

［355］杨武，宋静静，唐继强. 中文微博情感分析中主客观句分类方法 ［J］. 重庆理工大学学报（自然科学），2013，27(01)：51－56.

［356］QIAN Q，HUANG M，LEI J，ZHU X. Linguistically regularized LSTM for sentiment classification ［J］. 2016：arXiv：1611.03949.

［357］SOCHER R，PERELYGIN A，WU J，CHUANG J，MANNING C D，NG A Y，POTTS C. Recursive deep models for semantic compositionality over a sentiment treebank：Proceedings of the 2013 conference on empirical methods in natural language processing，Seattle，Washington，October，2013 ［C］. Association for computational linguistics：Cedarville，OH.

［358］ZHANG Y B，ZHANG Z F，MIAO D Q，WANG J Q. Three-way enhanced convolutional neural networks for sentence-level sentiment classification ［J］. Information sciences，2019，477：55－64.

［359］LI W J，QI F，TANG M，YU Z T. Bidirectional LSTM with self-attention mechanism and multi-channel features for sentiment classification ［J］. Neurocomputing，2020，387：63－77.

［360］RINTYARNA B S，SARNO R，FATICHAH C. Evaluating the performance of sentence level features and domain sensitive features of product reviews on supervised sentiment analysis tasks ［J］. Journal of big data，2019，6(1)：19.

［361］ARAUJO M，PEREIRA A，BENEVENUTO F. A comparative study of machine translation for multilingual sentence-level sentiment analysis ［J］. Information sciences，2020，512：1078－1102.

［362］TANG D，QIN B，FENG X，LIU T. Effective LSTMs for target-dependent sentiment classification ［J］. 2015：arXiv：1512.01100.

［363］ZHANG M，ZHANG Y，VO D-T. Gated neural networks for targeted sentiment analysis ［J］. Proceedings of the AAAI conference on artificial intelligence，2016，30(1)：3087－3093.

［364］刘全，梁斌，徐进，周倩. 一种用于基于方面情感分析的深度分层网络模型 ［J］. 计算机学报，2018，41(12)：2637－2652.

［365］FAN F F，FENG Y S，ZHAO D Y，ASSOC COMPUTAT L. Multi-grained attention network for aspect-level sentiment classification：Proceedings of the conference on empirical methods in natural language processing（EMNLP），Brussels，BELGIUM，Oct 31－Nov 04，2018 ［C］. Assoc computational linguistics-Acl：STROUDSBURG，2018.

［366］TAN X W，CAI Y，ZHU C X，ASSOC COMPUTAT L. Recognizing conflict opinions in aspect-level sentiment classification with dual attention networks：Conference on empirical methods in natural language processing / 9th international joint conference on natural language processing（EMNLP-IJCNLP），Hong Kong，Nov 03－07，2019 ［C］. Association for computational linguistics，2019.

［367］HUANG B，GUO R Y，ZHU Y M，FANG Z J，ZENG G H，LIU J，WANG Y N，

FUJITA H, SHI Z C. Aspect-level sentiment analysis with aspect-specific context position information [J]. Knowledge-based systems, 2022, 243: 11.

[368] LU H, ZHANG L, CAO Z G, WEI W, XIAN K, SHEN C H, VAN DEN HENGEL A, IEEE. When unsupervised domain adaptation meets tensor representations [Z]. 16th IEEE international conference on computer vision (ICCV). Venice, ITALY: IEEE. 2017: 599 - 608.10.1109/iccv.2017.72.

[369] 余传明. 基于深度循环神经网络的跨领域文本情感分析 [J]. 图书情报工作, 2018, 62 (11): 23 - 34.

[370] ZHAO C J, WANG S G, LI D Y. Multi-source domain adaptation with joint learning for cross-domain sentiment classification [J]. Knowledge-based systems, 2020, 191: 105254.

[371] SCHMIDT S, STOCK W G. Collective indexing of emotions in images. A study in emotional information retrieval [J]. Journal of the American society for information science and technology, 2009, 60(5): 863 - 876.

[372] YUAN J, MCDONOUGH S, YOU Q, LUO J. Sentribute: Image sentiment analysis from a mid-level perspective; Proceedings of the second international workshop on issues of sentiment discovery and opinion mining, Chicago, IL, 11 August, 2013 [C]. Association for computing machinery: New York, NY.

[373] YOU Q Z, LUO J B, JIN H L, YANG J C, ACM. Cross-modality consistent regression for joint visual-textual sentiment analysis of social multimedia; 9th annual ACM international conference on web search and data mining (WSDM), San Francisco, CA, Feb 22 - 25, 2016 [C]. Association for computing machinery: NEW YORK, NY.

[374] YU J, TAO J. A novel prosody adaptation method for Mandarin concatenation-based text-to-speech system [J]. Acoustical science and technology, 2009, 30(1): 33 - 41.

[375] SEBE N, COHEN I, GEVERS T, HUANG T S. Emotion recognition based on joint visual and audio cues; 18th international conference on pattern recognition (ICPR'06), Hong Kong, 20 - 24 August, 2006 [C]. IEEE: New York, NY.

[376] MORENCY L-P, MIHALCEA R, DOSHI P. Towards multimodal sentiment analysis: harvesting opinions from the web; Proceedings of the 13th international conference on multimodal interfaces, Alicante, Spain, F14 November, 2011 [C]. Association for computing machinery: New York, NY.

[377] PORIA S, CAMBRIA E, GELBUKH A. Deep convolutional neural network textual features and multiple kernel learning for utterance-level multimodal sentiment analysis; Proceedings of the 2015 conference on empirical methods in natural language processing, Lisbon, September, 2015 [C]. Association for computational linguistics: Cedarville, OH.

[378] KLONSKY E D, VICTOR S E, HIBBERT A S, HAJCAK G. The multidimensional emotion questionnaire (MEQ): Rationale and initial psychometric properties [J]. Journal of psychopathology and behavioral assessment, 2019, 41(3): 409 - 424.

[379] HARMON-JONES C, BASTIAN B, HARMON-JONES E. The discrete emotions questionnaire: A new tool for measuring state self-reported emotions [J]. PloS one,

2016，11(8)：e0159915.

[380] BURIĆ I, SLIŠKOVIĆ A, MACUKA I. A mixed-method approach to the assessment of teachers' emotions：Development and validation of the teacher emotion questionnaire [J]. Educational psychology, 2018，38(3)：325 - 349.

[381] 陈晓东. 基于情感词典的中文微博情感倾向分析研究 [D]. 武汉：华中科技大学，2012.

[382] 杨超，冯时，王大玲，杨楠，于戈. 基于情感词典扩展技术的网络舆情倾向性分析 [J]. 小型微型计算机系统，2010, 31(04)：691 - 695.

[383] 万岩，杜振中. 融合情感词典和语义规则的微博评论细粒度情感分析 [J]. 情报探索，2020(11)：34 - 41.

[384] 栗雨晴，礼欣，韩煦，宋丹丹，廖乐健. 基于双语词典的微博多类情感分析方法 [J]. 电子学报，2016, 44(09)：2068 - 2073.

[385] ASGHAR M Z, KHAN A, AHMAD S, QASIM M, KHAN I A. Lexicon-enhanced sentiment analysis framework using rule-based classification scheme [J]. PloS one, 2017，12(2)：22.

[386] VILARES D, ALONSO M A, GóMEZ-RODRíGUEZ C. Supervised sentiment analysis in multilingual environments [J]. Information processing and management，2017，53 (3)：595 - 607.

[387] MOHAMMAD S, TURNEY P. Crowdsourcing a word-emotion association lexicon [J]. Computational intelligence, 2013，29(3)：30.

[388] 张庆庆. 基于机器学习的文本情感分类研究 [D]. 西安：西北工业大学，2016.

[389] NG V, DASGUPTA S, ARIFIN S N. Examining the role of linguistic knowledge sources in the automatic identification and classification of reviews：Proceedings of the COLING/ACL 2006 main conference poster sessions, Sydney, July, 2006 [C]. Association for computational linguistics：Cedarville, OH.

[390] SUBRAHMANIAN V S, REFORGIATO D. AVA：Adjective-verb-adverb combinations for sentiment analysis [J]. IEEE intelligent systems, 2008，23(4)：43 - 50.

[391] 徐军，丁宇新，王晓龙. 使用机器学习方法进行新闻的情感自动分类 [J]. 中文信息学报，2007(06)：95 - 100.

[392] 周杰，林琛，李弼程. 基于机器学习的网络新闻评论情感分类研究 [J]. 计算机应用，2010, 30(04)：1011 - 1014.

[393] SPERIOSU M, SUDAN N, UPADHYAY S, BALDRIDGE J. Twitter polarity classification with label propagation over lexical links and the follower graph：Proceedings of the First workshop on Unsupervised Learning in NLP, Edinburgh, July, 2011 [C]. Association for computational linguistics：cedarville, OH.

[394] WANG X, WEI F, LIU X, ZHOU M, ZHANG M. Topic sentiment analysis in twitter：a graph-based hashtag sentiment classification approach：Proceedings of the 20th ACM international conference on Information and knowledge management, Glasgow, 24 October, 2011 [C]. Association for computing machinery：New York, NY.

[395] TAN C, LEE L, TANG J, JIANG L, ZHOU M, LI P. User-level sentiment analysis

incorporating social networks; Proceedings of the 17th ACM SIGKDD international conference on knowledge discovery and data mining, San Diego, CA, 21 August, 2011 [C]. Association for computing machinery: New York, NY.

［396］ZHAO J, DONG L, WU J, XU K. MoodLens: An emoticon-based sentiment analysis system for Chinese tweets; Proceedings of the 18th ACM SIGKDD international conference on knowledge discovery and data mining, Beijing, China, 12 August, 2012 [C]. Association for computing machinery: New York, NY.

［397］SOELISTIO Y E, SURENDRA M R S. Simple text mining for sentiment analysis of political figure using naive bayes classifier method [J]. arXiv preprint, 2015.

［398］WIKARSA L, THAHIR S N. A text mining application of emotion classifications of Twitter's users using Naïve Bayes method; 2015 1st International Conference on Wireless and Telematics (ICWT), Manado, 17 - 18 November, 2015 [C]. IEEE: New York, NY.

［399］DEY L, CHAKRABORTY S, BISWAS A, BOSE B, TIWARI S. Sentiment analysis of review datasets using Naïve Bayes and K-NN classifier [J]. International journal of information engineering and electronic business, 2016, 8(4): 54 - 62.

［400］FEI X, WANG H, ZHU J. Sentiment word identification using the maximum entropy model; Proceedings of the 6th international conference on natural language processing and knowledge engineering (NLPKE-2010), Beijing, 21 - 23 Aug. 2010, 2010 [C]. IEEE: New York, NY.

［401］BATISTA F, RIBEIRO R. Sentiment analysis and topic classification based on binary maximum entropy classifiers [J]. Procesamiento del lenguaje natural, 2013, 50: 77 - 84.

［402］SUTTLES J, IDE N. Distant supervision for emotion classification with discrete binary values [M]//GELBUKH A. Computational linguistics and intelligent text processing. Berlin, Heidelberg: Springer. 2013: 121 - 136.

［403］PAVITHA N, PUNGLIYA V, RAUT A, BHONSLE R, PUROHIT A, PATEL A, SHASHIDHAR R. Movie recommendation and sentiment analysis using machine learning [J]. Global transitions proceedings, 2022, 3(1): 279 - 284.

［404］ROBERTS K, ROACH M A, JOHNSON J, GUTHRIE J, HARABAGIU S M. EmpaTweet: Annotating and detecting emotions on Twitter; 8th international conference on language resources and evaluation (LREC), Istanbul, TURKEY, May 21 - 27, 2012 [C]. European language resources association (ELRA): PARIS, 2012.

［405］MIKOLOV T, SUTSKEVER I, CHEN K, CORRADO G, DEAN J. Distributed representations of words and phrases and their compositionality [Z]. Twenty-seventh conference on neural information processing systems. Lake Tahoe, Nevada, United States, 2013.

［406］LE Q V, MIKOLOV T. Distributed representations of sentences and documents [Z]. Proceedings of the 31st international conference on international conference on machine learning, 2014.

［407］刘龙飞，杨亮，张绍武，林鸿飞. 基于卷积神经网络的微博情感倾向性分析 [J]. 中文

信息学报，2015，29(06)：159-165.

[408] 冯兴杰，张志伟，史金钏. 基于卷积神经网络和注意力模型的文本情感分析 [J]. 计算机应用研究，2018，35(05)：1434-1436.

[409] 程艳，叶子铭，王明文，张强，张光河. 融合卷积神经网络与层次化注意力网络的中文文本情感倾向性分析 [J]. 中文信息学报，2019，33(01)：133-142.

[410] RHANOUI M, MIKRAM M, YOUSFI S, BARZALI S. A CNN-BiLSTM model for document-level sentiment analysis [J]. Machine learning and knowledge extraction，2019，1(3)：832-847.

[411] PRIYADARSHINI I, COTTON C. A novel LSTM-CNN-grid search-based deep neural network for sentiment analysis [J]. Journal of supercomputing，2021，77(12)：13911-13932.

[412] 刘金硕，张智. 一种基于联合深度神经网络的食品安全信息情感分类模型 [J]. 计算机科学，2016，43(12)：277-280.

[413] 谢铁，郑啸，张雷，王修君. 基于并行化递归神经网络的中文短文本情感分类 [J]. 计算机应用与软件，2017，34(03)：205-211+232.

[414] SUN X, LI C C, REN F J. Sentiment analysis for Chinese microblog based on deep neural networks with convolutional extension features [J]. Neurocomputing，2016，210：227-236.

[415] 曹宇慧. 基于深度学习的文本情感分析研究 [D]. 哈尔滨：哈尔滨工业大学，2016.

[416] 周瑛，刘越，蔡俊. 基于注意力机制的微博情感分析 [J]. 情报理论与实践，2018，41(03)：89-94.

[417] HU F, LI L, ZHANG Z L, WANG J Y, XU X F. Emphasizing essential words for sentiment classification based on recurrent neural networks [J]. Journal of computer science and technology，2017，32(4)：785-795.

[418] 梁军，柴玉梅，原慧斌，高明磊，昝红英. 基于极性转移和 LSTM 递归网络的情感分析 [J]. 中文信息学报，2015，29(05)：152-159.

[419] VASWANI A, SHAZEER N, PARMAR N, USZKOREIT J, JONES L, GOMEZ A N, KAISER Ł. Attention is all you need [Z]. 31st conference on neural information processing systems (NIPS 2017)，2017.

[420] DEVLIN J, CHANG M-W, LEE K, TOUTANOVA K. BERT：Pre-training of deep bidirectional transformers for language understanding [Z]. Proceedings of NAACL-HLT 2019. Minneapolis, Minnesota，2019：4171-4186.

[421] 方英兰，孙吉祥，韩兵. 基于 BERT 的文本情感分析方法的研究 [J]. 信息技术与信息化，2020(02)：108-111.

[422] 王艺皓，丁洪伟，王丽清，李波，李浩. 基于 BERT 的情感分析研究 [J]. 现代电子技术，2021，44(09)：110-114.

[423] ZHAO L Y, LI L, ZHENG X H, ZHANG J W. A BERT based sentiment analysis and key entity detection approach for online financial texts；24th IEEE international conference on computer supported cooperative work in design (IEEE CSCWD)，Dalian，PEOPLES R CHINA，May 05-07, 2021 [C]. IEEE：NEW YORK，2021.

[424] HU M, ZHAO S, GUO H, CHENG R, SU Z. Learning to detect opinion snippet for

aspect-based sentiment analysis［J］. arXiv preprint，2019.

［425］SONG Y, WANG J, LIANG Z, LIU Z, JIANG T. Utilizing BERT intermediate layers for aspect based sentiment analysis and natural language inference［J］. arXiv preprint，2020.

［426］PANG G Y, LU K D, ZHU X Y, HE J, MO Z Y, PENG Z Z, PU B X. Aspect-level sentiment analysis approach via BERT and aspect feature location model［J］. Wireless communications & mobile computing，2021：1 - 13.

［427］LIU Y, OTT M, GOYAL N, DU J, JOSHI M, CHEN D, LEVY O, LEWIS M, ZETTLEMOYER L, STOYANOV V. RoBERTa：A robustly optimized BERT pretraining approach［Z］. 2019.

［428］KIM D, SEO D, CHO S, KANG P. Multi-co-training for document classification using various document representations：TF-IDF, LDA, and Doc2vec［J］. Information sciences，2019，477：15 - 29.

［429］ETHAYARAJH K. How contextual are contextualized word representations? Comparing the geometry of BERT, ELMo, and GPT-2 embeddings［Z］. 2019 conference on empirical methods in natural language processing and the 9th international joint conference on natural language processing（EMNLP-IJCNLP），2019：55 - 65.

［430］STRAPPARAVA C, VALITUTTI A. WordNet affect：An affective extension of WordNet［Z］. 4th international conference on language resources and evaluation（LREC'04）. Lisbon, Portugal，2004.

［431］杨书新，张楠. 融合情感词典与上下文语言模型的文本情感分析［J］. 计算机应用，2021，41(10)：2829 - 2834.

［432］YANG L, LI Y, WANG J, SHERRATT R S. Sentiment analysis for e-commerce product reviews in Chinese based on sentiment lexicon and deep learning［J］. IEEE Access，2020，8.

［433］LI Y, SU H, SHEN X, LI W, CAO Z, NIU S. DailyDialog：A manually labelled multi-turn dialogue dataset［Z］. 8th international joint conference on natural language processing Taipei, Taiwan. 2017：986 - 995.

［434］CHEN S-Y, HSU C-C, KUO C-C,（KENNETH）HUANG T-H, KU L-W. Emotionlines：An emotion corpus of multi-party conversations［Z］. LREC 2018：International conference on language resources and evaluation（LREC），2018.

［435］BUSSO C, BULUT M, LEE C-C, KAZEMZADEH A, MOWER E, KIM S, CHANG J N, LEE S, NARAYANAN S S. IEMOCAP：Interactive emotional dyadic motion capture database［J］. Language resources and evaluation，2008，42(4)：335 - 359.

［436］HO S Y, CHOI K W S, YANG F F. Harnessing aspect-based sentiment analysis：How are tweets associated with forecast accuracy?［J］. Journal of the association for information systems，2019，20(8)：1174 - 1209.

［437］NGUYEN H, CALANTONE R, KRISHNAN R. Influence of social media emotional word of mouth on institutional investors' decisions and firm value［J］. Management science，2020，66(2)：887 - 910.

［438］FEHRENBACHER D D. Affect infusion and detection through faces in computer-mediated knowledge-sharing decisions [J]. Journal of the association for information systems, 2017, 18(10): 703 – 726.

[439] VAN KLEEF G A. How emotions regulate social life: The emotions as social information (EASI) model [J]. Current directions in psychological science, 2009, 18 (3): 184 – 188.

[440] VAN KLEEF G A, DE DREU C K W, MANSTEAD A S R. The interpersonal effects of emotions in negotiations: A motivated information processing approach [J]. Journal of personality and social psychology, 2004, 87(4): 510 – 528.

[441] SY T, CôTé S, SAAVEDRA R. The contagious leader: Impact of the leader's mood on the mood of group members, group affective tone, and group processes [J]. Journal of applied psychology, 2005, 90(2): 295 – 305.

[442] VAN KLEEF G A, HOMAN A C, BEERSMA B, VAN KNIPPENBERG D, VAN KNIPPENBERG B, DAMEN F. Searing sentiment or cold calculation? The effects of leader emotional displays on team performance depend on follower epistemic motivation [J]. Academy of management journal, 2009, 52(3): 562 – 580.

[443] CLARK M S, TARABAN C. Reactions to and willingness to express emotion in communal and exchange relationships [J]. Journal of experimental social psychology, 1991, 27(4): 324 – 336.

[444] YIN D, BOND S D, ZHANG H. Anger in consumer reviews: Unhelpful but persuasive? [J]. MIS quarterly, 2021, 45(3): 1059 – 1086.

[445] KLEEF G A V, BERG H V D, HEERDINK M W. The persuasive power of emotions: Effects of emotional expressions on attitude formation and change [J]. Journal of applied psychology, 2015, 100: 1124 – 1142.

[446] RUSSELL J A. Emotion, core affect, and psychological construction [J]. Cognition and emotion, 2009, 23(7): 1259 – 1283.

[447] WANG L, RESTUBOG S, SHAO B, LU V, VAN KLEEF G A. Does anger expression help or harm leader effectiveness? The role of competence-based versus integrity-based violations and abusive supervision [J]. Academy of management journal, 2018, 61(3): 1050 – 1072.

[448] CHESHIN A, AMIT A, VAN KLEEF G A. The interpersonal effects of emotion intensity in customer service: Perceived appropriateness and authenticity of attendants' emotional displays shape customer trust and satisfaction [J]. Organizational behavior and human decision processes, 2018, 144: 97 – 111.

[449] WU F, SU X, OCK Y S, WANG Z. Personal credit risk evaluation model of P2P online lending based on AHP [J]. Symmetry, 2021, 13(1): 83.

[450] BROCKMAN P, CICON J. The information content of management earnings forecasts: An analysis of hard versus soft information [J]. Journal of financial research, 2013, 36 (2): 147 – 174.

[451] MOMTAZ P P. CEO emotions and firm valuation in initial coin offerings: An artificial emotional intelligence approach [J]. Strategic management journal, 2021, 42: 558 – 578.

［452］LARCKER D F, ZAKOLYUKINA A A. Detecting deceptive discussions in conference calls ［J］. Journal of accounting research, 2012, 50(2): 495 - 540.

［453］HEAVEY C, SIMSEK Z, KYPRIANOU C, RISIUS M. How do strategic leaders engage with social media? A theoretical framework for research and practice ［J］. Strategic management journal, 2020, 41: 1490 - 1527.

［454］MILLER G S, SKINNER D J. The evolving disclosure landscape: How changes in technology, the media, and capital markets are affecting disclosure ［J］. Journal of accounting research, 2015, 53(2): 221 - 239.

［455］TSAI W, MEN L. Social CEOs: The effects of CEOs communication styles and parasocial interaction on social networking sites ［J］. New media & society, 2017, 19(11): 1848 - 1867.

［456］CHEN Y, RUI H, WHINSTON A B. Tweet to the top? Social media personal branding and career outcomes ［J］. MIS quarterly, 2021, 45(2): 499 - 534.

［457］BOLLEN J, MAO H, ZENG X-J. Twitter mood predicts the stock market ［J］. Journal of computational science, 2011, 2(1): 1 - 8.

［458］YAN D, ZHOU G, ZHAO X, TIAN Y, YANG F. Predicting stock using microblog moods ［J］. China communications, 2016, 13(8): 244 - 257.

［459］GRIFFITH J, NAJAND M, SHEN J. Emotions in the stock market ［J］. Journal of behavioral finance, 2020, 21(1): 42 - 56.

［460］GHAZI D, INKPEN D, SZPAKOWICZ S. Detecting emotion stimuli in emotion-bearing sentences ［Z］. International conference on intelligent text processing and computational linguistics. Cairo, Egypt: Springer international publishing. 2015: 152 - 165.https://doi.org/10.1007/978 - 3 - 319 - 18117 - 2_12.

［461］WADDOCK S A, GRAVES S B. The corporate social performance-financial performance link ［J］. Strategic management journal, 1997, 18(4): 303 - 319.

［462］SILA I. Examining the effects of contextual factors on TQM and performance through the lens of organizational theories: An empirical study ［J］. Journal of operations management, 2007, 25(1): 83 - 109.

［463］熊伟, 王娟丽. 政府质量奖实施效果及其对企业绩效的影响机理研究——基于浙江省424家企业调查的实证分析 ［J］. 宏观质量研究, 2013, 1(02): 107 - 119.

［464］HALL M, WEISS L. Firm size and profitability ［J］. The review of economics and statistics, 1967, 49(3): 319 - 331.

［465］PONTIFF J, SCHALL L D. Book-to-market ratios as predictors of market returns ［J］. Journal of financial economics, 1998, 49(2): 141 - 160.

［466］ADRIAN T, SHIN H S. Liquidity and leverage ［J］. Journal of financial intermediation, 2010, 19(3): 418 - 437.

［467］WOLFERS J. Diagnosing discrimination: Stock returns and CEO gender ［J］. Journal of the European economic association, 2006, 4(2 - 3): 531 - 541.

［468］CLINE B N, YORE A S. Silverback CEOs: Age, experience, and firm value ［J］. Journal of empirical finance, 2016, 35: 169 - 188.

［469］BRICK I E, PALMON O, WALD J K. CEO compensation, director compensation, and firm performance: Evidence of cronyism? [J]. Journal of corporate finance, 2006, 12 (3): 403 - 423.

[470] LOUGHRAN T I M, MCDONALD B. When is a liability not a liability? Textual analysis, dictionaries, and 10 - Ks [J]. The journal of finance, 2011, 66(1): 35 - 65.

[471] GNYAWALI D R, FAN W, PENNER J. Competitive actions and dynamics in the digital age: An empirical investigation of social networking firms [J]. Information systems research, 2010, 21(3): 594 - 613.

[472] FLOYD D L, PRENTICE-DUNN S, ROGERS R W. A Meta-analysis of research on protection motivation theory [J]. Journal of applied social psychology, 2000, 30(2): 407 - 429.

[473] KOK G, BARTHOLOMEW L K, PARCEL G S, GOTTLIEB N H, FERNáNDEZ M E. Finding theory—and evidence—based alternatives to fear appeals: Intervention mapping [J]. International journal of psychology, 2014, 49: 98 - 107.

[474] BREABAN A, NOUSSAIR C N. Emotional state and market behavior [J]. Review of finance, 2017, 22(1): 279 - 309.

[475] TSAI I C. Spillover of fear: Evidence from the stock markets of five developed countries [J]. International review of financial analysis, 2014, 33: 281 - 288.

[476] FAN R, ZHAO J, CHEN Y, XU K. Anger is more influential than joy: Sentiment correlation in Weibo [J]. PloS one, 2014, 9(10).

[477] SIGNHOUSE. Sentiment and emotional analysis: The absolute difference [Z]. 2018.

[478] RISIUS M, AKOLK F, BECK R. Differential emotions and the stock market - The case of company-specific trading [Z]. The 23rd European conference on information systems (ECIS 2015). Münster, Germany, 2015.

[479] LUO X, ZHANG J. How do consumer buzz and traffic in social media marketing predict the value of the firm? [J]. Journal of management information systems, 2013, 30(2): 213 - 238.

[480] YANG K, LAU R Y K, ABBASI A. Getting personal: A deep learning artifact for text-based measurement of personality [J]. Information systems research, 2022, 34(1): 194 - 222.

[481] CHANG Y B, CHO W. The risk implications of mergers and acquisitions with information technology firms [J]. Journal of management information systems, 2017, 34(1): 232 - 267.

[482] WANG Q, LAU R Y K, YANG K. Does the interplay between the personality traits of CEOs and CFOs influence corporate mergers and acquisitions intensity? An econometric analysis with machine learning-based constructs [J]. Decision support systems, 2020, 139: 113424.

[483] BENITEZ J, RAY G, HENSELER J. Impact of information technology infrastructure flexibility on mergers and acquisitions [J]. MIS quarterly, 2018, 42(1): 25 - 43.

[484] CROY I, OLGUN S, JORASCHKY P. Basic emotions elicited by odors and pictures [J]. Emotion, 2011, 11(6): 1331 - 1335.

[485] HO S Y, LIM K H. Nudging moods to induce unplanned purchases in imperfect mobile

personalization contexts [J]. MIS quarterly, 2018, 42(3): 757 - 778.

[486] SINKOVICS R R, ZAGELMEYER S, KUSSTATSCHER V. Between merger and syndrome: The intermediary role of emotions in four cross-border M & As [J]. International business review, 2011, 20(1): 27 - 47.

[487] DANBOLT J, SIGANOS A, VAGENAS-NANOS E. Investor sentiment and bidder announcement abnormal returns [J]. Journal of corporate finance, 2015, 33: 164 - 179.

[488] KIEFER T. Analyzing emotions for a better understanding of organizational change: Fear, joy, and anger during a merger [M]. Managing emotions in the workplace. Routledge, 2002.

[489] TIKKAKOSKI E. Emotions related to mergers and acquisitions [D]. Finland: The University of Turku, 2018.

[490] JABR W, ZHENG Z. Know yourself and know your enemy: An analysis of firm recommendations and consumer reviews in a competitive environment [J]. MIS quarterly, 2014, 38(3): 635 - 654.

[491] SAIFEE D H, ZHENG Z, BARDHAN I R, LAHIRI A. Are online reviews of physicians reliable indicators of clinical outcomes? A focus on chronic disease management [J]. Information systems research, 2020, 31(4): 1282 - 1300.

[492] BORTH D, JI R, CHEN T, BREUEL T, CHANG S-F. Large-scale visual sentiment ontology and detectors using adjective noun pairs [Z]. The 21st ACM international conference on Multimedia. New York. 2013: 223 - 232.

[493] MAZLOOM M, RIETVELD R, RUDINAC S, WORRING M, DOLEN W V. Multimodal popularity prediction of brand-related social media posts [Z]. The 24th ACM international conference on multimedia. Amsterdam, Netherlands, 2016.

[494] LEE E, LEE J-A, MOON J H, SUNG Y. Pictures speak louder than words: Motivations for using Instagram [J]. Cyberpsychology, behavior, and social networking, 2015, 18(9): 552 - 556.

[495] SHIN D, HE S, LEE G M, WHINSTON A, CETINTAS S, LEE K-C. Enhancing social media analysis with visual data analytics: A deep learning approach [J]. MIS quarterly, 2020, 44(4): 1459 - 1492.

[496] JOU B, CHEN T, PAPPAS N, REDI M, TOPKARA M, CHANG S-F. Visual affect around the world: A large-scale multilingual visual sentiment ontology [Z]. Proceedings of the 23rd ACM international conference on multimedia. 2015: 159 - 168.

[497] JIA Y, SHELHAMER E, DONAHUE J, KARAYEV S, LONG J, GIRSHICK R, GUADARRAMA S, DARRELL T. Caffe: Convolutional architecture for fast feature embedding [Z]. Proceedings of the 22nd ACM international conference on multimedia. Mountain View, CA, USA, 2014: 675 - 678.

[498] CHEN T, BORTH D, DARRELL T, CHANG S-F. DeepSentiBank: Visual sentiment concept classification with deep convolutional neural networks [Z]. 2014.

[499] KRIZHEVSKY A, SUTSKEVER I, HINTON G E. ImageNet classification with deep convolutional neural networks [Z]. Advances in neural information processing systems 25 (NIPS 2012), 2012: 1097 - 1105.

[500] WANG Q, LAU R. The impact of investors' surprise emotion on post-M & A performance: A social media analytics approach [Z]. Fortieth international conference on information systems. Munich, Germany, 2019.

[501] CHEN H, DE P, HU Y, HWANG B-H. Wisdom of crowds: The value of stock opinions transmitted through social media [J]. Review of financial studies, 2014, 27 (5): 1367 - 1403.

［28］ WANG D, TAN G. The Framework. Deep emotion recognition system[J]... publication... A real time mapping of people[J]. Int... ... foundational guide as continuous movements. Machel: Germany, 2018.

［29］ DIAS J F, O-T-D... HW WU, R.H. Mohams Conley... relation... recognition through knowledge... technology in human interaction[J]... ...

索引